新版 社会発展史

現在と未来をみとおす確信を

山田敬男
Takao Yamada
著

学習の友社

Ⅵ　グローバル化とこれからの世界　199

さし絵＝遠藤駿二

序　いま、なぜ社会発展史を学ぶのか

1　社会発展史を学ぶ現代的意味

社会発展史の学習の主な目的は、人類の歴史のあゆみを大づかみにたどりながら、そこにつらぬく社会の発展法則＝歴史法則を学ぶことにあります。

社会の発展法則の理論的学習は主として唯物史観（史的唯物論）の課題です。社会発展史の学習は、あくまで歴史のあゆみをとおして社会の発展法則を理解することに特徴があります。

歴史を学ぶといっても歴史的事実は無限にあり、そのすべてを学ぶことは不可能です。無限の歴史的事実から、そのいくつかを選択して、歴史を構成しなければなりません。その場合、歴史を構成するものの問題意識が重要になります。

個人的興味や関心に従い、歴史を構成するのであれば、それなりにいくつでも歴史を描くことができます。いわば歴史を趣味として学ぶ立場です。関心と趣味にもとづいて多様な歴史の事実を描くことが可能ですが、そこでは歴史の法則やこれからのみとおしは問題になりません。

しかし、私たちが学ぶのは、そうした趣味としての歴史ではなく、現在やこれからの未来を考えるための歴史です。現代の世界や日本が直面している問題のこれからのみとおしを考えるには、その問題が歴史のなかでどう形成されてきたのか、ジグザグの過程を経ながら現在にどうつながってきたのか、どう発展してきたのかを学ぶことが大切です。現代をどう生きるか、どうたたかうかという問題意識に立って、歴史的事実を選択し、歴史を構成することが重要になります。

こうした歴史を学ぶには、科学的社会主義*の唯物史観（史的唯物論）の立場に立って、歴史の発展と変革にかかわる科学的理論を学ぶことがもとめられます。

唯物史観では、これまでの人類の歴史を大づかみにいって原始共産制（共同体）社会、古代奴隷制社会、中世封建社会、資本主義社会、と異なった発展段階に区分することを基本原則として

●科学的社会主義
資本主義の搾取を一掃し、人間の自由と平等をめざして社会主義・共産主義の未来社会の実現を目標とする理論や運動のこと。マルクスとエンゲルスによる唯物史観と剰余価値学説の発見によって、それ以前のサン・シモン、フーリエらの空想的社会主義を乗り越え、科学に立脚した社会主義＝科学的社会主義が創設された（一〇三〜一〇四頁参照）。

います（マルクス「『経済学批判』への序言」一八五九年）。ここで注意することは、個々の民族や一社会、一国家がすべてこのとおりに発展するというのではありません。さまざまな歴史的諸条件によって、個々の民族や社会・国家の歴史が多様な発展をすることはいうまでもありません。なかには奴隷制を経験しない、封建制を経験しない場合もあります。大事なことはこうした段階的な変化・発展を歴史の大きな流れとしながら現代社会に到達していることです。

2　歴史を科学的に学ぶ視点

それでは、科学的社会主義は、こうした歴史の変化・発展をどのように考えているのでしょうか。

①人間の経済生活が社会の土台

第一に、社会の土台が人間の経済生活にあることです。人間の生活は経済的生活、文化的生活、政治的生活から成り立っています。それぞれの生活にはさまざまな人間関係があります。社会とはこの三つの生活とそこでつくられている人間関係なのです。簡単にいえば、経済、文化、政治の三つの領域の人間諸関係の「総体」＝全体が社会なのです。人間にとって、政治や科学や文化は大切なものですが、それが成り立つ前提として、「飲み、食い、住み、着る」という「簡単な事実」が存在しています。だからこそ「飲み、食い、住み、着る」という物質的条件がどのように生産され、消費されるかという経済生活を基礎に社会をみることが重要なのです。人間は、どの時代でも、一定の社会的な人間関係のなかで生産をおこなってきました。たとえば、封建制社会の農民は、土地を与えられ、年貢を納めるという領主との関係のなかで、農業生産をおこないました。資本主義社会の労働者は、資本家と雇用契約を結び、彼らの指揮系統に組み込まれるという関係のなかで働いています。こうした生産における社会的な人間諸関係を生産関係といいます。この生産関係が人間関係の「総体」である社会の土台なのです。

土台とは、そのことがなければほかのことも成り立たないという意味です。どの時代でも、人間たちは、こうした生産関係のなかで、自然に働きかけ、生産力を発展させてきました。したがって、どのような社会かということを理解するには、その社会の土台である生産関係の特徴をみなければなりません。

②経済関係の段階的発展から歴史を区分

第二に、経済関係の段階的発展から歴史を区分することです。どの時代でも、人間たちは、こうした生産関係のなかで、自然に働きかけ、生産力を発展させてきました。したがって、どのような社会かということを理解するには、その社会の土台である生産関係の特徴をみなければなりません。先ほどものべたように、マルクスは、この視点から、これまでの人間の歴史を大づかみにいって、原始共産制（共同体）、奴隷制、封建制、資本主義、と区分し、その後に社会主義・共産主義がくると考えたのです。

それでは、社会の生産関係をみる場合、何が重要になるでしょうか。簡潔にいえば、誰が生産手段を所有しているかということです。どの社会でも、生産的労働は人間の労働力と道具や機械、土地、建物、設備、原材料などの物的手段が結びついておこなわれます。この物的手段を生産手段といいます。社会的生産でこの生産手段を誰が所有し、管理しているかで、生産関係

社会のしくみ（イメージ）

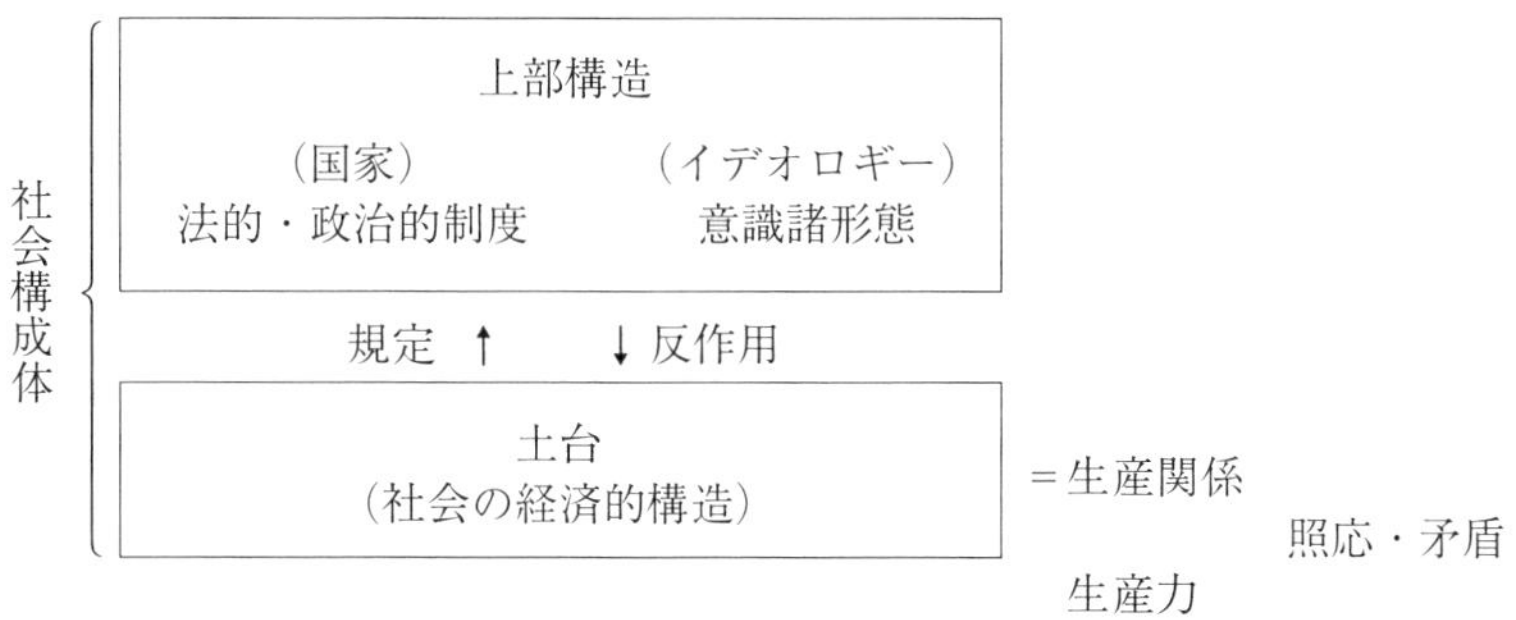

の性格がきまるのです。

たとえば、最初の社会である原始共同体では、主な生産手段である石器や土地などは共同体の財産になり、人びとは集団で働き、成果は平等に分配されました。生産手段の共同所有を基礎に、平等な生産関係があって、人びとは自然の猛威とたたかうことができたのです。奴隷制社会では、労働する奴隷が「ものをいう道具」として生産手段の一部にされ、人間性が全面否定されていました。主な生産手段である土地や奴隷を奴隷主が私的所有していたのです。封建制社会では、農業が主な産業でしたので、土地を封建領主が私的所有し、農民はその土地に縛りつけられていました。そして、農民は封建領主の直営地で無償労働するか、年貢などをさしださなければならなかったのです。封建領主は、確実に年貢などを搾取するために、農民を法、慣習、暴力などで身分的に従属させていました。資本主義社会では、生産手段と生産物は資本家のものになり、労働者は労働力以外に何も所有していません。労働者は生きていくためには、生産手段を私的所有している資本家に労働力を売り、働いて賃金をもらわなければならないのです。奴隷制や封建制社会とちがい、資本家と労働者は対等のようにみえますが、労働者は「飢えの恐怖」という目にみえない鎖でつながれています。

③生産関係の二つのタイプ

こうしてみると、生産関係の特徴は、基本的に二つのタイプがあることがわかります。一つは、非生産者（奴隷主、封建領主、資本家）が生産手段を私的所有している場合です。生産者が働いてつくりだしたものを非生産者が奪いとる搾取が生まれ、不平等で敵対的な人間関係になります。こうした利害の対立が、異なる人間の集団である階級間の対立として現れます。たとえば、奴隷主と奴隷、封建領主と農民、資本家と労働者、などの階級対立です。階級とは、生産手段の所有関係のちがいを基礎に区別される人びとの集団のことであり、誰が生産手段を所有しているかというちがいです。どの時代でも、主要な生産手段を所有している階級は、支配的な社会的地位をしめ、働く人びとを搾取し抑圧しています。生産手段をもっていない働く人たちは、搾取する階級に自分の労働の成果を奪われながら生きています。

もう一つは、原始共同体社会のように、社会全体が生産手段を共同所有している場合です。協力、共同し合う平等な人間関係になります。資本主義を乗り越える未来社会もこのタイプに属しています。生産手段が共同所有され、階級的な利害の対立は生まれません。階級のない平等な社会です。

④歴史発展の原動力は階級闘争

第三は、社会を動かす主役が階級であり、階級社会において歴史発展の原動力が階級闘争にあると考えています。人類最初の社会である原始共同体は平等の社会であり、階級の区別はありませんでした。階級社会になると、社会を支配する階級と生産活動によって社会を支えている勤労人民との利害の対立が激しくなります。この矛盾を基礎に支配階級と被支配階級のたたかい＝階級闘争がおこなわれます。ここで重要なことは、経済的な利害対立が激しくなっても、自動的には社会は変わらず、この利害対立＝矛盾を背景にした階級闘争によって社会が変革されるということです。この意味で歴史発展の原動力は階級闘争にあると、マルクスは強調しました（『共産党宣言』一八四八年）。

3　社会の法則は人間の実践によって実現される

社会が法則によって発展していくことを話すと、よく、つぎのような疑問を聞きます。

「社会がそのような法則にもとづいて発展していくなら、無理をして活動しなくてもよいではないか。何もしないでも世の中は、ひとりでによくなることにならないのか」

たしかに、社会の法則が人間の活動と無関係に自動的に実現されるのであれば、この疑問のとおりになります。自然の法則は人間とは無関係に自らの内的矛盾にもとづいて作用していきます。

社会の法則＝歴史法則は、人間の意思から独立して客観的に存在しているという意味では自然の法則と同じですが、人間の社会的実践（生産活動、階級闘争など）をつうじて実現されるという点に自然の法則とちがう特殊性があります。したがって、どのような社会的実践がおこなわれるかによって、法則の実現のされ方がちがってきます。もし人間が法則に適さない社会的実践をおこなえば、法則はゆがめられたかたちで実現します。第二次世界大戦時にファシズムや軍国主義の一時的な勝利を許し、人類が多大な犠牲をこうむったことはその例です。

私たちは、ゆがめられたかたちではなく、もっとも法則に適したかたちで社会発展の法則を実現しなければなりません。それはもっとも犠牲の少ない道です。そのために、社会発展の法則を正しく認識し、それを活用した科学的な活動をおこなうことが必要です。

I

人類社会のはじまり

第一章　人類の誕生

1　人類の進化

人類の誕生はおよそ七〇〇万年前のアフリカでした（初期猿人）。そして、およそ四〇〇万年前にアウストラロピテクスなど猿人が登場します。

つづいて、いまから二四〇万年前、アフリカに登場したのが原人です。原人はアフリカから各地に分散し、東アジアまで到達しています。ジャワ島で発見された一八〇万年前に遡るジャワ原人、中国の周口店《しゅうこうてん》で発掘された北京原人がその例です。彼らは洞窟で生活し、火を使用していたとされています。

彼らが他の動物と区別されるのは、二本足で直立歩行（直立二足歩行）できることであり、両手を自由に使用して、自然石を打ち砕いてつくった打製石器（礫石器）を道具にしながら、動植物の狩猟・採集の生活をおこなっていました。考古学上の旧石器時代がはじまったのです。

次に六〇万年前により進化した旧人が登場します。二〇万年前に、ヨーロッパにネアンデルタール人が現れます。脳の大きさは、現生人類とほぼ同じです。石器も石の穂先をつけた槍など使い道に応じてさまざまな種類の打製石器をつくり、毛皮の衣服をまとっていました。洞窟には、豊猟を祈り、熊の骨が埋められたり、仲間の死体を埋める埋葬がはじまっています。旧人の宗教意識や美意識は、現生人類の文化と同質のものと考えられており、最後の時期には現生人類と共存していた例が報告されています。

●氏族
共通の祖先をもつ血縁者の集まり。原始共同体社会の基礎単位。

二〇万年前に、現在の人類の直接の祖先ともいうべき新人（現生人類・ホモサピエンス）が登場します。人類は、単純な単系の段階的進化ではなく、ジグザグな複合的過程をたどりますが、大局的にみると、初期猿人↓猿人↓原人↓旧人と、気の遠くなる長い歴史をつうじて進化しました。それは「生成途上のヒト」（エンゲルス）の歴史でした。新人の登場によって、「できあがった人間」が登場したのです。

そして、この新人の段階で、旧石器時代の末期に、原始的群れから本来の意味での人間社会（氏族*共同体社会）が形成されたと推測されています。

南フランスでクロマニョン人の化石骨が発見され、イタリアのグルマルディ人、中国の周口店上洞《じょうどう》人など世界各地で発掘されています。新人の石器は、旧人と比べると、はるかに精巧で多種多様になり、狩猟もいっそう大型化します。石で釣り針、銛《もり》などをつくり、漁労もはじまります。さらにこの段階になると、現代人もビックリする芸術文化も生まれています。一八九一年に北スペインで発掘されたアルタミーラの洞窟壁画が有名です。このような芸術的な文化を生みだすまで人類は進化しました。

2　一万年前に気候が温暖に

このように、人類は七〇〇万年をかけて、初期猿人↓猿人↓原人↓旧人↓新人と進化しましたが、それは厳しい自然環境のなかで実現していったのです。人類が誕生した七〇〇万年前は地質学でいう新生代の第三紀*でしたが、これにつづく第四紀の更新世《こうしんせい》（洪積世《こうせきせい》）の時代（二六〇万〜一万年前）に狩猟・採集の生活を維持しながら人類は進化しました。考古学的には旧石器時代でした。更新世は、氷河時代とよばれ、四、五回にわたって寒冷の氷期と温暖な気候であった間氷《かんぴょう》期《き》がくり返されていました。たいへん厳しい自然環境のなかで、自然に適応しながら、人類は

●地質学による地球の歴史

地質学では、地球の誕生（四六億円前）からの歴史を、始生代、原生代、古生代、中生代、新生代の五期に区分している。哺乳類が著しく発達するのが新生代であり、第三紀と第四紀に分けられている。人類は新生代第三紀に誕生する（七〇〇万年前）。第四紀の更新世は氷河時代とよばれるように、厳しい自然環境であった。そしていまからおよそ一万年前に更新世から完新世に移行し、氷河期が終わり、現在の水陸分布や気候とほぼ同じになった。新石器時代がはじまるのは氷河期が終わる完新世の時代である。

進化したのです。先ほど指摘したように、社会の形態が、原始的群れから本来の人間社会ともいえる氏族共同体社会へ転換するのは、旧石器時代末期の新人の段階でした。

地質学の新生代第四紀は、いまから一万年前を境に更新世から完新世《かんしんせい》に移行します。一万年前に氷河期が終わり、現在の水陸分布や気候とあまり変わらない完新世の時代に入っています。新石器時代がはじまるのは一万年前であり、氷河期が終わった完新世の時代でした。

3　人類の進化における労働の役割

科学的社会主義の創設者の一人であるエンゲルスは、「サルがヒトになることに労働はどう関与したか」（一八七六年）という小論文のなかで、直立歩行が人間への移行の「決定的な一歩」と指摘しています。それはなぜでしょうか。直立歩行が可能になると手の使用が自由になります。自由になった手で道具をつくり、それで労働することができるようになります。

直立歩行と労働の出現によって、自然にたいする人間の制御がはじまり、労働の新しい進歩がなされるたびに人間の視野をひろげていきます。そして、このことは人間の欲求を高め、労働＝生産の発展をうながしていきます。労働の発展は、相互援助や共同労働を必要にし、このことによって群れ＝集団の成員の相互の結びつきが密接になっていきました。こうして、人間は労働＝生産の発展のなかから、たがいに何かを話し合わなければならないところまできたのです。この群れ＝集団の共同労働の必要が、やがて言語をつくりだしていったのです。

このように、人類の進化において労働が決定的な役割をはたしました。人間の祖先は直立歩行によって労働が可能になり、労働の発展のなかから言語と脳を発達させてきました。人間と動物の根本的区別も労働（＝主に道具の生産）にあるわけです。動物は基本的に自分の器官で自然環境に適応できるだけです。たしかに、チンパンジーは道具を使って食物をとったりしますが、けっして道具を生産することはできません。人間はただ自分の器官で自然に適応するだけでなく、道具を生産し、それを使って目的意識的に労働するわけです。そして、その労働によって自然を変革し、自分たちの世界＝人間社会をつくりだしてきました。

このようにみれば、労働がなければ人類は誕生しなかったし、さらにこれからも生存できません。労働は人間が生きていくための永遠の条件といえます。だから、科学的社会主義は労働こそが社会の発展の基礎であると考え、労働する勤労人民こそが歴史の主人公であると主張しています。私たちが科学的な世界観を身につけるためには、正しい労働観を確立することが非常に重要であるといえます。労働こそ、人間や社会の存在条件であり、労働する勤労人民が社会の土台をささえています。したがって、歴史上の社会の性格をみるには、時代の英雄たちに目を奪われがちになりますが、その社会の勤労人民がどのように働き、どのように生活しているかに注目することが重要になります。

学習と討論のテーマ

1　直立歩行がなぜ人間の移行への「決定的一歩」なのでしょうか。

2　人類の進化において、なぜ労働が決定的な役割をはたしたといえるのでしょうか。

第二章　人類最初の社会＝原始共産制社会

1　採集経済から生産経済へ

①採集経済の旧石器時代

人類の誕生は七〇〇万年前（初期猿人の段階）ですが、本来の人間社会が形成されるのは旧石器時代の末期と推測されています。文明社会の開始が五〇〇〇年前とされていますので、これまでの人類の歴史では、人類最初の社会＝文明以前の社会（野蛮と未開の社会）*＝原始社会がほとんどの部分を占めていることになります。これまでの諸科学の成果によると、この最初の社会は階級的差別のない平等な社会であったことが証明されています。唯物史観（史的唯物論）ではこの社会を原始共産制（共同体）社会とよんでいます。

原始社会の主な労働用具は石器でした。それで考古学では、原始時代を石器時代とよび、さらにこれを旧石器時代と新石器時代とに区別しています。旧石器時代とは、石をたたいてつくる打製石器＝旧石器が使われる時代のことであり、新石器時代とは、石をみがいてつくる磨製石器＝新石器が使われる時代のことで、土器をつくることも大きな特徴になっています。最近では、この両時代の過渡期を中石器時代とよんでいます。

旧石器時代は、木の実などの植物性食物の採集を中心として、老若男女の区別のない共同労働がおこなわれていました。やがて、石器が改良され、握りつちなどが発明されます。そして、この改良された石器などを使った狩りがはじまり、シカやウマ、ゾウのような大きな動物をとるよ

●野蛮・未開・文明
一九世紀に活躍したアメリカの文化人類学者モーガンの『古代社会』（一一二頁参照）で採用されている時期区分。『古代社会』をマルクス、エンゲルスは高く評価したが、エンゲルスは『家族・私有財産および国家の起源』で野蛮＝「できあいの天然物を手に入れる時期」、未開＝「牧畜と農耕をいとなみ、人間の活動によって天然産物の生産を高める方法を習得する時期」、文明＝「天然産物のさらにすすんだ加工を習得する時期」と整理しており、大ざっぱにいえば、野蛮—旧石器時代、未開—新石器時代、文明—青銅器時代以後、といえるかもしれない。

うになります。また、火が使用されはじめ、肉食がさかんになります。狩猟の技術がすすみ、落とし穴や鋭い木の槍でマンモスさえとるようになるのです。そして狩猟とともに、原始的な農耕が発生します。これは棒や手で土をほぐして、種をまいたり、また、洪水ではこばれた泥土に種をまくという幼稚なものでした。この原始的農耕は女性によって発見されたといわれています。そして、旧石器時代の終わりになると漁撈が発達します。

　こうした旧石器時代の遺跡*は、中国、朝鮮、日本などの東アジアでは、現在のように日本海はなく地続きでしたので、いずれの地域でも発見されています。

　中国の旧石器時代は、北京原人でよく知られています。朝鮮でも、旧石器時代の遺跡は一九六〇年代以来、朝鮮半島の北から南までいろいろ発見されています。代表的なものとしては、咸鏡北道雄基《かんきょうほくどうゆうき》の屈浦里《くっぽり》遺跡があります。これは北のはての豆満江《とまんこう》の下流域です。南朝鮮でも、錦江流域の忠清南道公《ちゅうせいなんどうこう》州《しゅう》の石壮里《せきそうり》遺跡が発見されています。その後も各地で旧石器時代の遺跡が発見され、一〇万年以上前から朝鮮半島に旧石器時代人が生息していたことが

食物の共産主義的分配

アラウカリアの実を平等，公平に分配している（オーストラリア東南部原住人）

あきらかになっています。

旧石器時代の生産活動は、植物性食物の採集、狩猟、漁撈にかぎられており、これを農耕や牧畜などの物を「つくる」生産経済と区別して、物を「集める」採集経済といいます。そして、狩猟や漁撈が発達してくると共同労働のなかに「自然的分業」が生まれてきます。男は狩猟や漁撈にだんだん専門的になり、女は植物性食物の採集、加工、育児などにあたり、老人は道具をつくり、子どもは女の手伝いをするというように、性別・年齢別による分業が生まれてきたのです。この自然的分業による労働の専門化は、原始社会の労働の生産性を少しずつ高めることになります。

②生産経済への移行=新石器時代

いまから一万年前、長くつづいた氷河時代は終わり、自然環境は大きく変化しました。このため、これまでの狩猟のおもな対象であったトナカイやマンモスなどの大型動物は北方に移り、小型の群生をしない動物が残ったのです。またいちじるしい乾燥化は草原を砂漠に変えてしまいました。旧石器人はこれまでの採集経済を転換させなければ生きていくことが不可能になったのです。

そのような事態のなかで、原始的な農耕や牧畜を発展させて本格的な農耕と牧畜がはじまりました。これにより、人類の定住がすすみ、数個の氏族が部族をつくり、村落社会=村落共同体がつくられるようになります。新石器時代のはじまりです。

西アジアのジャルモ（イラク）の遺跡からは紀元前六五〇〇年ごろの「農業の村」が発掘され、石斧《せきふ》、ひき臼《うす》、石皿などの農耕に使われた石器や炭化したコムギとオオムギの穀物が出土しています。さらに土器の製造設備や家畜化されていたヒツジ、ブタ、ウシの骨が発見されています。

中国陝西省《せんせいしょう》西安《せいあん》市の東郊の半坡《はんぱ》村にある半坡遺跡は、新石器時代の集落遺跡で、円形の共同集

●遺跡
人間の活動した痕跡。人の手の加わったものだけでなく、岩陰や洞穴のような自然のままのもの、あるいは水や、何の変哲もない川原石、ときには音や空気さえ、人がそれに触れたり、その力を利用したりした痕跡が認められれば、遺跡として認定される。

会所と共同墓地があり、住居址は竪穴住居で、方形と円形に大別され、大小の区別がありません。柱穴も残っていて上屋の復元もでき、階級的身分的差別がないことが証明されます。ほかに貯蔵用の竪穴、土器を焼くカマ、埋葬のあとなども発見されました。成人の骨が一三〇体ほど、住居北方の共同墓地から発見されています。一人の女性と一三〇人の男性が埋葬されており、母系制*氏族共同体の住居址と推定することができます。

朝鮮では、紀元前五〇〇〇年ごろから新石器時代の磨製石器と原始的無文《むもん》土器が発掘されています。その後、原始的無文土器から櫛目文《くしめもん》土器に変わります。櫛目文土器とは、櫛の歯でつけられたような文様が施された土器のことですが、紀元前五〇〇〇年から紀元前一〇〇〇年ごろまでに全国に普及します。紀元前一〇〇〇年ごろから、これまでの櫛目文土器にかわって、文様の施されない無文土器が出現しました。一部の階層で青銅器が使われるようになり、これとともに稲作がはじまり、集落が平野のひろがる河川流域の丘陵地にいとなまれます。

このように、歴史は、人間が自然に大きく依存していた採集経済の段階（旧石器時代）から、物をつくる生産経済によって自然を制御していく新しい段階（新石器時代）に進歩・発展してきました。

●母系制
母方の血筋によって家族や血縁者の集まりを組織する社会制度。

2　日本における原始共産制社会

①日本の旧石器時代

以前、日本には旧石器時代は存在しないといわれ、戦争直後の学校の教科書は新石器時代からはじめていました。ところが一九四九年、行商のとうふ屋で無名の考古学徒であった相沢忠洋が、群馬県岩宿《いわじゅく》の赤土から一本の石槍を発見し、明治大学を中心とする学界の現地調査でも打製石器が発掘されます。この赤土は地質時代の更新世後期（二〇〇万～一万年前）に属するものでした。その後、各地で同時代の石器が発見され、日本でも旧石器時代人の存在があきらかにされています。更新世におけるアジアの自然環境は今日とちがっており、日本は大陸とつながっていました。そして、ナウマンゾウやオオツノジカなどの大型動物が往来しており、更新世の後期にこれらの動物をおって、東アジア一帯から人間の集団が日本にやってきたと考えられています。

その後、いまから一万年前、氷河時代が終わりをとげ、自然環境が大きく変化しました。このころ、それまで大陸と陸つづきであった日本は、海水面の上昇により、低いところが海にしずみ、現在の日本列島が生まれたと考えられます。この自然条件の大きな変化と、乱獲によってナウマンゾウなどの大型動物は絶滅の危機に瀕していました。当時の日本人は大きな困難に直面したわけですが、必死に新しい食料を確保するための努力をおこない、労働手段・労働用具の改良にもつとめたのです。気候が暖かくなり、森林が生まれ、小型の動物や鳥類が動きまわるようになりました。

②日本の新石器時代＝縄文時代

このような自然の状態と人間の努力のなかで、弓矢が発明され、石器がみがかれて磨製石斧＝新石器がつくられ、それによって丸木舟がつくられるようになります。さらに捕獲がかんたんな貝類の採集もさかんになります。こうした新しい採集活動の発展のなかで、大量処理の必要から土器がつくられるようになりました。この土器は「縄目のついた土器」で縄文式土器とよばれていますが、土器が製造されるということは、当時の日本人がものの化学変化を活用しはじめていたことを示しています。土器の製造によって食物を煮て食べるようになり、食物の範囲はひろがり、消化もよりよく、調理もより衛生的になります。このように縄文式土器の出現は日本列島の歴史に大きな発展をもたらしました。縄文時代になって、竪穴住居が本格的に普及するとともに、旧石器時代の移動生活に変わる定住生活がはじまります。

紀元前一万年ごろから紀元前三〇〇年ごろまでつづいた日本の縄文時代は、他の地域の新石器時代とことなり、農耕や牧畜は起こらず、いぜんとして、狩猟、漁撈、採集の採集経済の段階でした。これは、当時の日本列島には採集経済にとって都合のよい豊かな自然環境が存在していたためと考えられています。しかし、このために一時的に大量の獲得物はあっても、剰余生産物を蓄積するまでの生産力の発展を生みだすことはできませんでした。旧石器時代より「豊かさ」は増大していましたが、採集経済に依拠する本質的な不安定さを内包する社会といえます。

神奈川県平坂貝塚で発見された人骨には、レントゲンで調べると、足の骨に一一本のうすい筋が発見されましたが、これは極端な栄養失調によるものでした。縄文時代は旧石器時代にくらべれば生産は発展しましたが、いぜんとして飢餓との厳しいたたかいを必要とする低い生産力の段階であり、階級的差別の生まれる条件は存在していなかったのです。この時代は、階級的な搾取や支配がなく、男女差別もなく、氏族共同体の共同所有にもとづく平等な社会でした。このことは、当時の住居跡や共同墓地の遺体のなかに、特別の地位や富を示す遺物がないことからも証明されます。

さらに縄文時代には、厳しい自然とのたたかいのために共同体の集団内部に厳しい規制があり、自然を保護したり、豊猟を祈るための呪術が生まれていました。これは発掘された母性を象徴する土偶や石棒、さらには人骨の抜歯の習慣や叉状研歯《さじょうけんし》といって前歯にきりこみをつけ、これをフォークのようにして使う習慣からもうかがうことができます。

3　原始共産制社会の歴史的意味

①原始共産制社会の特徴

これまで、原始社会の生産の状態をみてきたのですが、ここでは人間の社会関係をみてみましよう。

人類最初の社会である旧石器時代に、人間は群れ＝集団をなし、食料をもとめて各地を移動していましたが、旧石器時代末期の狩猟や漁撈の段階になると、血縁グループの氏族共同体の社会をつくりあげていきました。そして、新石器時代になると、農耕と牧畜がはじまり、採集経済から生産経済へ発展し、人類の定住がすすみます。

それでは、このような原始共産制社会（氏族共同体社会）の基本的特徴はどこにあったでしょうか。

第一に、氏族共同体では、人間による人間の支配、搾取がおこなわれておらず、人びとが平等なことでした。これは、当時の低い生産力では、生きていくのに精いっぱいで、搾取の基礎になる剰余生産物（自分の生活に必要である以上の生産物）を生みだすことができなかったからです。つまり、当時の狩りや漁撈では、自分の生活を維持できるだけのものをつねに得られるとはかぎらず、獲物は平等に分配して助け合わなくては自分が生きていくこともできなかったのです。そのため、道具や土地（猟場、耕地）、魚場などの生産手段は氏族共同体で所有していました。

第二に、氏族共同体には、民主的にえらばれたリーダーがおり、共同体の共同事務・軍事指揮をおこなっていました。重要な問題は氏族会議で合議されています。このリーダーは、支配者ではなく、共同体に奉仕するものであり、全体の意志に反すれば、リコールされます。このような原始的民主主義が存在していました。

第三に、人間の進化の過程で、氏族共同体社会では、男女の婚姻形態が集団婚であったことです。二つの氏族の間で集団婚がおこなわれ、同一氏族内部の婚姻は厳格に禁止されていました。このルールは、長い経験のなかから、近い肉親の間の性的関係を排除しようとするものでした。こういう婚姻関係であると、子どもの父はわからず、母だけがわかることになります。結ばれた一組のペアが中心になる「家庭」ではなく、共同体の多数の男性、多数の女性、その子どもや親からなる集団的世帯で生活していました。男性は外で狩猟、女性は育児をふくめた集団的世帯の活動をおこないました。この女性の活動は男性の外での活動と対等の性格をもつ「公的活動」でした。このことから、女性の社会的地位は高く、男女は平等であり、氏族の族長には女性がつくことも珍しくありませんでした。

②原始共産制社会の存在は私たちに何を教えるか

これまで、人類の最初の社会、原始共産制社会をみてきましたが、最後にこの社会の存在が私たちに何をおしえているかを考えてみましょう。

原始共産制社会では、労働用具が石器で生産力が極度に低く、生きることに精いっぱいで生活に必要である以上の剰余生産物をつくりだすことが不可能でした。したがって、つねに共同体による共同労働、集団労働がおこなわれ、獲得物も平等に分配されました。そして、生産手段も共同で所有されており、私有財産制度は存在していませんでした。さらに、男女は平等で原始的な民主主義が存在していたのです。

本書冒頭でものべたように、最初の人間社会である原始共産制社会が世界史ではほとんどの部分を占めています。階級社会はせいぜい五〇〇〇年、日本史では一五〇〇年ぐらいでしかないのです。こうみると、歴史全体のなかでは、階級社会はほんの一時的なことにすぎないことがわかります。階級も国家も存在しない平等な時代が大半だったのです。もちろん、私たちは、原始社会がよかったなどと考えておりません。原始共産制社会では、低い生産力と野蛮と未開のなかで人類は自然とたたかっていたのです。

やがて、歴史は野蛮と未開の原始社会から階級対立のある文明社会に移行します。無階級社会から、階級社会への転換なので、一見、歴史の発展とは思えないのですが、階級社会という「回り道」を経ながら、生産力の発展と文明の形成という進歩の道を歩みはじめ、人間の歴史を未開から解放することになります。

学習と討論のテーマ

1　原始社会では、なぜ階級や国家が存在していなかったのでしょうか。
2　原始社会ではなぜ男女平等だったのでしょうか。
3　原始共産制社会の存在は私たちに何を教えているのでしょうか。

II

前近代の階級社会への移行

第三章　文明社会＝古代社会の成立

1　原始共産制社会の解体過程――階級社会の成立

前章では、原始社会が、人類の絶えまない努力の結果、採集経済から農耕や牧畜をおこなう生産経済の段階にまで進歩、発展してきたことをみてきました。とくに灌漑農業＝定着農業の発展が重要です。

①生産力の発展と剰余生産物の生産――社会的分業の発展

牧畜と農業の発生・発展、とくに定着農業、穀物の生産がはじまると、人間の生活をささえるのに必要である以上の生活資料を定期的に生みだすことができるようになりました。人間社会は必要生産物だけでなく剰余生産物を生みだすような発展段階になったのです。さらに、この農業労働のなかで、これまで使用していた石器にかわって金属器――最初は銅、後に青銅、やがて鉄器――が使われるようになると、金属器の労働用具や武器の製作を専門におこなう手工業が農業から分離しはじめます。これまでの自然的分業から社会的分業（社会の労働が異なる部門の仕事に専門化すること）への発展がはじまったのです。

社会的分業は、農業と牧畜の分離からはじまり、さらに農業からの手工業の分離へと発展していきます。この社会的分業の発展により、生産力はますます発展します。そして、この生産力と社会的分業の発展が原始共産制社会を大きく変動させることになります。

②経済的な不平等と私有財産の発生

原始社会では、労働用具が幼稚なため生産力は低く、氏族共同体全体の共同労働でなければ生活資料を確保することができず、生きていけませんでした。ところが、金属製の労働用具が発明されることによって、生産力は急速に高まり、共同体全体でなく家族（数世代をふくむ大家族＝世帯共同体）を単位とする個別労働で、土地をたがやし生活資料を確保することができるようになります。耕地は共同体全体の所有ですが、耕作は家族の個別労働という状態が生まれます。こうなると、土地が肥えているかどうかで家族のあいだに収入の不平等が生まれますので、原始共産制社会の平等の原則が存在しているあいだは、平等性を維持するために、耕作する土地の定期的な割り当てがえ＝割りかえがおこなわれました。

やがて、収穫を大家族（数世代をふくむ大家族＝世帯共同体）が自分たちのものとして手に入れるようになり、家屋と庭の私有もはじまります。しかし、依然として、耕作地は共同体の共同財産であり、一時的に個々の家族共同体の保有になるにすぎません。草地、牧場、森林、荒地なども共有財産として共同利用されます。

このような段階の共同体を農業共同体または村落共同体といいます。この共同体の特徴は、私的所有の原則と共同所有の原則とが共存しており、原始共産制社会の解体過程の一時期を示しています。

③族長や指導者による共同体財産の横領と奴隷の所有

生産力がいっそう発展し、共同労働がますます不必要になり、家族による個別労働が盛んになるにつれて、耕地の割りかえも廃止され、家族による土地の私有が生まれます。

この過程は共同体の族長や指導者などによる共同体財産の横領とも結びついていました。氏族共同体の族長や指導者などは、軍事指揮、宗教儀式、占いなど共同体全体にかかわる仕事を専門的におこなっており、それがだんだん固定化されていきます。はじめは共同体の公選によって選ばれた共同体の族長や指導者たちの地位が固定化されていき、世襲化されるようになっていきました。こうして共同体の族長や指導者たちの家族が「名門」化・「門閥」化され、特殊な層を形成します。

共同体の財産、土地などが、世襲化された族長や指導者たちの大家族（「名門家族」）による横領によって、彼らの私有財産になります。共同体の族長や指導者たちによる私有制がはじまり、共同体に不平等な関係が形成されますが、その不平等を決定的にすることが起きてきます。それは彼らによる共同体の奴隷の横領です。

剰余生産物の出現によって、いままで殺していた捕虜を奴隷として働かせるほうが有利になります。捕虜の労働が剰余生産物を確実に生みだすようになると、捕虜は殺されずに奴隷にされたのです。奴隷には、共同体間の戦争の捕虜によるものと、共同体内での借財によって奴隷に転落するものと、その源には二つの種類があります。

奴隷も最初は共同体全体のものでしたが、やがて少数の「名門家族」に横領され、彼らに奴隷が集中します。奴隷所有者階級＝豪族*・古代貴族*と奴隷が生まれてくるのです。

こうして階級的身分的差別のない平等な原始共産制社会は解体して、共同体の族長や指導者たちから私的所有がはじまり、彼らに奴隷が集中し、奴隷制社会に移行します。平等な無階級社会から最初の階級社会への転換でした。

④「女性の世界史的な敗北」――父権制への転換

こうした時代状況のなかで、婚姻形態に大きな変化が生まれます。長くつづいた集団婚にかわって、男女の結婚形態が「対偶婚」に進化します。「一夫一婦制」とはいえず、「当事者の気の

●豪族
ある地方に土着し、そこで権勢をふるう一族。土地や財産、私兵をもち、一定の地域的支配権を所有している。

●貴族
血統的に尊いとされ、その地位を世襲する特権的な身分に属する人びと。天皇の政権である朝廷の周辺に土着していた中央豪族が貴族となり、政治に参与した。

むく間だけ継続する」緩やかな関係でした。きわめて緩やかな関係ですが、男性と女性がペアになる状態が生まれ、集団婚から変わっていきます。ごく近い肉親の婚姻禁止が、遠い血族まで拡大し、集団婚を不可能にする結果によると考えられています。生活は結合した二人だけの世帯で生活するのではなく、これまでの世帯共同体のなかで生活します。固い結びつきでなくとも、二人の関係がしばらく持続するなかで、父親と子どもの親子関係がはっきりするようになります。また、先にのべたように、牧畜や農業が生産活動の中心になり、やがて共同体の族長や指導者たちによる私有財産が発生します。また牧畜や農業中心の生産活動が増大することにより、男性の役割と影響力が高まり、男性の発言権が強まります。男の側には必ず自分の子どもに財産を相続させたいという欲求がでてきます。ところが、これまでの氏族共同体では、男の財産はその氏族に残ります。子どもは母親の氏族に属するので、父親の財産を相続できません。そこでおこなわれた改革は、子どもの所属を父親の氏族にするということです。

この改革によって、父系・父権にもとづく家族が成立します。男女平等の関係がくずれ、父権にもとづく家族（最初は家父長制大家族）が成立し、女の家長への隷属、男女不平等が発生します。男は、自分の子に財産をつがせるために、女に一夫制を強制するようになります。

エンゲルスは、このような転換を『家族、私有財産および国家の起源』（一八八四年）のなかで「女性の世界史的な敗北」であり、女は威厳のある地位からおとされて男に隷属させられ、男の性欲の対象としての奴隷的地位に転落したとのべています。この転換によって、「対偶婚」に変わって「一夫一婦婚家族」が生まれます。こうして歴史的に登場した「一夫一婦婚家族」は、男女の愛情とは関係なく、男が自分の財産を自分の子どもに相続させることを目的とする「打算婚」にほかなりませんでした。

⑤国家の成立

原始共同体のなかに、族長や豪族の私的所有や階級対立が生まれると、この共同体を基礎に部族単位の小国家が生まれ、やがてそれらが統合されて古代国家が成立します。社会が諸階級に分裂し、原始共同体の社会的自治の諸機関では解決できない階級対立が生まれ、この対立を緩和、抑制して社会秩序の枠内にとどめておくべき機関として国家が誕生します。

それでは、それまでの氏族共同体の公的機関とちがい、成立した国家の具体的特徴はどこにあるのでしょうか。

第一は、氏族共同体社会のように、血のつながり（血縁）によって民衆が結びついているのではなく、地域のつながり（地縁）によって、すなわち、人びとの居住するところで民衆が組織され、公的な義務を押しつけられることです。第二には、自主的に武装していた住民とはもはや直接には一致しない独自の公的強力が誕生することです。氏族的な共同体でも、共同体の利益をまもるために、氏族や部族が強力を行使することがありましたが、社会の成年男子が全員参加したので、人民に対抗して強力を行使することはあり得ませんでした。これにたいして、国家が保持する公的強力は、民衆から分離し、民衆の上に立ち、場合によって民衆を抑圧します。具体的にいえば、特殊な武装集団である軍隊、警察、およびその物的付属物である監獄やその他の強制施設、さらに、徴税機構、独自の官僚機関などの公的機関の成立です。

原始社会の共同体の共同事務を遂行してきた公的機関が、階級社会の成立とともに、しだいに少数の搾取する階級の道具に変質させられ、搾取階級の利害をまもる強制機関に変わったのです。国家は普通、経済的な支配階級の権力機関です。したがって、古代国家は奴隷所有者階級の権力機関といえます。ところが、国家の本質が支配階級の利益をまもる強制機関であるにもかかわらず、全住民の利益をまもる「公的」なものという外見をとっています。その「公的」外見なしに、国家は、階級支配の役割をはたすことはできません。この「公的」外見を、マルクスは、

「幻想的共同体」（『ドイツ・イデオロギー』）とよんでいます。

2　日本における階級社会への道

①弥生時代＝農業共同体の成立

およそ一万年つづいた縄文時代は、朝鮮半島を経て中国大陸から輸入された水田農業を開始する弥生時代へと発展します。当時、中国ではすでに階級社会が成立し、東アジアの最初の古代統一国家、秦を成立させて高い古代文明を築いていました。この中国の農耕や金属器の高い古代文化が朝鮮にも達し、朝鮮社会でＶ字型の鋤がＵ字型の鋤に改良され、これが日本の農業社会にも大きな影響を与え、日本社会の変化をもたらします。この農耕と金属器文化、とりわけ水稲耕作と金属器、鉄器の導入によって生まれた新しい農耕文化を弥生文化とよび、この文化がはじまった紀元前四世紀ころから紀元三世紀ころまでを弥生文化の時代＝弥生時代*とよんでいます。こうして、日本も生産経済に移行することになります。採集経済の縄文時代が、大陸から伝えられた水稲農業による農耕社会である弥生時代に発展していったのです。

初期の水稲栽培は、低湿地を利用しておこなわれ、奈良県の唐古《からこ》遺跡にみられるように、開田や耕作には木製の鍬や鋤が使われ、石包丁による稲の穂摘みがおこなわれました。

後期になると、農業技術がすすみ、田植えもはじまりました。収穫には鉄鎌による稲の穂首刈りがおこなわれます。こうした農業技術の進歩は、静岡県の登呂《とろ》遺跡によってあきらかになっています。そこでは、畦によっていくつにも区画された大規模な水田が、潅概用の水路を中心に整然とつくられています。これは割りかえ耕作がなされていて、農業共同体が形成されたことを示しています。また、高床式の倉庫跡があって、共同倉庫があったと推測されます。湿田であるために、耕作には木製の鍬、鋤が使われ、開田や水路などの土木工事には、鉄の刃先をつけた鍬が

●弥生文化（時代）　一八八四年に弥生町遺跡（現在の東京都文京区弥生）で発見された土器が、発見地にちなんで「弥生式土器」とよばれたことに由来する呼称。

使われるようになったと推定されます。

さらにこの時代になると、カメ、ツボなどロクロを使って製造される実用的な土器、銅鉾、銅鐸などの青銅器、農工具および武器としての鉄器などがつくられはじめます。手工業生産が農業から分離し、社会的分業が発達してきたのです。剰余生産物を生みだすほどの生産力の発展がみられ、原始共産制社会のなかに、私的所有の要素が生まれてきます。たとえば、登呂遺跡では、田が一枚一枚あぜで区切られていることから、氏族共同体の共同耕作ではなく、共同体のなかの大家族＝世帯共同体による割りかえ耕作がおこなわれていたと推定されます。

また、福岡県の須玖《すぐ》遺跡や佐賀県の吉野ヶ里遺跡の共同墓地の跡をみると、共同体社会に地位のちがいが生まれはじめたことがわかります。この時期には、死体はかめ棺のなかに入れて埋められていますが、吉野ヶ里では二〇〇〇体におよぶ一般の墓とともに小高い丘につくられた墳丘墓とよばれる特別の墓がみられます。それは、かめ棺を埋めた上を石でおおい、遺体には青銅の剣、鏡、ガラス製の玉など、当時では特別の宝物を副葬した墓なのです。もっとも共同墓地のなかに埋められていることは、まだこの人びとが共同体から分離していないことを示しています。

しかし、このような特別の墓が生まれたことは、この人びとが生前、共同体のなかで特別の地位を占め、支配者的性格をもちはじめていたと考えられます。

このように弥生時代には、依然として共同所有の原則が存続していますが、同時に私的所有や階級分裂の萌芽が生まれており、日本の原始共産制社会が次の社会に移り変わる過渡期の農業共同体の段階であったといえます。

②古墳時代

「邪馬台国」と地域的な部族*国家の成立

一世紀に書かれた中国の歴史書『漢書』によると、当時の日本は百近くの「国ぐに」に分かれていたとあり、さらに、『後漢書』には西暦五七年に

●部族
一定の地域に住み、言語・宗教・慣習など共通の文化を共有し、同族意識のもとに統合されている氏族の集団。

須玖《すぐ》遺跡の共同墓地（弥生中期）

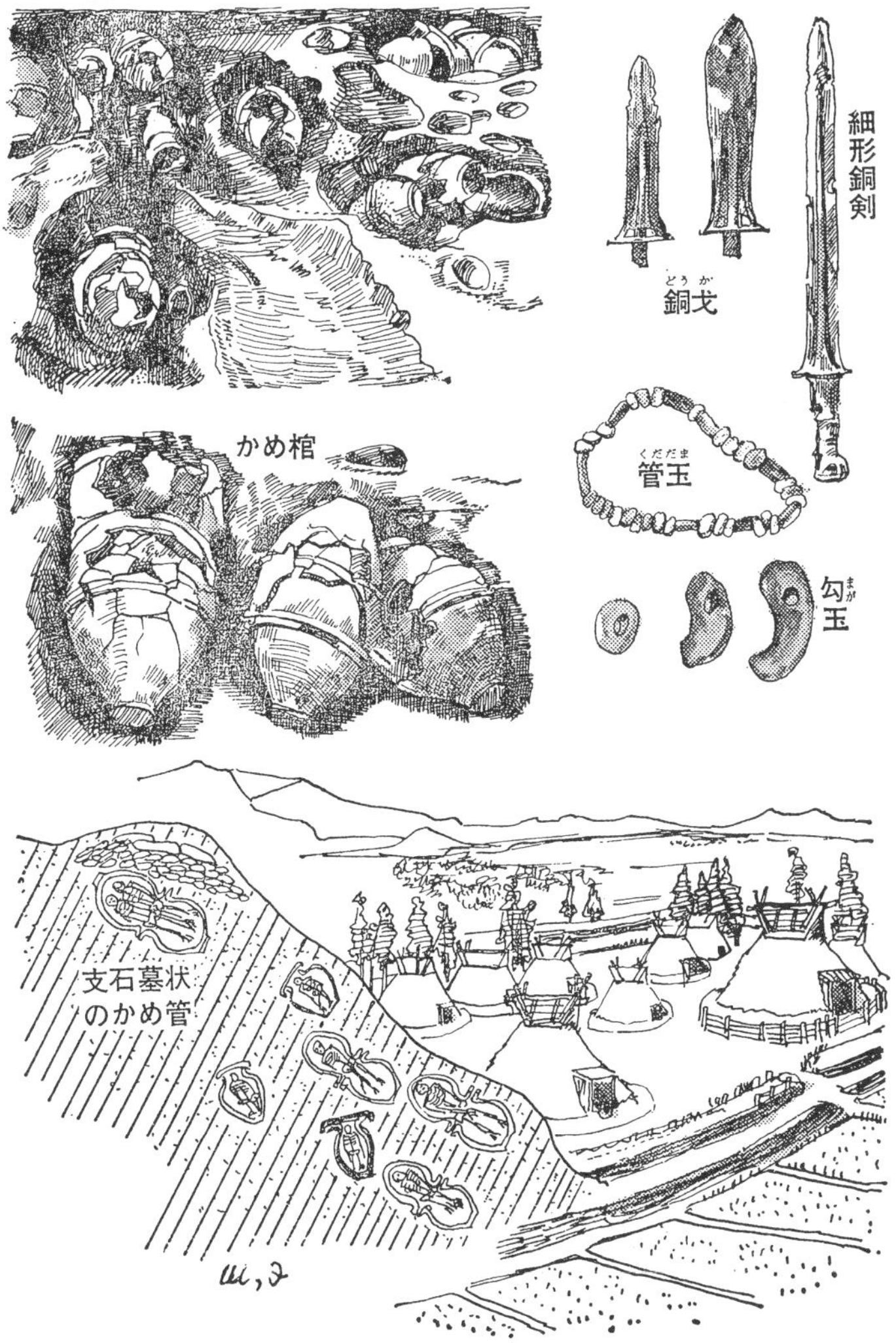

「倭《わ》」(当時中国は日本をこうよんだ)の「奴国《なこく》」が中国の漢帝国に入国したことや、一〇七年には北九州の「伊都国」(現在の福岡県糸島郡)などが一六〇人の奴隷を献上したことなどが書かれています。二世紀には日本で奴隷が生まれていたのです。また、二世紀後半の日本は激しい戦争がおこなわれ、乱れていたとあります。さらに、『魏志』倭人伝(西暦二四〇年ごろ)によれば、この戦乱のなかから女王卑弥呼の「邪馬台国」が成立し、二八の諸国を属国にしていました。

紀元前後~三世紀ごろの日本は、農業生産が発達して、灌漑用水路の工事のために多くの村落の協力が必要になり、有力な村落を中心にして地域的な集団(部族同盟・部族連合)がつくられていました。そして、この地域的な集団が用水をひいたり、豊年の祭りをおこなったりしていたのです。さらに、他の地域集団と交易したり、戦争をおこなったりして、だんだんといくつかの地域集団をひきいる有力な部族国家が生まれてきました。そして、北九州の有力な部族国家は中国の漢帝国と交渉をもち、奴隷などを献上していたのです。

したがって、先ほどの中国の史書にある「奴国」「伊都国」「邪馬台国」などは、このような有力な地域的な部族国家の成立を示しています。有力な地域的部族国家は北九州、瀬戸内海沿岸、近畿の三つであり、しだいに近畿の部族国家が優勢になっていきました。

古墳づくりと首長の権限の強化

三世紀末から、日本は古墳時代といわれる時期に入り、共同墓地から分離された古墳があらわれてきます。この古墳は、海陸の交通路や平野にのぞむ小高い山や丘陵にあり、数十メートルから二百数十メートルにおよぶ巨大なものもあり、棺のなかには多量の銅鏡、鉄製武器などが副葬されています。これは地域の部族同盟や部族連合のなかに、支配者的な階層(首長)があらわれつつあったことを示しています。

首長は豊作を神に祈る集団の大切な祭りを司り、神の意志を人びとに伝える特別の能力をもつと信じられていました。そして、首長はこのような宗教的権威を基礎に、生産・祭り・交易、戦争などを指揮していたのです。この時期には、かつて共同体からまかされた公的な権限(生産・

祭・交易・戦争などの指揮）が首長の私的支配に利用されるようになり、共同体や地域集団における首長の人民支配がすすんでいきました。そして、この首長が特定の一族に世襲化されはじめ、首長が死ぬと、その一族が中心となり、前首長の権限を新しい首長が受けつぐ祭りを盛大におこなったのです。古墳づくりは、この祭りの行事にほかなりませんでした。

五世紀になると、前方後円墳が宮城県から鹿児島県までひろがりますが、とくに近畿地方の古墳（たとえば仁徳天皇陵）が巨大になります。これは近畿の部族国家（ヤマト王権）がいっそう優位にたち、全国の他の部族同盟が近畿の部族国家に従属していったためと考えられます。これはヤマト王権（盟主は大王とよばれている）による他の部族国家や地域集団への征服戦争の結果でした。「ヤマトタケルノミコト」の伝説は、こうした征服戦争の史実の反映です。

この時期の一般民衆はどのような状態におかれていたのでしょうか。ヤマト王権の首長や各地の首長は、奴婢《ぬひ》とよばれた男女の奴隷を所有していましたが、このほかに部民《べのたみ》とよばれる一般民衆を集団として隷属させていました。部民には、原住地の共同体から引き離されて、大王や首長の直轄地の小屋に入れられ、食糧と農具を支給され、強制労働させられていた明白な奴隷と、自分の土地、農具で耕作し、家族生活を営んでいて一見奴隷とは異なるものとがありました。しかし、後者は共同体の成員と土地がそのまま大王や首長に所有されており、事実上の奴隷状態におかれていたとみられます。彼らは大王や首長に労働を強制され、生産物をほしいままに奪われるだけでなく、彼ら自身が贈り物にされるなど、事実上、奴隷に近いものでした。

3　古代奴隷制社会の成立

①古代奴隷制社会の特徴と多様な視点

奴隷制社会も一定の進歩的役割　こうして原始共産制社会の解体・変質のなかから最初の階級

社会＝古代奴隷制社会が生まれてきます。平等な無階級社会から階級社会へと人類史の最初の大転換でした。平等の社会から階級社会への転換ですが、人類史のなかでみると、奴隷制社会も一定の進歩的役割をはたしました。生産力の面からみると、生産用具に金属製、主に鉄器が使われるようになります。精巧な手工業製品を製造できるようになり、生産力が飛躍的に発展します。奴隷制国家や奴隷主に大量の奴隷が集められ、「単純協業」（分業を伴わない共同労働）を大規模に利用できるようになり、古代のエジプト、インド、中国、ギリシャ、ローマなどの巨大な造営物——灌漑施設、道路、橋、要塞など——にこのことが示されています。

生産関係の面でみると、戦争の捕虜を殺さないで、奴隷として生産的な仕事に使えるようになります。さらに、奴隷労働が生みだす剰余生産物を奴隷主が独占したので、一部の人たちが労働から離れて、政治、文化、芸術、科学の活動を専門にやれるようになり、社会の文化を前進させ、「文明の時代」をつくりだしました。古代エジプト、古代中国、インド、ギリシャ・ローマ、日本の飛鳥、白鳳、天平、平安などの人類の輝かしい文化遺産とされる古代文化は、こうした奴隷制的生産関係の土台のうえに生まれたのです。人類の文明の出発は、奴隷労働の搾取を基礎とし、無数の奴隷の労働と血と汗と涙の犠牲のうえに可能になったのです。奴隷制社会

仁徳天皇陵をつくる奴隷

は、こうして肉体労働と精神労働の分離と対立を生みだしました。

奴隷制社会の二つのタイプ　これまで古代奴隷制というと、ギリシャ・ローマ型の労働奴隷制を典型に考える傾向が強かったのですが、時代や地域を全体としてみると、奴隷制のあり方を多様な視点で考える必要があり、「総体的奴隷制」「国家的奴隷制」という特徴をもった奴隷制の意味を重視する必要があります。

「総体的奴隷制」「国家的奴隷制」といわれる古代帝国の基本的特徴は、それまでの原始共同体をこわさず、共同体の首長を隷属させることによって、その成員と土地をそのまま丸ごと所有し、支配することにありました。古代帝国の国王が唯一の所有者でした。一般的傾向として、共同体を基礎に部族単位の小国家が生まれ、それが統合されて古代国家が成立します。この国家は共同体の貢納に支えられており、その支配が拡大すると古代帝国となります。

国王は、この共同体成員からの農産物や手工業品の貢納を受け、賦役によって大規模な灌漑工事や水利工事をおこなったのです。村落共同体の農民や手工業者は重い租税の負担と強制労働に苦しみ、事実上、国王の奴隷にさせられていました。古代帝国では、奴隷は専ら家内奴隷でしたが、生産の主な担い手である共同体の農民や都市の手工業者がその土地とともに丸ごと国王（国家）に所有され、隷属していました。事実上の奴隷といえます。この社会体制をマルクスは「総体的奴隷制」とよんでいます。

もう一つは、ギリシャやローマにみられる労働奴隷制のタイプです。それは都市国家や帝国の支配者や自由民が奴隷主であり、一定数の奴隷を所有していました。奴隷は戦争の捕虜か共同体内での借財で没落したものから生まれました。このタイプの奴隷制では、生産の担い手として奴隷労働が大きな役割をはたします。奴隷は人間でありながら、「ものをいう道具」として扱われ、売り買いの対象にされ、人間として扱われなかったのです。さらに、結婚して家族をもつことができませんでした。したがって、奴隷の労働意欲は低く、強制労働で成り立っていたのです。

②「総体的奴隷制」のタイプ

メソポタミア文明　イラン高原からチグリス・ユーフラテス川下流の沖積平野のメソポタミアで、紀元前五〇〇〇年ごろから農耕がはじまり、紀元前三〇〇〇年ごろシュメール人によっていくつかの都市国家が生まれ、紀元前一八〇〇年ごろバビロニアによって統一帝国が形成され、専制王朝のもとにおかれました。その最盛期のハムラビ王の時代に楔形《くさびがた》文字でハムラビ法典がつくられます。その内容は、裁判手続きにかんするものから、いまでいう刑法、民法、家族法など都市生活に必要な規則が多方面に規定されています。

一九〇二年に発掘されたものをみると、貴族や平民のほか奴隷の存在も確認され、階級社会と国家が成立していたことがわかります。

エジプト文明　ナイル川流域のエジプトでは、紀元前四〇〇〇年よりも前にノモスとよばれる都市国家が成立していました。この地方では夏になると毎年川の水があふれるので、これを防ぎ、この水を農耕用に利用する灌漑事業が必要となり、このための共同作業の組織と指揮の必要から権力が集中され、国家が生まれました。紀元前三〇〇〇年ごろノモスは統一されてエジプト王国が誕生します。ピラミッドはこの王の墓でした。この大墳墓に示されたように、国王は「ファラオ（大きな家）」とよばれ、全国土を所有して専制的権力をふるい、多くの農民や奴隷を支配しました。エジプト王国は、紀元前五二五年、ペルシアに征服されるまで二六の王朝がつづきました。このエジプト文明の発展のなかから、文字（象形文字）、建築技術、測量術、天文学などが生まれました。

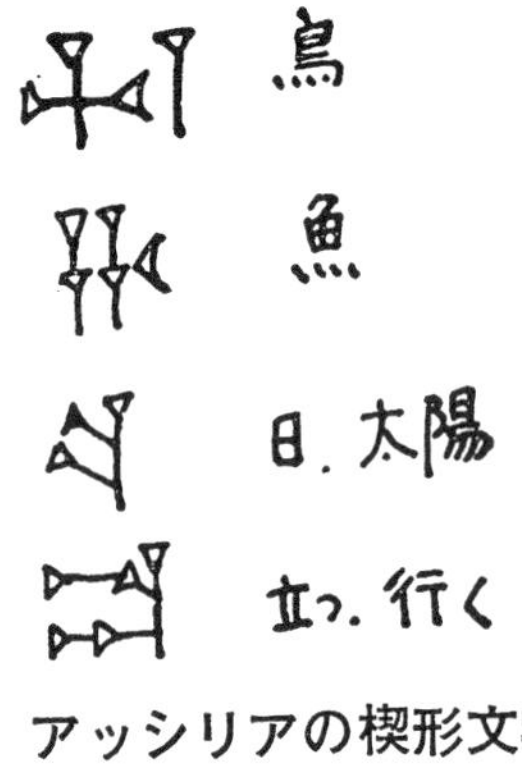

アッシリアの楔形文字

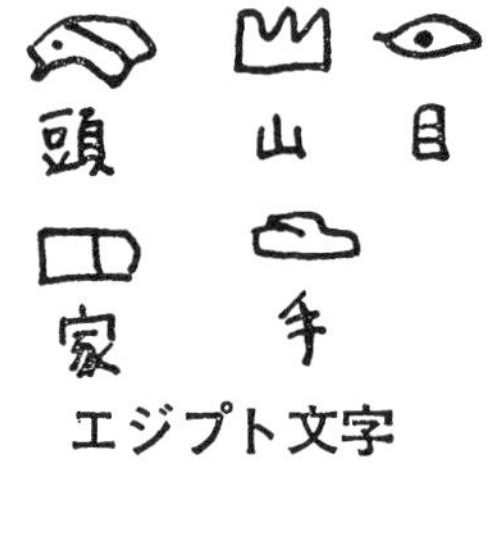

エジプト文字

インダス文明　インド最古の文明は、インダス川流域のインダス文明といわれますが、一九二〇年代に発掘されたモヘンジョダロの遺跡などが実態究明の手がかりになります。一〇ヘクタールのひろさをもつ整然とした都市の跡を示し、大浴場や排水溝や穀物倉庫もつくられており、その床には煉瓦も使われていました。農耕がはじまっており、大麦や小麦が常食とされ、綿布もつくられていました。インダス文字は解読されていないために都市の政治構造は不明ですが、私有財産制と階級社会がすでに存在していました。

中国文明と中華帝国　中国でも、紀元前五〇〇〇～三〇〇〇年ごろにかけて、黄河の中下流地域で農耕がはじまり、土器もつくられ、農業大集落がつくられました。現在実在とされている中国最古の王朝は殷で、紀元前一七世紀ごろに成立し、殷の都の跡である殷墟が発掘されました。宮殿跡や王の墓、青銅器、土器、車馬、甲骨文字が発掘されています。王の墓からは、装飾具とともに、生きたまま殺される「殉葬」された人びとの骨が発見されることから、奴隷制が成立していたことがわかります。

殷王朝は紀元前一一世紀ごろに西方から攻め込んだ周によって滅ぼされます。その後、中国古代王朝はめまぐるしく変転していきます。周王朝が三〇〇年、その後、春秋戦国時代（「春秋」は中国古代の歴史書の名称による）になり、これを秦が克服してわずか一五年。さらに、前漢が二〇〇年、新が一五年、後漢が二〇〇年、そして再び分裂の時代になり、これを統一した隋が二九年つづき、やがて唐王朝（六一八年に成立）時代になります。唐王朝は、九〇八年まで三〇〇年つづきました。

とくに隋や唐の時代に、古代帝国の社会的基盤を強化するために均田制が導入されます。これは帝国のものである土地の私有化と農民の没落をふせぎ、帝国の支配を強化しようとするものでした。唐の時代には、奴婢には土地を与えず、農民には与えられた土地の一部が永業田として世襲が認められます。そのかわり、農民には租（穀物）、庸（年二〇日間の労役、またはそれにかわる織物)、調(織物など)などの思い税負担が課され、さらに兵役の義務も負わされました。しかし、これによって、農民の没落や土地の地方豪族への集中を防ぐことはできず、八世紀末に租庸調制は廃止されます。また大土地所有からなる荘園制が公認されるようになり、古代国家の支配が崩れていきます。

唐の時代には、地方豪族の進出を抑えるために、律令制と科挙からなる官僚制の構築がおこなわれます。律は刑法、令は行政法のことであり、これにもとづいて、中央の役所や地方の州県制の整備がおこなわれます。科挙は官吏の採用試験であり、地方豪族を抑え、王朝の専制支配を強化するためでした。

こうした中国の古代帝国(随、唐)の法制・律令の改革は日本の古代帝国の支配の整備に大きな影響を与えることになります。

日本の古代専制国家　先ほども説明したように、日本は、四〜六世紀にかけて近畿のヤマト王権のもとに統合されていきます。日本のような水田農業を中心とする社会では、共同体全員の共同労働が必要でしたので、階級社会になっても共同体が長く残ることになります。すでに二世紀ごろから奴隷が生まれていることはのべましたが、四〜五世紀には奴隷(奴婢)は「大王」や族長＝豪族など一部のものに所有されていました。これらの奴隷主階級は、奴婢のほかに部民とよばれる人民を共同体のまま隷属させていました。彼らは、奴婢のような明白な奴隷とともに、村落に定住し、昔ながらの自分の土地・農具で耕作して家族生活を営んでいる点で、一見、奴隷とは異なるようにみえますが、共同体全体が奴隷的に隷属化されており、奴隷制の日本的形態といえます。やがて、共同体から、大家族(世帯共同体)の独立性が強くなると、これまでのような豪族たちの支配が難しくなってきました。

こうした社会状況を背景に、七世紀になると、六四五年の大化の改新、六七二年の壬申の乱によって、最高の権力者である大王＝天皇を中心に、地方の有力首長＝豪族を官僚として再編し、専制的な中央集権国家体制が形成されました。それまでの大王にかわって、天皇（スメラミコト）とよぶようになり、日本という称号もほぼ同時にあらわれます。

七〇一年には大宝律令が制定され、中国の古代帝国の唐の法制・律令をもとに日本風にあらためた律令を成文法とする古代統一国家＝律令制国家が成立しました。すべての土地を国有にし、全人民を一人ひとり直接に支配する権力機構をつくり（公地公民制）、律令を成文法とする国家体制を整備したのです。

律令制国家の支配のもとでは、前代の部民の大部分は公民とされて戸籍に登録され、班田収授法によって田（口分田）を強制的に割りあてられ（唐とはちがい女性にも割りあてられた）、租税や強制労働、兵役などの重い負担がかけられました。口分田は朝廷のものとされ、売買が禁止されます。国家は公民が負担にたえかねて逃亡するのにそなえ、みけんのほくろ、ひたいの傷まで調べて戸籍に記入しており、一般公民は奴隷に近い状態に置かれていました。律令制下の公民は、部民が国家のもとに再編成されたものであり、人間そのものが、直接、国家に隷属されたのです。奴婢と手工業にたずさわる一部の部民は、依然として奴隷とされ、豊かな大家族の家内奴隷として家族員とともに農業などの生産に使われました。奴婢には公民の三分の一の土地を与えられますが、売買の対象にされていました。

このように、日本の古代社会は古代オリエント諸国や中国などと同じように国家が直接一般公民と土地を所有し、民衆を事実上奴隷制的に支配している「国家的奴隷制」「総体的奴隷制」の特徴をもっていました。

エーゲ文明、ミケーネ文明と「総体的奴隷制」　シュメールやエジプトの文明の影響を受けて紀元前三〇〇〇年ごろから東地中海の海域ではエーゲ文明が生まれました。中心はクレタ島で、東地中海の島々や沿岸に栄えた文明で、海洋文明ともいわれています。これはヨーロッパの最初の文明であり、その影響はイタリア、イベリア半島からブリテン島におよび、シュメールやエジプトの文明を未開の中央ヨーロッパにつなぐ通路でした。壮大な宮廷建築が特徴ですが、巨大な権力を握った王の存在を示しています。

紀元前二〇〇〇年ごろにイタリア半島の北部にローマ人の祖先があらわれ、またギリシャ人の一種族もバルカン半島に進出して小国家をつくり、紀元前一五〇〇年（一六〇〇年）ごろクレタ島を征服してエーゲ文明を受けついでミケーネ文明をつくりました。ミケーネ文明では、巨石でできた城塞王宮を中心に小王国がつくられ、粘土板に残された線文字B文書の解読により、専制的な王が役人組織を使って農民などから農産物、家畜、武器などの手工業製品を貢納としてとりあげ、王宮で多くの職人や奴隷を使っていたことがあきらかにされています。ミケーネ時代の諸国家は、共同体全体を王に隷属させ、貢納・賦役という形態でまるごと搾取していました。

紀元前一二〇〇年ごろ同じギリシャ人の一種族であるドーリア人が北西地方から侵入しミケーネ文明を滅ぼしました。このミケーネ文明の崩壊のうえに、やがてギリシャ文明が花ひらき、奴隷制のもとで民主制を実現します。これまでギリシャの奴隷制が古典古代の典型とされていましたが、その歴史的前提ともいうべきミケーネ文明を生みだした諸国家は、共同体を丸ごと隷属させ、共同体成員に貢納・夫役をもとめる「総体的奴隷制」の専制国家でした。ヨーロッパにも、ギリシャ・ローマの労働奴隷制以前に「総体的奴隷制」が存在していたのです。この点からも、労働奴隷制と「総体的奴隷制」の歴史的関連を再検討することが重要な課題になっています。

③ギリシャ・ローマ型の奴隷制＝労働奴隷制

ギリシャ文明と奴隷制

ギリシャ本土に紀元前八〇〇年ごろ、アテネ、スパルタなどの小さな都市国家＝ポリスが形成され、ギリシャ文明が発生します。ポリスの住民は自由民とこれに隷属する奴隷からなり、一般市民（自由民）＝平民と貴族の区別がありました。共同体財産の私有化がすすみ、家畜、奴隷、土地などが貴族に集中し貴族政に移行します。貴族の政権の独占と土地の私有がすすむと、市民（商工業者・農民）の不満が増大し、貴族と市民の対立が激化します。この市民の不満を外にそらすために、紀元前八世紀から六世紀にかけて地中海や黒海の沿岸に進出し、植民市をつくりました。この植民市が発達し、小アジア*から大量の奴隷がギリシャに送られると、奴隷を使って陶器・武器などを製造する市民があらわれ、鉱山に奴隷が使われ、労働奴隷制が発展します。商工業が発展し、富裕市民が現れると、彼らは自費で武装を整える重装歩兵となり、貴族にとって変わってポリスの軍隊の主力になります。市民の社会的地位が高まりました。一方、負債のため、市民から奴隷に転落するものも多くなります。貧富の差がひろがるポリス社会の再編が避けられなくなります。

アテネと民主政　ポリスのなかで、奴隷制が最も発展したアテネが社会改革の先頭に立ちます。前六世紀のはじめ、ソロンが負債を帳消しにし、借財を負った市民を奴隷として売ることを禁止します。さらに、血統でなく、財産額の大小で市民の政治参加を認める改革をおこないます。しかし、この改革に市民も貴族も満足せず、その後、多くのポリスで貴族政治を抑えるために、市民の支持を背景に僭主（非合法手段で政権をねらう独裁者）による独裁政治がおこなわれました。アテネでも、ペイシストラトスが、前六世紀半ばに僭主政治を実現し、貴族政を倒します。その後、僭主政治は暴政におちいり、失敗します。そして、前六世紀末、クレイステネスの改革で五〇〇人評議会の創設などアテネ民主制の基礎が築かれます。僭主の出現を防ぐために市民の投票で国外に追放する「貝殻追放」（オストラシズム）制度も導入されました。民主政の基礎がつくられたのです。

　前五世紀はじめ、ペルシアが二度にわたってギリシャに侵入しますが、アテネとスパルタを先頭にペルシア軍をうち破り、ポリスの自由をまもります（ペルシア戦争）。上陸したペルシア軍をうち破り、近代オリンピック競技のマラソンの起源となったのがマラトンのたたかいです（前四九〇年）。ペルシア戦争に勝利した後、ポリスはペルシアの再侵攻にそなえ、デロス同盟を結

●小アジア
アナトリア半島の別名。アジアの西端にあり、トルコの大半部を占め、地中海と黒海に挟まれている。

び、アテネがその盟主となります。アテネは、市民の社会的発言力の高まりを背景に、前五世紀半ばごろ、ペリクレスの主導のもとに民主政が整備され、政治的に安定します。民主政の象徴が成年男子市民の参加する総会であり、国の政策を多数決で採択する決定機関でした。行政も、一般市民から抽選された任期一年の役人が担当しました。裁判も、市民から抽選された多数の陪審員の投票によって判決が下され、役人や政治家の責任は厳しく追及されました。こうしたアテネの民主政はギリシアのポリスにひろまっていきます。市民は貧富の差にかかわらず、平等に参政権をもち、多くの市民の政治参加が認められており、代議制ではなく直接民主制という現代とはちがう面もありますが、民主主義という制度や考え方の原点という意味で、世界史的意味をもっていました。ただ歴史的限界は、民主政から奴隷、女性、外国人が排除されていたことです。

このころのアテネの人口は二〇～三〇万と推定されていますが、うち八～一二万が奴隷でした。商工業が盛んでしたが、経済の基礎は農業で、土地を所有することが市民の条件で、外国人は土地所有を禁じられていました。農業労働も奴隷によっておこなわれましたが、大経営はなく、奴隷が大量に使われていたのは手工業と鉱山でした。武器をつくる作業場では二〇～三〇人からときには一〇〇人を超える奴隷が働かされていました。銀山でも一〇～三〇人の奴隷を使っていました。このように、奴隷が、国王や貴族の所有ではなく、市民の私的奴隷として農業労働以外に大規模に使役されていたのがアテネの奴隷制の特徴でした。

スパルタの奴隷制

スパルタの奴隷制はアテネと異なり、被征服民を奴隷（ヘイロイタイ）として、辺境民を半自由民（ペリオイコイ）として手工業に専従させ、スパルタ市民はもっぱら政治と軍役に従事する体制でした。二万五〇〇〇の市民が二〇万の奴隷と六万の辺境民を支配していました。この奴隷や辺境民は私的奴隷でなく、いわば国有奴隷で、市民には平等な土地所有が強制され、子どもは七歳から兵舎に入れられる厳しい教育と軍事訓練が課せられ、スパルタ軍国主義とよばれました。しかし、市民は民会をつうじてすべて政治に参加し、平等で、奴隷所有者の民主主義という特徴をもっていました。

紀元前四三一年から四〇四年にかけて、ギリシャ世界の主導権をめぐってアテネとスパルタの間でペロポネス戦争が起きます。スパルタはペルシアから資金援助をえてアテネを屈服させギリシャ全体を支配するようになりますが、戦禍がポリスに与えた影響は深刻で、ギリシャ世界全体が弱体化します。スパルタの被った影響も大きく、貨幣経済の浸透によって、市民層の多くが土地を失い、国力が衰えていきます。

衰退を深めたギリシャの諸ポリスは、前三三八年マケドニアとたたかって敗れ、その支配下に組み込まれました。これ以後、ギリシャはローマ帝国、ビザンツ帝国、オスマン帝国の支配を次つぎにうけ、文化的にはヨーロッパ全体に大きな影響を与えたものの、政治的独立を保つことができず、一八二九年になってようやく独立を達成することができます。

ローマの奴隷制　ローマは、紀元前一〇〇〇年ごろラテン人が建設した都市国家でした。前六世紀の末、王を追放して貴族共和制をうちたて、元老院や執政官などを貴族が独占していました。しかし、平民（中小農民）がはげしく闘争し、平民の権利をまもる護民官や平民官の制度が設けられ、民主政が実現していきました。民主政が実現するにつれて中小農民を中核とするローマ軍が組織され奴隷獲得のため他の都市の征服にむかい、前三世紀前半にはイタリアを統一したローマは、三回にわたるポエニ戦争（前二六四〜前一四六年）でカルタゴに勝利します。その後、前二世紀半ばにマケドニアとギリシャ諸ポリスを支配するようになり、地中海全体への影響力を拡大します。

前一世紀に入ると、貧富の差がひろがり、社会の矛盾が激しくなります。元老院の伝統的支配をまもろうとする閥族派と無産市民が支持する平民派の権力闘争が激しくなり、ローマは「内乱の一世紀」の時代に入っていきます。この時期には、閥族派と平民派がたがいに私兵を率いて争うようになります。また剣闘士奴隷のスパルタクスの大反乱（前七三〜前七一年）も起きます。

やがて、カエサルら三人の有力者による三頭政治が実現し、権力闘争に勝利したカエサルによる軍事独裁が実現しますが、カエサルは暗殺されます。激しい権力闘争を経て、カエサルの養子オクタビアヌスがエジプトを征服して、地中海がほぼ制定され、「内乱の一世紀」が終わりを告げます。

権力の頂点に立ったオクタビアヌスの時代から帝政時代（ローマ帝国）がはじまります

一世紀には、ガリア、ブリタニアから東はメソポタミア、カスピ海におよぶ一大帝国をつくりあげました。征服によって支配を拡大したローマは多数の捕虜を奴隷として本国につれていき、奴隷を使って有力者たちがオリーブやブドウなどの商品作物を栽培する奴隷制大農場が普及し、中小農民は没落して土地集中がすすみ、ラティフンデュームとよばれる大土地所有制が生みだされ、大量に奴隷労働を作業場で使用する労働奴隷制が出現しました。ギリシャよりよりいっそう労働奴隷制が発達しました。

古代民主政実現の条件

ここで、考えなければならないのは、ギリシャやローマが「総体的奴隷制」や「国家的奴隷制」のように専制主義にならず、なぜ民主政政治が実現したか、ということです。

この主要な原因は、ギリシャやローマでは、個別労働の発達のなかから広範な私的所有が形成され、これを経済的基礎として市民の力が強かったためです。ギリシャやローマでは、灌漑工事、水利工事を必要としない果樹栽培が生まれたこともあって、共同体の大がかりな共同労働を必要としませんでした。そこで、共同体成員が、個別の家族を単位として自分の土地を経営するようになり、やがて共同体成員は市民・自由民になります。

こうして、ギリシャ・ローマでは、家族による個別労働の発展を基礎として、土地などの私的所有が広範に形成されていきます。さらに、植民地がひろがり、商業が発展すると奴隷が大量に本国に売り込まれ安くなったため、市民も奴隷を所有することができるようになっていきます。

このように、ギリシャ・ローマでは、「総体的奴隷制」の諸国と異なって、私的所有がひろく形成され、市民の力が強かったため、中央集権化された専制君主の支配が実現せず、古代民主政が成立したのでした。強調しておきたいことは、この民主政から、奴隷、女性、外国人が排除されていたことです。

④古代奴隷制の崩壊

生産力と生産関係の矛盾　古代奴隷制的生産関係は、生産力を一定の段階までは発展させましたが、やがて生産力発展の障害物になっていきます。はじめは、奴隷主は自分もある程度、労働の指揮というかたちで労働に参加していましたが、やがて奴隷主は奴隷の管理を代理人にまかせ、自分はすっかり労働しなくなり、ぜいたくで腐敗した生活をするようになりました。奴隷主は奴隷の苦しみに少しも注意などはらいません。奴隷主は、奴隷労働のつくりだす剰余生産物を全部わがものにし、奴隷には飢え死にせずに働けるだけのほんのわずかな生活資料（必要生産物）しか与えません。したがって奴隷は、肉体をすり減らして死ぬ者も少なくありませんでした。こんなひどい労働条件のもとでは、当然のことながら、奴隷の生産意欲はきわめて低く、無気力な労働をしていました。だから、より精巧な労働用具に改良する工夫などするはずもなく、生産力のいっそうの発展は期待することはできません。奴隷制社会の後期には、奴隷労働の否定的な面が前面にでて、生産の全面的衰退がおこるようになりました。

奴隷労働にもとづく生産関係は、社会の生産力の発展にとって障害物になってきました。生産力と生産関係の矛盾が激しくなり、衝突状態に入ったわけです。生産力の発展をもたらすためには、生産関係の交替が必要になりました。働き手が自分の労働の結果にたいしてある程度、関心をもつような生産関係に変わることが必要になってきました。

奴隷と階級闘争　奴隷制の生産関係と生産力との矛盾は、生産力の主体である奴隷大衆の奴隷主への反抗、階級闘争として表現されます。奴隷は残酷な搾取にたえきれなくて、たえず反抗にたちあがっていきました。たとえば日本の古代奴隷制社会では、重税にたえかねて多くの班田農民が逃亡します。共同体が強く残り、労働奴隷制が発展していなかった日本では、蜂起というかたちでなく、主に班田農民の逃亡というかたちで階級闘争がおこなわれたのです。八世紀に完成した律令体制のもとで、公民とされた農民は、重い税負担と雑徭などにたえられなくなり、戸籍を申告するときに男を女と偽ったり、年齢をごまかしたりして抵抗します。さらに生活が成り立たなくなると、他国に逃亡するか、浮浪人になって戸籍から姿を消したのです。国家に公民として支配されることへの抵抗でした。七二六年の山城国出雲郷の計帳（徴税のための台帳）によれば、成年男子の一九％、成年女子の二〇％、奴婢の三二％が逃亡していました。公民の逃亡は、公民制を突き崩し、律令国家の土台を揺るがす大きな問題でした。

労働奴隷制が発展したローマでの奴隷の抵抗は、蜂起というかたちでおこなわれ、ローマ帝国の支配を揺り動かしました。大規模な奴隷の蜂起やさまざまな抵抗が起きています。これらの奴隷の蜂起は、没落する小農民が上層の奴隷所有者である大土地所有者にたいしておこなう闘争と絡み合っていました。また、ローマがガリア、ブリタニアから東はメソポタミア、カスピ海におよぶ一大帝国を形成すると、非圧迫諸民族の反ローマ闘争が活発になります。こうした奴隷や小農民、被圧迫諸民族などのたたかいの総体がローマ奴隷制、ローマ帝国における階級闘争でした。ローマ帝国の奴隷制社会は、直接的には北方から侵入したゲルマン人によって倒されましたが、ローマ社会内部で奴隷制経済の矛盾と奴隷や民衆のさまざまな諸闘争による支配の行き詰まりがなければ、ローマ帝国の崩壊はあり得ませんでした。事実、ゲルマン人も、ローマ人からは奴隷扱いされていた被圧迫民族でした。

各国の古代奴隷制社会の崩壊の具体的状況は、多様であり、かなりちがいがありますが、根本的な要因は、奴隷制的生産関係と生産力との矛盾の激化＝衝突であり、その具体的表現形態である奴隷や人民のさまざまな抵抗による階級闘争にあったといえます。

学習と討論のテーマ

1　階級対立はなぜ生まれ、国家はどのように誕生したのでしょうか。
2　「女性の世界史的な敗北」はなぜ起きたのでしょうか。
3　「総体的奴隷制」の特徴を考えてみましょう。

第四章　封建制社会の成立

1　封建制社会にも多様な形態がある

世界史的にみると、領主制を基本的特徴とする封建制は西ヨーロッパです。これに近いのが幕藩体制の日本といえます。中国をふくめ、世界の他の地域では、古代以来の中央集権的な帝国体制がつづいていました。この帝国体制のもとで、皇帝や王が全国土を所有し、これを一代限りで、官僚や軍人に貸し与え、それぞれの地域を支配させ、税をとりたてていたのです。領主層ではなく、国家が直接農民を農奴として支配していました。

帝国体制のもとでも、封土の世襲化と領主の自立化の動きは常に現れ、帝国体制との対立を深めますが、領主の自立化はついに実現されませんでした。ここに「領主制なき農奴制」「国家的農奴制」というヨーロッパ以外の地域の特徴が指摘されます。こうしたことをみても、封建制のあり方も多様であり、ヨーロッパや日本の領主制だけを封建制とみることはできません（浜林正夫著『世界史再入門』参照）。

封建制社会における生産関係の特徴は、主要な生産手段である土地を封建領主や帝国の王が所有し、直接の生産従事者である農民を人格的に隷属化し、農奴として支配していることです。

農奴を典型とする封建的隷属農民と奴隷との決定的相違は、農奴が個人労働にもとづく自己の小経営をもっていたことです。封建制社会の農奴は、土地に縛りつけられ、土地をすてることを許されていませんが、隷属的な条件にもかかわらず、封建支配者から土地を貸し与えられ、農民が自己の計算で耕す小規模の経営＝小経営をいとなんでいました。領主層や帝国の王は土地の一部を隷属的な条件で農民に分与して耕作させ、農民自身の経営を営ませ、そのかわりに封建地代をとりたてました。封建地代には、労働地代、生産物地代、貨幣地代という三つの形態がありました。

封建制社会のなかで、商品経済が発展し、市場がひろく発展してくると、貨幣地代がひろまるようになります。それは金納の年貢というかたちをとりました。封建経済の基礎は、元来は自然経済＝現物経済であって、商品経済が発展することは、とりもなおさず、封建経済の基礎をほりくずすこととなります。したがって貨幣地代は、封建制の解体過程にあらわれました。

2　西ヨーロッパにおける封建制の成立

古代奴隷制社会の崩壊ののち、成立した社会は封建制社会でした。古代奴隷制社会から封建制社会への移行は、各国各地方でそれぞれちがったかたちをとりました。

ローマ帝国に支配されていた西ヨーロッパは、氏族制の社会でした。当時の西ヨーロッパに住んでいたのは、ケルト人とゲルマン人です。彼らは、農耕をおこないながら、新しい土地をもとめて移動していました。このうちゲルマン民族が四世紀ごろから大移動をはじめ、ゲルマン民族の各部族がローマ帝国内へ次から次へと侵入することによって、ついに四七六年、西ローマ帝国は滅亡します。

なぜローマ帝国が滅亡してしまったのでしょうか。その背景には、ローマ社会の内部の経済的行き詰まりと階級的な矛盾の深まりがあったのです。ローマ社会では、コローヌス制（土地もち奴隷）という封建的生産関係の要素が生まれていました。コローヌスは、いわば小作農であり、大土地所有者の土地を借り受け、その土地をたがやして、かれらに収穫の大部分をひきわたすか、一定額の貨幣をはらうか、種々の労働義務をはたさなければなりませんでした。それでも、コローヌスは、自分の経営をもっていたので、自分の労働にたいしては、奴隷よりも大きな関心をもっており、コローヌス制は奴隷制経営より生産性が高く、奴隷制経営を経済的にもますますゆきづまらせていたのです。

コローヌス制というかたちで封建的生産関係の萌芽が古代奴隷制社会内部にあらわれ、奴隷制的生産関係は、生産力発展の障害となり、その矛盾が奴隷や被搾取勤労人民に押しつけられ、その結果、さまざまな抵抗や蜂起が発生し、階級闘争が激化しました。それが多様なかたちをとって、奴隷制のローマ帝国を内部からほりくずしていたところに、ゲルマン人がローマ帝国領内に侵入という外力がくわわって、ローマ帝国は崩壊しました。

ローマ帝国に支配されていた西ヨーロッパには、当時、ケルト人とゲルマン人が住んでおり、自由民が民会で重要なことをきめる氏族社会であり、階級分化があまりすすんでいない部族国家が各地に存在していました。西ローマ帝国を滅ぼしたゲルマンの各部族は各地に王国をつくります。イギリスに渡ったアングロ・サクソン族がいくつかの部族国家をつくりますが、九世紀にこれらを統一してイングランド王国がつくられます。フランク族は四八六年にフランク王国をつくります。このフランク王国が、九世紀後半、後継者争いの結果、東フランク、西フランク、イタリアの三つに分裂します。これが後のドイツ、フランス、イタリアの三国の基盤になります。

このように、西ヨーロッパでは、各氏族共同体の族長や有力者が豪族になり、豪族層が封建領主層に成長し、そのなかの最有力者が国王となって封建制国家が形成されました。この意味で西ヨーロッパでは奴隷制段階を経由せずに、氏族共同体から豪族層が封建領主になり、農民が農奴化されて、封建制が成立しました。

この意味で、西ヨーロッパの封建制の特徴は領主制にあります。それぞれの国に国王が存在していますが、地域支配の実権は領主層にありました。彼らは国王から封土を与えられ、領主裁判権をもって農民を支配しました。国王も領主の一人であり、彼の権力は他の領主より大きな領地をもつことによって支えられており、軍事的には領主の家臣団に依拠し、財政的には王領地からの収入以外は領主からの上納金に頼っていました。領主は行政、司法、課税の権利をもち、国王の権力も領主の所領にはおよびませんでした（不輸不入権）。一般に領主と臣下の関係は相互に権利と義務をもつ双務契約の関係にあり、臣下が複数の領主に仕えることも可能でした。

西ヨーロッパの封建制のもう一つの特徴は、イギリスやフランスのように、領主層が等族会議（一三世紀のイギリスの議会、一四世紀のフランスの三部会）をひらき、国王の権限に一定の制約を与えていたことにあります。

領主と農民の関係をみると、村落が荘園として支配されており、この荘園制が封建制の経済的基盤でした。荘園は耕地と共同地に分けられ、耕地は領主の直営地と農民の保有地からなり、共同地での森林、牧草地を利用する権利（入会権《いりあい》）が農民に与えられ、耕地もち分と入会権の代償として、領主直営地で働く義務（労働地代）が課せられます。そのほかに、婚姻税、死亡税などがあり、移転や職業選択の自由も原則として認められませんでした。こうした領主支配のもとに置かれる農民を農奴とよんでいます。

3　中国における封建制――「領主制なき農奴制」

一〇世紀はじめに、三〇〇年つづいた唐が滅びます。その後の分裂した状況を克服し統一を回復したのが宋でした。この宋も一二世紀に、ツングース系の女真族の立てた金《きん》に北から攻められ、領土の半分を奪われます。その後、南宋の時代になりますが、一二七九年、モンゴルによって滅ぼされます。モンゴル帝国はアジアからヨーロッパを征服し、史上最大の帝国になります。一二七一年、国号を元とあらため、一二七九年に南宋を滅ぼし中国全土を支配下に収め、日本へも二回遠征しますが、失敗します。

宋や元の時代の社会構造をみると、各地に荘園が生まれ、農民は佃戸という小作人になっていました。各地に新興の地主勢力が台頭し、彼らは官戸《かんこ》・形勢戸《けいせいこ》とよばれ、免税などの特権を与えられていました。彼らは、佃戸から収穫の五〜六割の高額の小作料をとりたて、その子弟らが、科挙の制度によって官僚になっていきます。

この時代に農業の生産力が高まり、長江以南の地方では大規模な水田開発や二毛作がおこなわれます。また、製茶、絹織物、陶磁器などの手工業も活発になり、ギルドが生まれ、定期市もひらかれるようになります。元の時代になると、モンゴル人が支配身分になり、漢民族は被支配身分とされ、中央集権的帝国体制が構築されますが、社会的には地主層と佃戸制に手をつけることはなく、経済的には漢民族に依存するようになっていきます。

こうした宋や元の社会をどうみるか、それを封建制といえるのかにかんして議論がありますが、西ヨーロッパや日本とちがって、領主制が存在していないことに注目する必要があります。佃戸を封建的農奴とみても領主層が存在せず、彼らを直接支配しているのが帝国（国家）でした。その意味で、「国家的農奴制」「領主制なき農奴制」とよばれています。

4　日本における封建制

①奴隷制の崩壊から封建制へ

八世紀ごろから、重税や高利貸しの圧迫のために、多くの班田農民が没落し逃亡しました。労働奴隷制が発達していなかった日本では、奴隷の蜂起というかたちでなく、班田農民の逃亡というかたちで階級闘争がおこなわれました。

荘園のひろがりと律令制の崩壊　一〇世紀になると、律令制度の公地公民制がくずれはじめ、班田の割当てもできなくなります。朝廷はそれまでの租庸調という税制度をあらため、「名《みょう》」という制度をつくり、これを単位として課税するようになります。「名」はまだ私有地ではなかったのですが、その経営を請け負った人びと（田堵《たと》）はやがてこれを私有化し、あるいは中央貴族・豪族や寺社に寄進して荘園にしてもらい、自分がその管理人になります。こうして中央貴族や寺社などの土地の私有化＝荘園制が生まれ、ひろがっていきました（荘園公領制）。一二世紀はじめごろには荘園は全国にひろがり、この結果、戸籍に登録された農民から租庸調を徴収するという律令制の原則は完全にくずれさりました。荘園制社会は、総体的奴隷制から封建制への過渡的な歴史的段階といえます。

鎌倉幕府の成立　この荘園の管理をしていた荘官や有力農民である名主の一部がしだいに勢力をたくわえ、強力な武士団をつくり、朝廷や貴族などとの結びつきを強め、在地領主、地方豪族になります。このなかの有力な勢力であった平氏と源氏が台頭し、やがて平氏が源氏にやぶれ、一一九二年、源頼朝が征夷大将軍になり鎌倉幕府が成立しました。中央に侍所（軍事・警察）、政所（政治一般）、問注所（裁判）という役所を設け、地方に守護（軍事・警察）、地頭（荘園の管理）をおき、武士の支配体制をつくりました。しかし、京都には、天皇や貴族たちの古代的国家機構が残っていましたが、やがて承久の変（一二二一年）を経て実権は鎌倉幕府のものになります。

しかし、鎌倉幕府は荘園制の経済に大きく依存し、公家政権に妥協的でした。やがて妥協的な鎌倉幕府に不満をもつ封建領主の「反乱」を利用した後醍醐天皇によって鎌倉幕府は倒され、「南北朝の内乱」を経て、室町幕府*が成立します。室町幕府ができると、公家政権＝朝廷は幕府の道具とされ、変質し、封建化していきます。

惣村の成立　鎌倉時代半ばから、武士たちの荘園侵略がさかんになり、中小の名主から田を奪い、彼らを事実上農奴の地位におとし入れ、私的な夫役につかったり現物年貢をとりたてたりし

●室町幕府（時代）　足利尊氏が一三三六年に京都に創設。三代将軍義満のときに将軍家の邸宅が京都北小路室町に移されたことに由来する呼称。

ました。

室町時代に入ると麦を裏作とする二毛作が普及し、稲の品種が改良され、肥料も下肥のほか、草木を焼いた灰などがつかわれるようになり、生産力が大きく発展し、村落構造に大きな変化が生まれてきます。

荘園制の時代にはまだ自立した小経営を営むことができず、名主という有力農民の大経営のもとで働いていた作人や下人（奴隷）などの下層農民も、一定の土地を貸し与えられ、しだいに自立した経営を営み、年貢を納める農奴へ進化します。日々の生活における生産などの必死の努力をつうじて、小経営の主体として、みずからの社会的地位を高めていきました。

そして、入会地や用水の利用、あるいは領主にたいする年貢減免の働きかけなど、村落生活のさまざまな面に、名主とともに下層農民などの発言権がつよまり、新しい性格の自治的な村落組織が生まれてきます。これを惣村とよびます。惣村は、古くからの有力農民であった名主層と新しく成長してきた下層農民を構成員とし、農業の共同作業、村の神社の祭礼、村の自衛権などをとおして結束を強めていきます。

港や交通の要地では土倉（質屋、金融業者）、酒屋が活躍し、問丸《といまる》が貨物の仲介業をおこない、座という商工業者の組合が活躍しました。こうして、貨幣経済がかなり発展していきます。貨幣経済にまきこまれ、借金に苦しみ、重税に悩む農民は、惣の団結を基礎に、借金破棄と税減免のために数万の大規模な民衆蜂起である「土一揆」をおこします。こうして、室町幕府の支配の動揺が大きくなりますが、将軍の相続争いから、有力守護大名*が二派に分かれてたたかう応仁の乱（一四六七〜七八年）がはじまり、やがて一六世紀のはじめころから戦国時代に移っていきました。

室町幕府の第三代将軍・足利義満のころから、中国や朝鮮との勘合貿易がさかんとなり、彼は、対明貿易では、日本国王と明記するように、日本の最高の権力者となり、朝廷＝天皇家は幕

●守護大名
鎌倉幕府が各地方に設置した軍事指揮官・行政官である守護（六一頁）が、赴任地の支配権を強めて領主化して大名（大きな所領をもって家臣団を形成した有力武士）となったもの。応仁の乱や土一揆を経て大半は没落（家臣が下克上で主君にとってかわり戦国大名化）したが、一部には守護大名が戦国大名となったケースもある。

府権力に従属します。しかし、神の子孫という宗教的権威は残り、封建的身分制を維持する思想的支配の源泉となります。天皇家は、武家の全国的権力支配を支える権威の源泉となり、ヨーロッパでローマ法王が国王に王冠を与えて思想的支配の道具の役割をはたすのとほぼ同じ機能をはたします。

秀吉による全国の統一——太閤検地と刀狩り　応仁の乱や土一揆などによって守護大名が没落して幕府の支配が弱体化し、やがて織田信長によって打倒されます。守護大名に変わる戦国大名が登場してきます。そして、織田信長、豊臣秀吉によって全国の統一がなされます。秀吉は関白の地位につき、天皇の権威を利用します。また秀吉は、支配地で検地（太閤検地）をおこない、全国におよぼしました。検地では、地域で異なっていた土地の面積の単位を統一し、村ごとに田畑、屋敷地の面積や等級を実地調査し、その石高を定めました。荘園制のもとで一つの土地に何人もの権利が重なり合っていた状態を整理し、検地帳には実際に耕作している農民の田畑と屋敷地が登録される（一地一作人）ことによって、農民の耕作権が保障され、自分のもち分の石高に応じた年貢負担の責任が明確にされます。検地帳は村ごとに作成され、年貢は村単位にかけられ、検地帳に登録された農民が連帯で責任を負う村請制がおこなわれました。これによって、すべての大名の石高が正式にきまり、領国の石高に見合った軍役を奉仕する体制ができあがりました。このように、年貢を負担する小経営の農民を本百姓といいますが、その成立により荘園制以来の家父長的大経営が完全に解体し、本百姓という農奴身分が一般化します。

　また秀吉は刀狩り（一五八八年）をおこない、農民や地侍から武器を没収し、所持することを禁止しました。さらに、人掃令《ひとばらいれい》をだし（一五九一年）、武家奉公人が町人や百姓になることや百姓が商人・職人になることを禁じました。こうして兵・町人・百姓の職業にもとづく身分が定められ、兵農分離がおこなわれました。秀吉は全国統一後、二度にわたる朝鮮侵略戦争（一五九二年と一五九七年）をおこないますが、朝鮮民族の李舜臣《りしゅんしん》に代表される民族的抵抗にあい、失敗します。

江戸幕府と幕藩体制の成立

やがて豊臣氏は徳川氏によって滅ぼされ、江戸幕府がひらかれます（一六〇三年）。徳川家康は、秀吉の政策を受けつぎ、徳川氏に背いた大名らを改易《かんえき》、転封《てんぽう》、減封《げんぽう》などによって一元的な支配体制をつくりあげます。大名との関係では、参勤交代制度などを武家諸法度（一六三五年）によって制度化し、明確な主従関係を確立し、幕藩体制が成立します。社会的にも、奴隷制や労働地代が廃止され、生産物地代を原則とする封建支配の体制がつくりあげられました。

家康は、天皇から征夷大将軍に任命されます。自分の封建的支配を維持するために、天皇の権威を利用せざるを得なかったのですが、禁中並公家諸法度（一六一七年）で厳しく皇室を統制し、政治的に無力化しました。

また、日本では、ヨーロッパのような封建領主層の等族会議が成立せず、幕府というかたちで領主のなかの最有力者が他の領主層を支配した点も特徴があります。しかも幕府は、律令体制を完全に否定せず、天皇から政治の実権を奪いとりながら、自らの権力の正当化のために、天皇の権威を利用したため、中国のように皇帝の地位を奪いとる王朝交替がおこなわれませんでした。

②日本における「女性の世界史的な敗北」

日本における女性の「敗北」は、ヨーロッパとちがい、階級社会になっても、急激に進行しませんでした。その背景には日本独特の婚姻形態、家族形態の歴史があったのです。古代社会には「妻問婚《つまどいこん》」といって、夫が女性の家に通い、女性の生活はその家族と共同体に支えられる結婚形態でした。結婚があっても、それぞれ自分の生まれた氏族に属して、相手の家に移りませんでした。家と財産は母から娘に伝えられたのです。それが、平安時代の中後期になると、「婿取り婚」という形態に移行していきます。夫婦は別居から同居になりますが、夫の家で妻を選ぶのではなく、妻の家で婿を選びます。夫が妻の家に入り、夫婦が家の中核になっていきます。「婿取り婚」は「妻問婚」より、男女の結合関係が強まり、持続化しますが、離婚の安易さをみると、対偶婚の一形態といえます。

鎌倉時代になり、武士勢力が大きく台頭してくると、男女関係が逆転し、男性の家に女性が入る風習がはじまりますが、南北朝の内乱を経て室町時代になると、「嫁取り婚」が本格化しました。女性が夫の家に入り、女性が相続から排除され、経済的に無権利にされます。家長が息子のために嫁をとり、自分の財産を継がせていく結婚形態であり、家族における男の支配を保障する家父長的一夫一婦婚の確立です。こうして、日本における女性の「敗北」が実現したのです。

江戸時代になると、封建的な身分制度と家父長的家制度が社会の基本単位になります。男尊女卑の考え方、儒教思想などをつうじて浸透し、妻は夫の子を産むことが第一義的に要求され、不義密通は大罪になります。幕府は江戸、京都、大阪などの遊郭を公認して女性の性を商品化し、性売買を制度化しました。

③封建制社会の身分制度と封建思想

封建制社会では封建領主と農民が基本的に対立していましたが、封建領主のなかにも大小さまざまな階層がありました。大領主は小領主に領地を与え、そのかわり小領主は大領主に貢物をおさめたり、軍事義務などをはたしたりしました。このような封建領主のあいだの上下の主従関係を封建的位階制（ヒエラルキー）とよんでいます。

日本の封建制社会では、将軍―大名―家老から、さまざまの武士身分、足軽まで幾重もの上下の身分関係がつくられていました。そして、人民のあいだにもさまざまな身分差別がおこなわれていました。たとえば、江戸時代では武士は支配階級として苗字や帯刀が許され、さらに人民にたいする「切り捨て御免」の特権さえ認められていました。ただこの時代、「百姓は殺すまじきこと」が農民支配の原則であり、無礼打ちは武家身分の特例で、正当な理由がなければ処罰されました。その他の人民は、職業の自由な変更は許されず、また身分を超えた結婚にはさまざまな制約が加えられていました。所定の場やさまざまの負担義務を荷わされていたのです。このように、封建制社会には、支配体制を維持するために、厳格な身分制度がつくられていました。

こうした厳格な身分制度のなかから封建制社会特有の考え方、道徳が生まれてきます。このような封建道徳では、徳川家と天皇家が不可分の最高の権力・権威の合体物として民衆にたいして君臨するのです。江戸時代後期には、将軍の地位に価値と権威を与えるために、天皇家との協調がめざされ、さらに、室町・戦国期になくなった大嘗祭《だいじょうさい》や新嘗祭《にいなめさい》などの朝廷儀式が復興され、幕府は財政支出を惜しみませんでした。こうしたなかで、尊王論が台頭します。

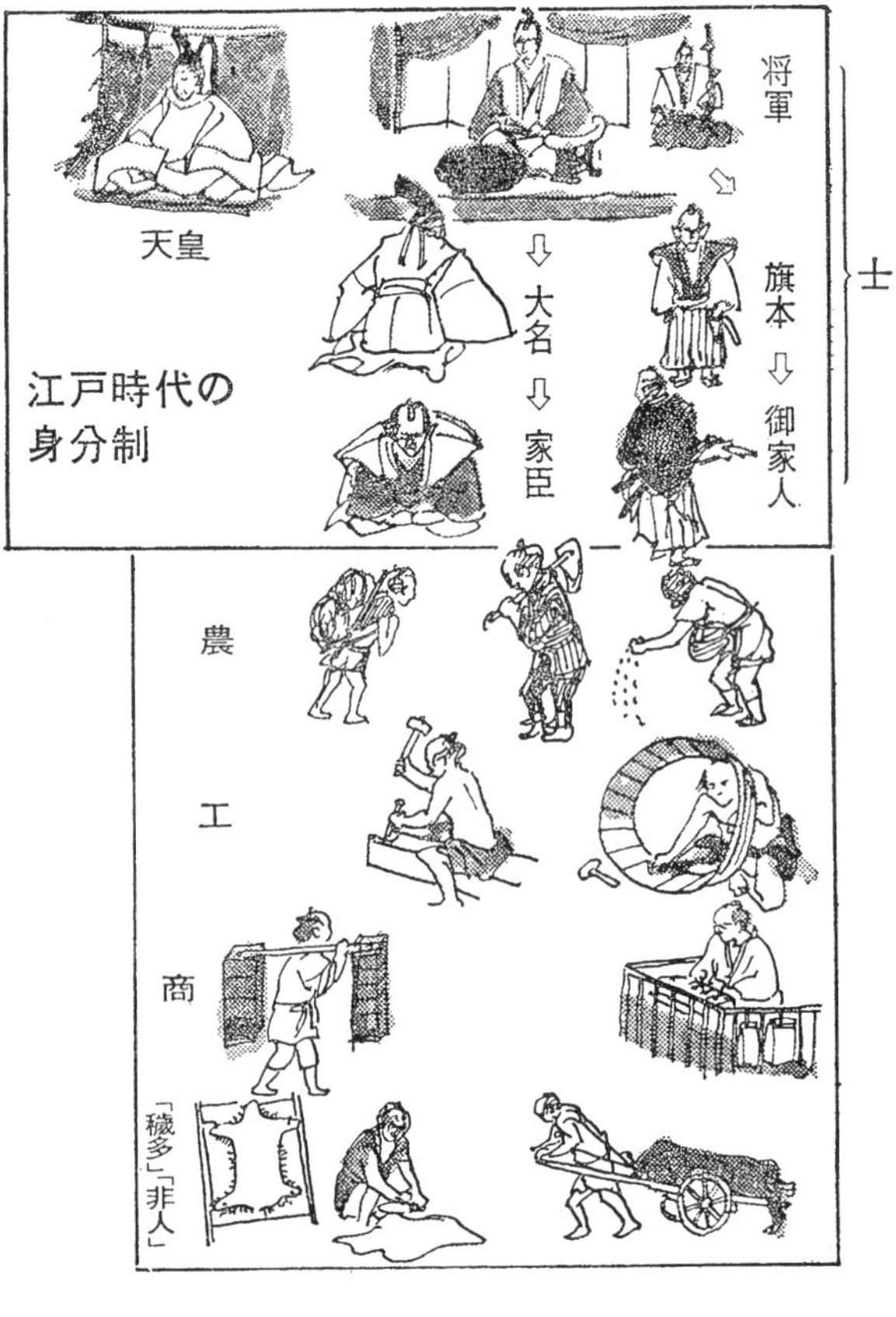

また、封建道徳は下の身分のものは上の身分のものに絶対服従するという思想です。「泣く子と地頭にはかなわぬ」ということわざによく示されていました。これは、たんに上の身分のものがえらいということだけでなく、上のものにはかなわないというあきらめの思想、抵抗するより

迎合したほうがよいという考え方でもあり、「長いものにはまかれろ」ということわざに、よく示されています。このような身分制度や封建思想は人民を分裂させて支配する手段、方法であり、これを打破しないかぎり、一般人民は団結してたたかうことは困難だったのです。

5　前近代社会における人民の抵抗

古代奴隷制社会でも、奴隷の抵抗や反乱が頻繁に起きるようになり、それが没落する小農民たちの大土地所有者との闘争と絡み合い、社会の土台を揺り動かし、やがて奴隷制社会崩壊に大きな影響を与えます。封建制社会では、農民の逃亡、一揆、農民戦争などのたたかいが社会の土台を揺るがし、封建制社会崩壊の大きな原動力になります。日本の明治維新は、薩摩、長州などの下級武士の主導権のもとでおこなわれましたが、封建的搾取や抑圧に抵抗する農民たちの世直し一揆や都市平民たちのたたかいが徳川幕府の屋台骨を揺り動かすことによって可能になったのです。

このように、奴隷や農民など勤労人民のたたかいは、古い社会を崩壊させる大きな力になりました。しかし、彼らが新しい社会の主人公になることはできませんでした。彼らのたたかいの成果は、古代末期においては新興の封建的領主階級に、封建制社会末期には新興資本家階級に奪われたのです。なぜなら、奴隷や農民は次の時代の生産力発展の担い手ではなかったのです。彼らは、次の社会の指導的な階級になる力をもっていませんでした。さらに、彼らは地域的に分散し、バラバラに生活していたので、全国的に、全社会的に団結してたたかうことが不可能だったのです。

学習と討論のテーマ

1　西ヨーロッパの封建制の特徴は何でしょうか。

2　中国の封建制はなぜ「領主制なき農奴制」とよばれるのでしょうか。

3　日本の封建制の特徴を考えてみましょう。西ヨーロッパの領主制とのちがいはどこにあったのでしょうか。

Ⅲ　近代社会の成立

第五章　封建制社会の崩壊過程と絶対王政の成立

1　封建制社会における矛盾の激化

①封建制社会における生産力の発展——手工業、商業と都市の発達

ヨーロッパでは、一二世紀になると、鉄製のすきを牛馬にひかせて耕地を深くたがやし、冬畑—小麦、夏畑—大麦、休耕地—家畜の放牧、という三圃制の輪作農業が普及し、農業の生産力は飛躍的に発展していきます。さらに、鉄の溶解と加工技術が発達し、労働用具が改良されたことが労働の生産性をたかめます。一五世紀前半には最初の溶鉱炉があらわれます。また、羅針盤、火薬、印刷術の発明もおこなわれます。

日本では、徳川封建制社会のなかで生産力の大きな発展がみられます。農業技術の面では、くわやすきなどの鉄製農具の普及と改良がすすみます。くわはさまざまな「専用ぐわ」がつくられ、なかでも「備中ぐわ」はすきの普及しない地方や役畜を使用できない農民の「田うち」労働の能率を高めました。「千歯こき」「千石どおし」「から臼」などの脱穀調整器、「ふみ車」などの揚水器といった最近まで使われた労働用具が発明され、普及していきます。

このような生産力の発展は、社会的分業を発達させ、手工業の発展と、その製品の交換、売買にあたる商業をさかんにし、交換や売買のため交通の要地や封建領主の所在地などに人口が集中し、そこに都市が発展していきます。

ヨーロッパでは、有名な十字軍*の遠征が一一世紀末から二〇〇年にわたって八回おこなわれま

●十字軍
一一世紀末から一三世紀にかけて西欧キリスト教徒が東欧、中近東各地にむけた軍事遠征の総称。イスラム文化との接触は西欧人の視野を拡大したほか、都市の成長や貨幣経済の発展などは、中世封建社会崩壊のきっかけとなった。

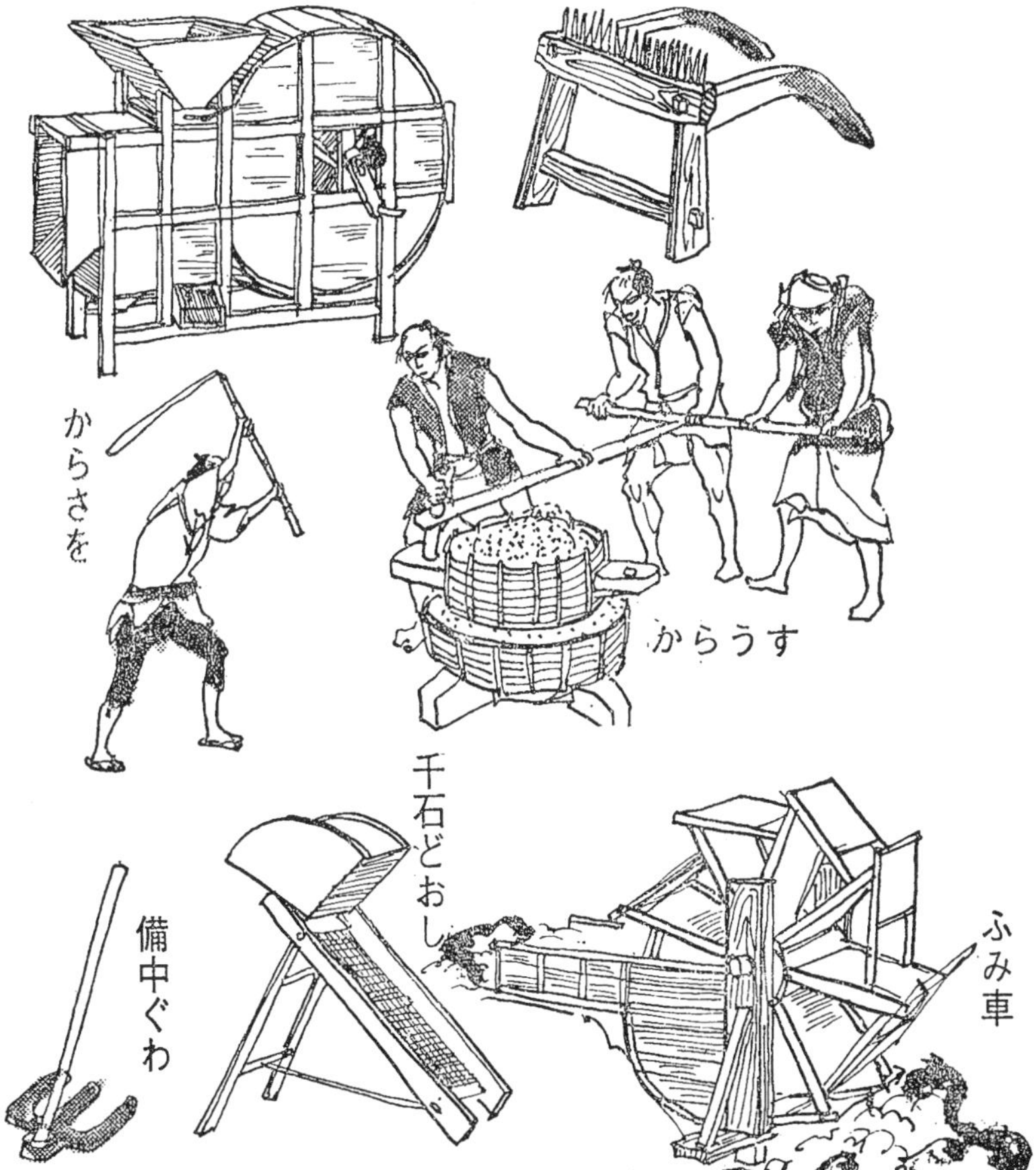

江戸時代の農具

すが、この長期遠征の結果、商工業と都市の発展が促進されます。北イタリア、フランドルなどで毛織物工業が発達し、地中海、黒海、バルト海などの沿岸や、それを結ぶライン川沿岸、南ドイツ、北フランスなどに都市が栄えます。これらの都市は国王や封建領主から自治権をかちとりますが、とくに北イタリアのベネチア、ジェノバ、フィレンツェなどには商工業者中心の都市共和国が生まれます。こうしてルネサンス文化の花が咲いたのでした。さらに北ドイツの諸都市はハンザ同盟を結び、共同の陸海軍をもち、バルト海、北海の貿易を独占していました。

このような都市の成長にともなう商業の発達によって、注文生産をおこなう手工業者はやがて商品生産者になっていきます。同時に、農民も商品生産者になっていきます。なぜなら封建領主も商業の発達によってぜいたくな生活や戦争をするのに貨幣を必要とするようになり、農民にたいして貨幣地代を要求するようになります。このため農民は、自分の生産物を売って貨幣と交換するようになり、農民も商品経済のなかに巻き込まれ、商品生産者化していきます。

このような販売のために生産物をつくる手工業者や、小農民の生産を単純商品生産（あるいは小商品生産）とよびます。こうした小商品生産者から生産物を買い入れるのが商人であり、商業資本です。

②封建制社会をささえる農民の経営の破壊と階層分解

商業資本のなかでも大商人は、はじめは、封建領主が農民からとりあげる生産物地代を貨幣にかえていましたが、やがて封建領主の浪費や軍事費などによる財政難から封建領主に金を貸すようになります。このなかで、高利貸し資本も商業資本とともに発展します。そして、借金をした封建領主は、農民にたいする搾取をできるだけ激しくします。また商人や高利貸は、その網をひろげ、年貢をおさめられない農民にも金を貸し、農民の財産を奪いとるようになります。このような封建領主の搾取の強化や商人、高利貸などの収奪によって農民の経営は破壊され、やがて少数の豊かな農民と多くの貧しい農民とに分かれていきます。封建制社会をささえる基本的な階級である農民の経営が破壊され、農民が階層分解していくことは、封建制社会の解体がはじまったことを示していました。

③資本主義的ウクラードの発生

封建制社会の解体がすすむなかから、資本主義的ウクラード（経済制度）が生まれてきます。こうした資本主義的な生産関係の成立には、二つのコースがありました。

ひとつは、小生産者の両極分化が進行し、富裕な生産者が資本家に成長するというコース（西ヨーロッパ型）です。この道を典型的にとおったのはイギリスでした。イギリスでは、封建制のもとで農民の自由保有地がひろまり、封建制は貨幣納付だけを義務づける名目だけのものに変わっていきました。こうして封建的土地所有の解体がすすみ、典型的な小生産者である分割地農民が生まれてきます。そして、このような基盤のもとで小生産者の両極化がすすみ、富裕な生産者自身が資本家になっていきました。資本主義的な経営が農村に生まれたのです。マルクスは、このコースを「真に革命的な道」といっています。

もうひとつは、商業資本が生産過程に進出し、産業資本に転化するコースです。この道は、ロシアやドイツ、東ヨーロッパ、日本などの後進資本主義国でとられたコースでした。ここでは、封建領主の財政をも支配するようになった大商人が、小生産者（手工業者や農民）がつくった商品を買い占め、もっとひろい市場でそれを転売するようになり、彼らは買占商人になります。買占商人はあらかじめきめた安い値段で製品を自分たちに売りわたすことを条件として、貧しくなった親方に貨幣や原料、材料を貸しつけるようになります。こうして貧しくなった多くの親方たちは、富んだ買占商人に従属するようになります。買占商人は、彼らに原料、たとえば織物業の場合、糸を配って織らせ、それを、前貸しの原料代を利子とともに差し引いてひきとるようになり、前貸問屋とよばれるようになります。商品交換が盛んになるにつれて、手工業の親方間の競争が激しくなり、一部の親方が富む一方、多くの親方が没落して貧しくなり、ただの手工業者に転落するものが増えていきます。やがて、買占商人は原料だけでなく、労働用具（たとえば織機）も供給して仕事をさせ、これに手間賃だけを支払って製品を自分のものにするようになりました。また、貧しくなった農民と、その家族も家計維持のための副業として同様の仕事をするようになります。このようにして、没落した手工業者や貧しい農民とその家族は、事実上の賃労働者となり、買占商人は、事実上の産業資本家になりました。こうした労働形態を問屋制家内労働、資本制家内労働といい、このような前貸問屋を問屋制資本家といいます。

なぜ、後進資本主義国がこの道をとおったのでしょうか。それは、これらの国では、封建制や農村共同体が堅固であり、私的所有や小商品生産者の自生的発展が遅れていたからでした。

やがて、これらの問屋は、自分の家に仕事場をもうけ、ここに手工業者や没落農民、その家族を集め、同じ仕事をやらせるようになります。この方が能率的だからです。これは賃労働にもとづく単純協業という労働形態であり、資本制小営業とよばれるものです。さらに、分業と協業にもとづく労働形態、経営形態に発展します。小営業の段階にくらべると、労働者各個人個人に、一番じょうずにやれる部署をまかせるという分業が採用されているところに特徴があり、マニュファクチュア（工場制手工業）という段階への移行でした。労働の生産性はいちだんと高まっていきます。

小営業やマニュファクチュアは生産手段である工場、労働用具を資本家が所有し、ただ労働力を提供して、賃金を受けとる賃金労働者が働いていることをみても、あきらかに資本主義的生産関係です。このように資本主義的な生産は、小営業（資本制単純協業）からマニュファクチュアへと発展していきます。ただこの発展は純粋に一つの経営形態・労働形態だけがあるのではなく、それぞれの経営形態・労働形態が併存している場合が多かったといえます。

このようにして、封建制社会の後期には、交換や売買を目的とする商品生産が発達し、それを基礎にした資本主義的生産が生まれてきます。これは、自給自足を原則とする封建制社会の解体の危機をいちだんと深めていきます。

2　近代への幕開け

①大航海時代──西ヨーロッパの支配によるグローバル化の開始

一五世紀ごろから一六世紀にかけて、ポルトガル、スペインを先頭に西ヨーロッパ諸国によるアジア、アフリカ、アメリカへの進出がはじまります。これ以降、ヨーロッパの世界制覇がはじまります。この進出は海路を使ったものでしたので、〝大航海時代〟とよばれています。当時のヨーロッパでは、マルコ・ポーロの『東方見聞録』によってアジアへの関心が高まっていました。また十字軍以来の東方貿易の主要な商品である香辛料への関心も強かったのです。さらに、羅針盤の改良による遠洋航海術や地理学の発達などによって直接アジアに進出する欲求を高めていました。

ポルトガルは、アフリカ西海岸の探検と植民からはじめ、一四八八年にバルトロメウ・ディアスがアフリカ南端の喜望峰に到達します。さらに、一四九八年、ヴァスコ・ダ・ガマが喜望峰を超えてインドに入り、インド西南海岸のカリカット（現コジコーデ）に到達しました。その後、ポルトガルはインドのゴアやセイロン島を占領し、中国や日本とも通商をひらきます。

スペインは、西回りのインド航路の開拓をめざし、イタリア人コロンブスに援助を与え、一四九二年に大西洋に送りだします。彼はバハマ諸島やカリブ海の島々や大陸の一部を探検し、この地域を「インド」と思い込んでいました。その後のアメリゴ・ヴェスプッチの南アメリカ大陸探検でアジアとは別の大陸であることがわかり、〝アメリカ〟とよばれるようになり、西ヨーロッパ諸国のアメリカ進出の先駆けになります。

つづいて、ポルトガル人のマゼランが、スペイン王室の援助のもとに、大西洋を横断した後、南アメリカの南端をまわって太平洋にでて、一五二一年にフィリピンに到着します。マゼランは、ここで住民とたたかい戦死しますが、残った少数の部下がアフリカまわりで一五二二年に帰国します。これが最初の世界周航であり、地球が「丸い」ということが実証されることになりました。

〝大航海時代〟をつうじてヨーロッパの経済が大きく変化します。商業・貿易の中心が地中海から大西洋に面する国ぐにに移動し、これらの国ぐにの海外進出と植民活動によって、西ヨーロッパ主導のグローバル化がはじまることになります。

②ルネサンスと宗教改革――キリスト教世界からの人間の解放

ヨーロッパにおける近代への動きは、〝大航海時代〟のアジア、アフリカ、アメリカへの進出がその幕開けでしたが、ヨーロッパ内部ではルネサンスと宗教改革がその出発といえます。ルネサンスはキリスト教世界に外部から衝撃を与え、宗教改革は内部からキリスト教世界を揺さぶりました。

ルネサンスはイタリアからはじまり、キリスト教によって異教徒的なものとして排除されてきた古典古代（ギリシャ、ローマ）の文化のみなおしと復興をめざすものでした。神中心の伝統的世界観から抜けだし、人間性を信頼して、その発展・充実をめざすもので、その根本精神はヒューマニズムといえます。ボッカチオの『デカメロン』は人間の欲望をあからさまに描き、レオナルド・ダビンチやミケランジェロは人間の美しさを絵画や彫刻で示しました。

やがて、一六世紀になると、ルネサンスはイタリアからオランダ、フランス、イギリスに移ります。オランダでは、エラスムスが教会や聖職者の堕落を風刺し、イギリスではトマス・モアが

『ユートピア』で理想社会を描き、シェークスピアが新しい人間の生き方を文学によって追求しました。

ルネサンスのなかで、自然科学や技術が大きく発展します。コペルニクスやガリレオによる地動説の主張、ケプラーによる惑星の運動法則の発見、グーデンベルクによる印刷術の発明がおこなわれます。

ルネサンスはキリスト教世界から人間の解放をめざすものでしたが、宗教改革はキリスト教世界それ自体の改革をめざすものでした。

一六世紀のはじめ、サン・ペトロ大聖堂改築資金を集めるための免罪符が発行されると、マルティン・ルターは、魂は金で救済できるものはなく、信仰によってのみ得られると主張しました。教皇はルターを破門し、神聖ローマ皇帝もルターを弾圧しようとします。

これにたいし、ドイツの諸侯のなかには教皇や皇帝にたいする不満から、ルターを支持するものも現れ、さらに農奴身分からの解放をもとめるたたかいが結びつき、一五二四年にはドイツ農民戦争がはじまります。ルターの主張をさらに徹底して原始キリスト教にもどることを主張したトマス・ミュンツァーや農民のたたかいはおよそ一年後に鎮圧されます。

一五五五年、ルター派とカトリック派によるアウスブルクの和議によって両派の併存が認められ、キリスト教世界のなかにカトリック以外の教会がはじめて公認されます。

フランスでは、ジャン・カルヴァンによって、ルターより徹底した教会批判がおこなわれます。神の教えどおりに毎日の生活を規律正しくいとなみ、救いを受けられるかどうかは神に委ねるというカルヴァンの教えは、禁欲的に誠実に仕事に励むという職業倫理を生みだし、新興の市民勢力の支持を受けることになります。

③農民闘争の発展

封建制社会の後期には商品生産が発展し、小営業やマニュファクチュアといった資本主義的生産が発生し、封建制社会の解体をはやめていきました。封建領主はこのようななかで農民にたいする搾取をよりいっそう強めていきます。したがって、農民の不満はつのり、やがてたたかいにたちあがります。

一三三九年、フランス王の相続争いにイギリス王が介入したことにより、イギリスとフランスのあいだに百年戦争が起こりましたが、このさなかの一三五八年に、北フランスをおおう大一揆(ジャックリーの蜂起)が起こります。当時はヨーロッパではペストという感染症がはやり、農民は三分の二に減ったといわれますが、戦争と疫病による農民の減少で収入の減った封建領主は封建地代の増徴をはかったり、労働地代を復活させようとしました。しかし、農民たちはこれに反対してたちあがりました。

さらにイギリスでは一三八一年にワット＝タイラーの蜂起が起こり、農民は農奴制の廃止や負担義務の軽減などを要求します。しかし、どれも結局は鎮圧されてしまいます。

先ほどものべたように、一六世紀になると、ドイツにおいて全国的な農民の蜂起＝農民戦争が起こります。それは当時の封建領主が、経済の立て直しのため、農民保有地の収奪、地代の増徴、夫役の維持・復活などをはかり、農民にたいする搾取を強めようとしたからです。そうした重圧のもとにあえいでいたドイツ農民は、各地で農民戦争を起こします。南ドイツの農民戦争を指導したミュンツァーは、財産を共有にし、万人が平等である神の国を地上に建てるのが、『聖書』の精神であると主張しました。またこのころ、ルターは一五八一年、カトリック教会の改革をめざして宗教改革ののろしをあげていました。

この時期になると、商品生産や商品流通の発展によって、各農村の社会的結びつきが深く、村の一揆はすぐに隣村へとひろがり、全国に波及していきました。それ以前の自然経済のもとの農民闘争は、孤立分散的な一揆でしたが、この時期の農民闘争は全国的規模の農民蜂起＝農民戦争としての性格を強めていたのでした。

こうなると、封建支配者の側でも、農民戦争を弾圧するには地方的な権力ではなく、中央集権化された全国的な権力が必要になってきます。彼らも資本主義的生産のなかで成長するブルジョアジー*を農民からきりはなし、封建権力の側にひきつけるには、地方分権的な封建権力を解体させ、国民的市場の形成＝国家の全国的統一というブルジョアジーの要求に応えなければなりませんでした。

●ブルジョアジー　生産手段を私有して賃金労働者を搾取して利潤を得る階級。もともとは封建制社会内部で生まれてきた資本主義的生産の担い手で、資本主義の社会・国家が成立すると、名実ともに支配階級としての資本家となる。語源はブルグ（都市）の住民の意。

3　絶対王政の成立とその特徴

①封建制社会から資本主義社会への橋渡し役

一五〜一六世紀ごろ、ヨーロッパを中心に絶対王政、絶対主義といわれる中央集権的国家が成立しました。絶対王政は、封建国家の最後の形態であり、最高の形態でした。封建制社会の末期、資本主義的経済制度が生まれ、資本家階級、とくに都市ブルジョアジーが形成されるなかで成立します。

封建制社会において、発展しはじめた商品生産にとって、国家がいくつにも細分されている状態を克服し、国民的市場の形成が不可欠でした。ところが、各地の封建領主は独自に武力をもち、自分の領内にもち込まれる商品には関税をかけ、領内の入口には関所を設け、領地を通過するたびに貢物をとり立てていました。この状態は商工業の発展には障害であり、とり除かなければなりませんでした。都市ブルジョアジーは国民的市場の形成と矛盾する封建的な障壁をとり払うために、分散的な封建権力が一つの中央集権的な国家権力に転換することを希望し、その動きを支持しました。

また封建領主の側でも、中央集権化する必要が生まれていました。それは先ほどのべた全国的な農民蜂起＝農民戦争を弾圧するためです。フランスのジャックリーの蜂起やイギリスのワット＝タイラーの蜂起などにみられる全国規模の農民蜂起を抑えるには、地方的な小権力でなく、中央集権的で全国的な封建権力が封建支配者にとっても必要でした。地方的な封建権力を弱めるために、都市ブルジョアジーが部分的に農民戦争を支持する場合もあったのです。国王は都市ブルジョアジーを王政の側にひきつけるためにも、地方的封建権力の弱化と解体という彼らの要求の実現が必要でした。

こうして国王は、名門でない、もっと低い地主・貴族層、すなわち「自分の家臣のまた家臣」、さらに新興の都市ブルジョアジーをよりどころにして、名門の、いままでの地方的封建領主に決定的な打撃を与えて、自分の支配をかためました。国王は、封建領主の独立性を奪い、彼らを自己に従属させ、これまでのように名目的にだけでなく、実際上の国家の権力者になりました。こうして封建的な細分状態が克服され、中央集権的な国家権力がつくりだされ、絶対王政＝絶対君主制という形態で、民族統一国家がつくられました。

絶対王政はヨーロッパではほとんど全部、アジアでは特殊な場合として日本にのみ形成されました（イギリスでは一五～一七世紀、フランスでは一六～一八世紀、ドイツでは一七～一九世紀、日本では一九～二〇世紀）。植民地・半植民地あるいは従属国化されたアジア、アフリカ、ラテンアメリカ諸国の大部分では、絶対王政の形成以前の封建制社会、あるいはそれ以前の段階でヨーロッパの植民地主義に従属化され、社会的発展がゆがめられたり妨げられていたため、絶対王政は成立しませんでした。

②絶対王政の特徴

絶対王政は、形式的・法的観点からみると、国家の首長（王、ツァーリ、皇帝）が立法権、執行権、司法権の唯一の源泉とされ、執行権は首長＝絶対君主にのみ従属する官吏によって担われるという特徴をもっています。国家の首長＝絶対君主は租税を徴収し、集めた金を自分勝手につかいます。

絶対王政は、末端組織までととのった強力な官僚機構をつくりだし、常備軍、警察、裁判所、徴税組織のように、以前の国家形態と比較して、より効果的で集中的な強制手段をつくりだしました。絶対王政は、封建国家と同じように、勤労者、とくに農民を隷従させ、抑圧する機構です。

絶対王政の特質は、強制機構が貴族・封建領主の支配からの外見上の独立性をたもっていることです。こうした「外見」をつくる条件は、封建制社会の胎内で、まだ国家権力をにぎるほどに充分強力ではないが、経済的にはすでに自分の利益を支配階級である封建領主の利益に対抗させるほどの勢力をえたブルジョアジーが存在することであらわれたものです。すなわち封建制社会から資本主義社会への移行の時期＝過渡期に、絶対王政はあらわれました。

したがって絶対王政およびその執行機関は、封建領主とブルジョアジーの矛盾を利用し、外見的な独立性をみせますが、本質は封建貴族＝封建領主階級の独裁であり、封建領主の独裁による最後の国家形態でした。

絶対王政の成立は、封建貴族の分散主義を根絶して、政治的割拠性を打破し、領土の統一を促進し、民族の形成、国民的市場の形成と資本主義的関係の発展を促進しました。絶対王政は、マニュファクチュアの発達に補助金をあたえ、保護関税制度（国内産業を保護するために外国商品に高い関税をかける政策）を実施し、重商主義政策（商業を重視し発展させる政策）をとりました。

したがってブルジョアジーはこれを支持しましたし、後にのべるように、絶対王政は資本の原始的蓄積のテコの役割をはたしました。しかし絶対王政が、ブルジョアジーに利益を与えたのは、支配階級である封建領主階級のためになったかぎりでした。絶対王政は、国内の順調な経済的発展（それは資本主義の発展にならざるをえなかったのですが）によって、新たな収入――集中的封建地代としての租税、商工業者への御用金、重商主義政策による貿易収入など――を受けとったのでした。

絶対王政がその君主権の絶対性を根拠づけたのは「王権神授論」です。それは、王権は神から授けられたものであり、神聖不可侵というものでした。これも絶対王政の不可欠のイデオロギー*的特徴の一つです。

③資本の原始的蓄積

資本主義経済の発展に必要な条件

封建制社会の末期に資本主義的経済制度が生まれ、発展していきますが、資本主義的経済制度を本格的に発展させるには、どのような基本的条件が必要なのでしょうか。

それは第一に、資本主義的な企業を創設するのに必要な貨幣や生産手段の所有者、つまり資本が存在していること、第二には、奴隷や封建農民とちがい人格的に自由ではあるが、同時に生産手段を奪われており、そのため資本家に雇われて働くほかない賃金労働者が存在していること、の二つです。

それでは、この基本的条件は、どのようにして生まれてきたのでしょうか。それは、生産者（農民、手工業者）から生産手段を暴力的、強制的に奪いとり、この生産手段を資本に、生産手段からひきはなされた生産者を労働力（賃金労働者）に転化させることによって生まれてくるのです。

この生産者から、生産手段がひきはなされる過程には、数限りない略奪と残虐行為がともなっていましたが、この過程を「資本の原始的蓄積（または本源的蓄積）」とよんでいます。なぜなら、この過程が資本主義的大規模生産がつくりだされる以前におこり、このことが資本主義的生

●イデオロギー　法的・政治的上部構造（一二頁図参照）と密接に結びついている、社会の土台（生産関係）によって規定される観念形態であり、宗教的・道徳的・芸術的・哲学的・法的・政治的など、体系化された社会意識の諸形態のこと。

産の出発点であり前史であったからです。

そして、この原始的蓄積は、一五世紀の後半から一六世紀のはじめにかけて、イギリスを舞台としてはじまりました。

一五世紀末に生まれたイギリス絶対王政は、封建家臣団を解体して、大量のプロレタリアート（労働者階級）を生みだしていましたが、さらに多くの封建領主は、フランドル地方の羊毛マニュファクチュアが発生して原料の羊毛の価格が上昇したことによって、住みなれた土地から農民を暴力的にどしどし追いたて、また農民の共同地を横領し、耕地を牧羊場にしてしまったのです。こうして「ヒツジが人を食う」といわれたように、農民の土地や共同地が強奪されていきました。これが、「囲い込み運動」の実態だったのです。

つくりだされた大量の賃金労働者　しかし、こうした封建家臣団の解体や農民からの暴力的な土地収奪によって無産者に転落した人たちは、すぐにマニュファクチュアなどに吸収されず、無数の大群になって都市や農村の道路に満ちあふれます。やがて、彼らは生活手段がないので集団的に乞食、盗賊、浮浪人になりました。こうした彼らに絶対王政は、法律によってむちで打ち、耳を切り、焼き印をおすなどの残虐なしうちをおこない、さらには死刑にさえしたのです。たとえば、ヘンリー八世のもとで「浮浪」のかどで七万二〇〇〇人が死刑になっています。こうして、どんな安い賃金や劣悪な労働条件のもとでも、彼らは職につこうとし、また資本家は、これを利用して、もうけていったのです。こうした農民からの暴力的な土地収奪によって、生産手段から「自由」になった大量の賃金労働者がつくりだされました。

さらに、資本主義的生産が発展していくためには、このような大量の賃金労働者のほかに大きな富が一定額の貨幣のかたちで資本として少数者の手に蓄積されることが必要でした。

封建制社会や絶対王政の時代には、商人と高利貸が大きな貨幣財産を蓄積しており、これらの富が、その後多くの資本主義企業を組織する基礎になります。彼らは、絶対王政の国家権力による、黒人貿易、植民地の略奪、さらに、国債制度、近代的租税制度、保護貿易などによってばく大な富＝貨幣財産をたくわえていきました。こうして、農民から暴力的に収奪した土地や商人、高利貸が蓄積した貨幣財産＝商業資本をもとに近代的資本＝産業資本が生まれたのです。

ヨーロッパ資本主義のアジア・アフリカへの進出は、資本の原始的蓄積のテコでもあったことに注意を促しておきたいと思います。このように資本の原始的蓄積の過程をつうじて資本主義的生産は本格的に成立していきました。

④日本における資本の原始的蓄積

一八六八年に成立した日本の明治天皇制政府は、外国の資本主義諸国の圧力のなかで、植民地化の危機を脱して、先進諸国と肩をならべるには急速に資本主義を育成しなければなりませんでした。日本での資本の原始的蓄積は、すでに幕末のころから部分的にはすすんでいましたが、欧米の資本主義にたちおくれないためには、明治政府みずからが資本の原始的蓄積の中心に立ち、国家権力の力をフルに活用して、急速に資本主義を発展させなければなりませんでした。

地租改正の歴史的役割　新政府の財政は主に没収した幕府領と東北の「朝敵」の諸藩領からの貢租収入にたよっており、まったく不安定でした。政府は安定した財源の確保のために、一八七三年に地租改正条例を発布します。地租改正は全国の土地を測量して面積や所有権所有者を確定し、さらに、土地収益を基準に地価の算定をおこない、豊作、凶作にかかわらず農民に一定額の租税を金納させるものでした。これは、従来、各地でバラバラだった現物地租を、全国一率の金納地租にかえる近代的な租税のかたちをとっています。そして、納税者を耕作者から土地私有者にかえ、地主や自作農の土地私有権が認められます。同時に、政府は土地売買の禁止・作付制限をとき、移転・職業の自由を認めました。これらの処理は、資本の原始的蓄積の契機をなす土地収奪を妨害する封建的大土地所有を解体するものといえます。

しかし、地租改正は地主―小作関係についてはいっさい改革をやらず、小作料は現物納で江戸時代と変わらず、小作人の耕作権も保障されませんでした。この地租改正によって小農民の土地所有権は認められましたが、地租の負担は江戸時代の旧年貢の額と変わらず、現物年貢から金納租税への転化も農業の生産力の発展をともなっていないため、一般農民の地位の向上などではなく、逆に農民の没落と新しい隷属へとつながるものにほかなりませんでした。

地租改正によって農村に貨幣経済がよりいっそう発展し、重い地租によって自作農の大部分は没落し、一部は小作農に、一部は賃金労働者に転落していきました。土地は地主の手に集中され、小作人は高い現物小作料に苦しめられます。こうして、手づくり地主が手づくりをやめて寄生化し、半封建的な寄生地主になっていきますが、この過程で中農・貧農の一部は土地を失い、賃金労働者として農業外へ流出していきます。つまり、地租改正は資本の原始的蓄積の基礎をなす農民からの土地収奪と労働者創出の「改革」でもあったのです。

絶対主義的権力に育成された日本の資本主義　農民を没落させた高額地租は、国家資金として官営工場の資本投下に使われました。日本で、資本制生産開始のために投じられた貨幣資本は、地租にもとづく国家資金、さらに旧封建領主や家臣団に領地の代償として与えた秩禄公債、また三井・鴻池のような特権的大商人をはじめ、商人、高利貸、大地主の手に蓄積された貨幣財産などが主なものでした。

明治政府は「殖産興業政策」*によって、三井、三菱をはじめ特権的な政商*を育成し、種々の特権的助成金をあたえ、さらには、これらの政商に官営工場、船舶、鉱山などをきわめて安い値段で払い下げました。こうして政府によって育成された政商は財閥となり、この財閥を中心として日本の資本主義は本格的に発展しはじめます。

●**殖産興業**　明治政府による資本主義育成政策。官営起業を経営し民間企業を保護育成するなど、上からの資本主義化をすすめた。

●**政商**　明治政府の保護下で活動した特権的な御用商人。

学習と討論のテーマ

1　西ヨーロッパの近代化が世界の従属的一体化をもたらしたことを考えてみましょう。

2　絶対王政の特徴、その役割はどこにあったのでしょうか

3　資本の原始的蓄積の意味を考えてみましょう。

第六章　市民革命と資本主義社会の成立

1　近代化の二つのタイプ

近代化によって、世界の歴史は資本主義社会の時代に入ります。その近代化を考える場合、重要な指標は市民革命（＝ブルジョア革命）と産業革命です。この近代化を成し遂げた典型は、イギリス、フランス、アメリカです。一七世紀半ば～一八世紀にかけて市民革命がおこなわれ（イギリスのピューリタン革命、名誉革命、アメリカの独立革命、フランス革命など）、つづいて一八世紀の後半から一九世紀初頭から半ばにかけて産業革命がおこなわれ、近代化を達成します。イギリスの歴史家ホブズボウムは市民革命と産業革命の「二重革命の時代」と捉えています。これらの国ぐには一九世紀半ばには資本主義的工業化を実現し、近代市民社会を成立させています。資本主義的先進国を形成します。

ところが、ドイツ、イタリア、日本などは近代化を開始するのは一九世紀後半です。のちほどのべる日本の近代化の出発である明治維新はその典型です。かつて日本で明治維新と日本の近代化の性格を考える場合、イギリスやフランスの近代化を基準にして議論しがちでした。ところが今日では、それは歴史の発展段階のちがいを無視した非歴史的見解とされています。一九世紀後半は世界史的にみると帝国主義への移行期であり、資本主義国のブルジョアジーはかつての進歩性を喪失し、反動的性格を強めています。とくに一八四八年の革命以後、労働者階級の社会的台頭に脅威を感じており、市民革命にも消極的になっています。市民革命は挫折するか、「上からの改革」としておこなわれ、そのもとで産業革命がおこなわれ、近代化＝資本主義化がおこなわれたのです。

このようにみると、世界の近代化はホブズボウムがいう市民革命と産業革命をほぼ同時に、連続しておこなわれた場合（イギリス、フランス、アメリカなど）と、市民革命は挫折し「上からの改革」がおこなわれ、そのもとで産業革命がおこなわれる場合、（ドイツ、イタリア、日本など）とに区別されることがわかります（中村政則著『経済発展と民主主義』参照）。後者の後発諸国の近代化は、世界史的には、前者のような典型的な市民革命ではあり得ず、「上からの改革」が基本線であり、こうした改革は旧伝統勢力が担い手になることになります。

2　近代民主主義の成立

①自由権の歴史的意味

民主主義と人権を成立させるうえで大きな意味をもったのが一七〜一八世紀の市民革命（ブルジョア革命）でした。市民革命のなかで「生命・自由・財産」（一六八八年のイギリス名誉革命）、「生命・自由および幸福の追求」（一七七六年のアメリカ独立宣言）、「自由・所有権・安全および圧政への抵抗」（一七八九年のフランス革命の人権宣言）が基本的人権として宣言されました。このように市民革命が生みだした主権（国家の最高の権力）は国民にあるという「国民主権」や「基本的人権の尊重」などの政治制度と思想が近代民主主義です。この近代民主主義の基本原理をうちだし、さらに国王の独裁を防ぐために憲法が制定されました。

憲法というのは、国王や権力者の勝手な支配を許さず、法に従って支配するために（これを法治主義あるいは立憲制といいます）、国家の基本的なきまり（最高法規）を定めたもので、近代民主主義のもとではじめてつくられました。国民によって選出された代表者で構成する議会で法律を制定し、国の政治について討議し決定する政治制度である近代的な議会制度も、このとき生まれました。

近代的人権は自由権から成り立っていましたが、主に、市民的政治的自由、人身的自由、財産の自由でした。具体的には、思想、良心、信仰の自由、結社の自由、奴隷制度や拷問の禁止、営業活動の自由などであり、国家権力にたいし、個人の自由をまもる権利として発展しました。二〇世紀以降の現代社会に登場する社会権もこの自由権を前提としていました。このように自由権は、近代民主主義の中核的な制度や思想として人類史的な意味をもっています。

②近代民主主義の歴史的限界

しかし、人間はすべて自由・平等といいながら、一九世紀までは、資本家の「財産権」＝「搾取の自由」が認められていたために、失業、貧困、疾病などは個人の問題とされ、企業や政府に生活の保障をもとめることはすじちがいとされていました。また、欧米諸国は、黒人奴隷を認め、一六世紀以降、植民地をもち、その地域の民衆を抑圧し、差別しています。さらに白人のなかでも女性は差別されており、自由・平等は白人の男性だけのものでした。また議会はつくられましたが、財産や収入などによって差別され、選挙権をもつ人はきわめて限られていたのです。ここに近代民主主義の限界が存在していました。近代社会＝資本主義社会になって、女性の地位はどう変化したでしょうか。人間はすべて自由・平等だといいながら、女性、有色の自由人、植民地の民衆、黒人奴隷などは外されていました。自由・平等は白人の男性だけのものだったのです。市民革命そのものは、けっして女性を解放しようとはしなかったのです。女性の政治的権利が公然と認められず、革命後の社会でも家父の権限は厳然たるもので、家財の管理権は男性がいっさいを握っていました。イギリスでは、財産問題で妻を無能力者扱いする法律が廃止されたのは一九三六年のことです。フランスでは、男性だけの「人権宣言」に対抗して「女性の権利宣言」をかかげたオランプード・グージュは死刑になっています（一七九三年）。

3　日本の近代化

①明治維新

日本では、江戸幕府の一五代将軍・徳川慶喜の大政奉還（天皇への政権返上）を受けて、王政復古が宣言され（一八六七年一二月）、新政府が組織されます。日本の歴史で天皇が権力を握っていたのは古代のことです。「維新」といわれながら、古代天皇制への復活というかたちをとりました。これに反発する幕府側の抵抗も、一年五ヵ月にわたる戊辰戦争で、新政府軍によってうち破られます。

一九六八年一月、王政復古にもとづき、古代の太政官《だじょうかん》制*の形態で、新政府のしくみをつくりあげます。同年九月、年号を明治にあらため、天皇一代に同じ年号を用いることがきめられます（一世一元制）。天皇制国家が構築されました。

●太政官　古代律令制国家における最高機関。

版籍奉還と廃藩置県　新政府は、近代国家構築にむけて中央集権体制をつくることが重要な課題になります。政府の実権を握っていたのは、薩摩、長州、土佐、肥前で討幕運動をやっていた武士たちでした。一八六九年一月、出身の藩主に働きかけ、土地（版）と人民（籍）を朝廷に返却させたのです（版籍奉還）。他の藩主もこれにつづきました。藩をなくして、権力を中央政府に集中させるためです。さらに、一八七一年七月、藩を廃止して府県を基礎とする国家体制をつくるために廃藩置県が断行されます。新政府は薩長土三藩の兵士一万人の直属軍をつくり、その軍事的圧力のなかで実行したのです。政府が府知事と県令を任命し、中央集権的統一国家が実現しました。

近代化の「諸改革」の推進——学制、徴兵令、地租改正　同時に、この新政府のもとで、近代化をすすめる「諸改革」が実行されていきます。一八六九年、公家・大名が華族、武士が士族、農工商が平民とされ、平民の苗字の使用が認められ、異なる身分の間の結婚、職業や居所が自由とされます。また、キリスト教にかんしては、欧米諸国の抗議があり、一八七三年、キリスト教禁止の高札は撤廃され、キリスト教は黙認されることになります。また太陽暦が採用されます。

一八七二年、学制が発布され、学校教育制度が発足します。全国に小学校がつくられ、身分や男女のちがいなく、六歳以上の子どもはすべて学校に行かなければならないとされます。学ぶことが国民の義務になります。就学率は一八九七年に七〇％、一九〇七年に九七％と向上しますが、背景に近世以来の寺子屋による教育の普及がありました。

一八七三年、徴兵令が布告されます。これまで軍事に関係のなかった国民の兵役が義務になったのです。士族による軍隊構想が否定され、国民徴兵による軍隊編成になったのです。しかし、ヨーロッパのように、市民革命のなかでつくられた国民軍ではなく、天皇の手足となってたたかう「天皇の股肱《ここう》」としての軍隊でした。

同年、地租改正条例が布告されます。農民には田畑の作付けの自由や田畑売買禁止を解き、地券を発行して農民の土地所有権を認めます。土地の封建的領有制が廃棄されたのです。政府が土地調査をおこない、収穫のいかんにかかわらず、政府のきめる地価の一〇〇分の三を現金で納めることになります。このことにより、政府は毎年、定額の地租を現金で徴収することができ、国家財政の確立をめざすことになります。

明治維新とは何であったのか　それでは明治維新とは何だったのでしょうか。明治維新が日本における資本主義化＝近代化の出発であったことはまちがいありません。しかし、欧米でおこなわれた市民革命とはまったく異なるものでした。明治維新の担い手は薩長土を中心とする下級武士たちでした。武士たちは封建支配層に属し、その一部が倒幕派となり、「王政復古」というかたちで権力を握ったのです。市民革命というような変革ではありませんでした。ところが、こうして成立した政府が、「上からの改革」を強行して、日本社会の近代化をすすめたのです。なぜなのか。当時の世界史の段階が、市民革命・産業革命を経て、二〇世紀の帝国主義の時代の前夜であったことにあります。欧米の植民地、従属国になることを避けるには、上からの近代化を急がねばという危機感があったのです。こうした国家的独立をはかり近代化を推進するには、民衆のたたかいを封じ込め、上から、国家の力に頼らざるを得なかったのです。

先ほどものべたように、当時の国際的配置をみると、イギリス、アメリカ、フランスなどのように、市民革命、産業革命を達成している先進国のグループと、このグループに圧力を受けながら、上からの改革によって資本主義化と国家的独立を急ぐドイツ、イタリアなどの後発国のグループがありました。日本はこの後発国グループに属する国として、近代化をすすめていくことになります。したがって、このグループの特徴として、民衆を政治から排除し、市民ではなく伝統的勢力（日本では改革派の武士たち）が、国家の力で上から改革をすすめていくことになります。明治維新によって統一国家を樹立し、上からの近代化をすすめたことは、欧米列強の民族的圧迫にたいして、国の主権を維持するうえで大きな意味をもっていました。しかし、明治維新の限界を突破するには、真の市民革命をめざす自由民権運動が不可避でした。

②自由民権運動

日本の近代の出発点である明治維新は市民革命といえるものではありませんでした。したがって、明治維新でできなかった政治や社会の民主化をもとめる運動が避けられなくなり、自由民権運動がはじまります。その意味で、自由民権運動こそ日本における市民革命の運動といえました。

民権運動の開始と高揚——民撰議院設立の建白書の提出　一八七四年一月、前年一〇月の政変で参議を辞職した板垣退助らは、政府に民撰議院（国会）設立の建白書を提出しました。自由民権運動の開始です。「有司」＝官僚による政権の独占を批判し、民撰議院＝国会の早期開設を要求したのです。板垣や片岡健吉らは、土佐で立志社という結社を創設します（一八七四年四月）。一八七七年六月、立志社は政府に建白書を提出しましたが、そのなかに、国会開設、地租軽減、条約改正という三大要求が明記されていました。この三大要求が自由民権運動の基本的要求になりますが、地租軽減がかかげられたことをきっかけに、運動に豪農層が参加しはじめます。翌年には、立志社のよびかけで愛国社が再建されます。豪農層は、各地に結社をつくり、学習活動を活発におこない、演説会の開催、署名活動を精力的におこないました。

「国会期成同盟」の結成　一八八〇年三月、愛国社は国会開設の運動を前進させるために国会期成同盟を発足させました。そして四月に、片岡建吉、河野広中らが国会開設をもとめる請願書を政府に提出しましたが、受理されませんでした。しかし、この年の一二月までに、各地の代表が上京して国会開設をもとめる建白書や請願書を政府に提出し、運動は国民的運動に発展しました。

各地で憲法草案の起草　各地で憲法の研究、起草作業が本格化します。いま、政府当局者、反民権派をふくめて九〇点以上の憲法草案が確認されていますが、一八八一年に三九点、全体の四一％が集中しています。高知の植木枝盛は、立志社の憲法草案として「日本国国憲案」をつくりました。全体が二二〇ヵ条で、思想、信仰、言論、集会、結社、学問、教育などの自由と権利が幅ひろく保障され、悪政に抵抗し、人民の自由と権利を政府が侵すときはこれを倒して新政府をつくることができる抵抗権、革命権が国民の権利として明記されています。画期的な民主主義的憲法草案でした。

現在の東京都あきる野市にふくまれる五日市の地域では、青年たちが集団で研究、討論して二〇四ヵ条にわたる憲法草案をまとめました（「五日市憲法草案」）。「国民の権利」と「立法権」に力点が置かれた内容です。

国会開設の約束　こうして民権運動が高揚し、各地で憲法草案が起草されるなかで、政府は、天皇の勅諭によって一〇年後の一八九〇年に国会をひらくこと約束しました。そして、伊藤博文や井上毅《こわし》らが核になって大日本帝国憲法の制定を推進していくことになります。

日本最初の全国政党＝自由党の結成

国会期成同盟第三回大会（一八八一年一〇月一日から）を前にして、自由党結成が急速に具体化します。国会を開設させるには、政党の結成が必要でした。一八八一年一〇月二九日、板垣退助を党首とする日本で最初の政党である自由党が結成されました。また、政府を追放された大隈重信らを中心に、一八八二年四月、立憲改進党が結成されます。

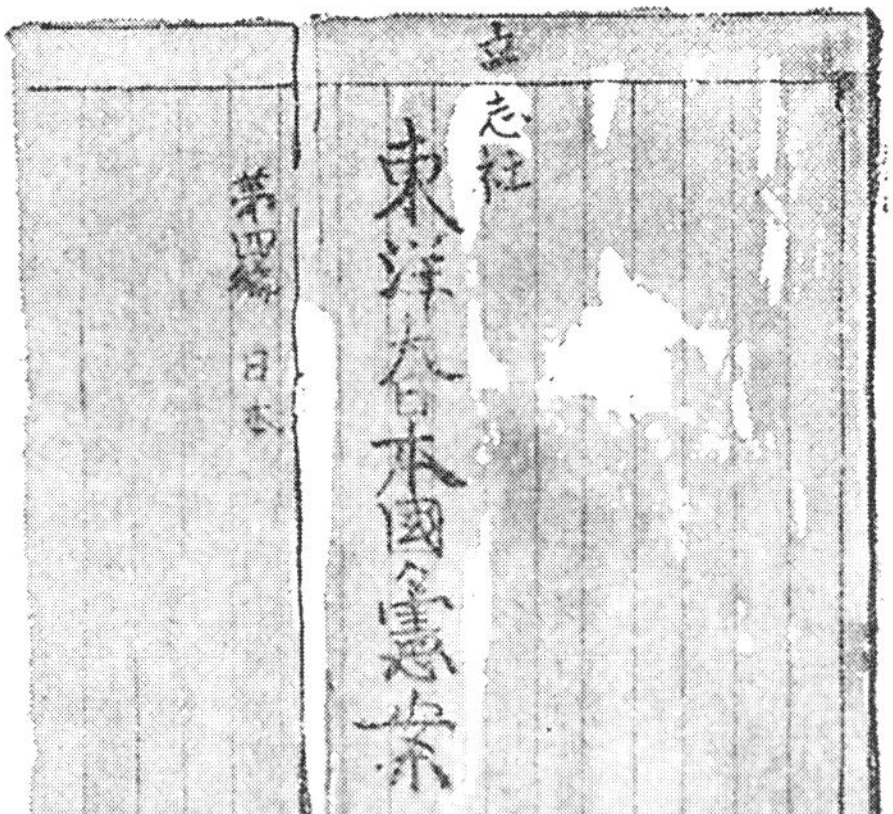

植木枝盛

自由党の解党と松方デフレの展開

大蔵卿に就任した松方正義は、不換紙幣を整理し、軍備拡大のため大増税政策を推進します。その結果、米価や繭価が下落し、重税に苦しむ農民が続発します。とくに、東日本の蚕糸業地帯の農民の打撃が酷く、高利貸しから多くの借金を抱え、土地を失い、小作農になったり、離村する農民が増大します。負債農民たちは、困民党、借金党を組織し、地主や高利貸しに、利子減免、元金の年賦払いなどを要求し、行動を起こしはじめました。

各地で自由党員たちは、こうした農民たちとともに、政府を倒すための行動を起こします。群馬、福島、栃木、茨城など各地で民衆が蜂起しますが、すべて失敗します。自由党の本部は、こうした激化事件にかかわる自由党員を統制できなくなり、一八八四年一〇月、解党を決定しま

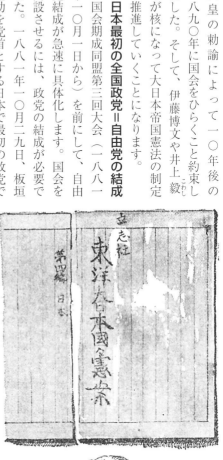

す。結党からわずか三年のことでした。

秩父事件　自由党の解党から三日後、埼玉県秩父地方の困民党は、農民数千人を組織して蜂起し、一時は秩父地方一帯を制圧しますが、軍によって壊滅されます。この秩父事件では、困民党と在地の自由党員が結合し、農民軍が組織され、経済的要求とともに立憲政体の樹立という政治的要求もかかげられていました。しかし、農民たちの蜂起が出動した軍に弾圧され、壊滅されることにより、自由民権運動は挫折し、敗北することになります。

③天皇制国家＝明治憲法体制の成立

明治憲法の特徴と性格　一八八九年、自由民権運動の敗北のうえに明治憲法（大日本帝国憲法）が制定されました。その特徴は、天皇が絶対的な支配者であり、天皇の権限は「神」から与えられたとされています。そして、立法・行政・司法の全権限が天皇に属

秩父困民党の蜂起（椋神社）

するとされており、とくに、軍隊と戦争にかんすることは、政府も議会も口をだせない天皇の大権になっていました。

帝国議会は、貴族院と衆議院から構成されていますが、天皇の立法権を「協賛」する補助機関にすぎません。貴族院は皇族・華族、勅撰（天皇の命令による選出）、多額納税者などから構成されていました。

直接選挙で選ぶのは衆議院だけですが、国民のごく一部に選挙権が保障されていただけです。選挙権は、二五歳以上の男性で、直接国税（地租、所得税）一五円以上納めるものに限られており、女性は完全に排除されていました。当時の有権者は、人口の一・一％にすぎなかったのです。

国民は「臣民」とされ、「法律の範囲内で」〝権利〟が認められているにすぎません。自由民権運動を弾圧した新聞紙条例、出版条例があり、その「範囲内」で認められる〝自由〟であり、〝権利〟でした。このように、日本の近代国家は、明治憲法を要とする天皇制国家でした。天皇にすべての権限が集中した絶対主義的天皇制とよばれています。欧米のように市民革命の成功のうえに成立した近代国家ではなく、その挫折（＝敗北）のうえに成立した天皇制国家でした。

民法制定と女性の無権利状態

明治憲法のもとで、明治民法が制定され（一八九八年）、家父長的家族制度が法制化されます。家長（戸主）の権限が強化され、家族の結婚や住む場所などの決定、承認する権限が与えられます。結婚すると、妻が夫の家に入り、夫の姓を名乗る夫婦同姓が法制化されます。妻は法的には「無能力者」とされ、妻の財産といえども、すべて家長である夫が管理することになります。不貞を理由とする離婚の場合でも、夫は姦淫罪で有罪にならなければ、離婚の理由になりませんが、妻は姦通しただけで離婚の理由にされたのです。夫は、妻以外の女性との間で生まれた子どもを戸主が認めれば正式な子どもにすることができ、父親に認知されなければ、母親が単独の親権者として育てることが定められました。

こうして天皇制国家を社会的に支える家父長的家族制度が法制化されたのです。

学習と討論のテーマ

1　近代化の二つのタイプとは何でしょうか。
2　近代民主主義の歴史的意義とその限界について議論しましょう。
3　明治維新、自由民権運動とは何であったのでしょうか。

第七章　資本主義社会の確立と労働運動の誕生

1　資本主義社会の歴史的意義とその矛盾

①産業革命と資本主義経済の確立

産業革命　市民革命によって、いちはやく近代国家＝資本主義社会をつくりだしたイギリスは、一八世紀後半から産業革命の時代に入りました。産業革命とは、生産の様式が工場制手工業（マニュファクチュア）から機械制大工業へと変革される過程をいいます。機械制大工業が成立することによって、資本主義経済が確立します。重要なことは、産業革命はたんに技術の変革だけでなく、それを基礎に経済、社会、文化などの変革によって資本主義社会全体の変化をもたらしたことです。

まず軽工業、とくに木綿工業における機械、紡績機の発明、次いで動力部門、とくにワットの蒸気機関の発明によって機械による生産をいちじるしく高めました。さらに重工業部門（製鉄、工作機械）、交通部門へ（鉄道、海運）へと発明がひろまり、やがて全産業部門におよんでいきました。こうして、一八四〇年代のイギリスでは鉄道の時代がはじまり、黒船＝蒸気船が世界の海を航行するようになります。

産業革命は、こうして、工業を大きく発展させ、社会の生産力を飛躍的に発展させます。大工業を基礎に、資本主義生産が社会の支配的な経済制度になりました。イギリスでは、マンチェスター、リバプール、バーミンガムなどの新産業都市が生まれ、数十万の人口をもつようになります。

産業革命の結果、イギリスは「世界の工場」とよばれる地位を占め、世界市場を征服し、強大な「イギリス的世界」を樹立します。

労働者の状態　次のやりとりに注目してください。

「活況の時期には、少女たちは朝の何時に工場に行ったのか」

「活況の時期には、それは六週間ばかりの期間ですが、少女たちは朝の三時には工場に行き、仕事の終わるのは夜の十時から十時半近くでした」

「一九時間の労働の間に休息あるいは休養のためにどれだけの時間があたえられたのか」

「朝食に一五分、昼食に三〇分間、そして飲料をとる時間に一五分です」

これは、イギリスの下院委員会が一八三二年におこなった調査報告の一部です。産業革命の初期において、資本家は成年男子の労働力だけでは足りず、大量の女性、少年少女、さらに幼児さえ生産現場で酷使したのです。

エンゲルスは、『イギリスにおける労働者階級の状態』（一八四五年）のなかで、わずか四、五歳の子どもさえ、炭鉱のじめじめした坑道で一日一二時間も働かされていた事実を指摘しています。産業革命のはじめは、工場で働く労働者のうち、女性と子どもが多数を占めていました。それは、産業革命がまず軽工業、とくに木綿工業などから出発したからでしたが、産業革命のなかごろから重工業部門に機械化がすすむと、やがて成年男子労働者が相対的に多数になっていきます。

こうして一方に産業ブルジョアジー、他方に工業プロレタリアートと相対立する二つの階級が形成されます。それ以前からはじまっていた工業と農業の分離も、機械制大工業によって完成されます。大工業に集中された労働者は、もはや農村とのつながりが切れています。

②資本主義の特徴とその歴史的意味

古代社会や封建制社会とちがう特別の意味　資本主義社会は一六世紀のヨーロッパからはじまり、一七〜一八世紀の市民革命によって資本主義国家がイギリス、フランス、アメリカなどに成立しました。一八世紀後半から一九世紀にかけての産業革命によって資本主義経済が確立し、一九世紀末には世界の全域が資本主義に支配されるようになります。

同じ階級社会でも、資本主義社会の成立は、古代社会や封建制社会とはちがう特別の意味をもっていました。

第一に、それまでの道具による手工業生産から機械による大規模生産に転換することによって、生産力が飛躍的に発展したことです。この生産力の成果が公平に勤労人民に還元されるなら、物質的に豊かな生活を送ることができる可能性が、歴史上はじめて生まれたのです。

第二に、近代民主主義の成立によって、前近代社会の人格的隷属や身分的隷属が基本的にうち破られ、人間が自由で平等であり、個人の尊厳がまもられなければならないという社会的考え方が成立したことです。歴史上、はじめて人間の「個性」を解放し、人格的に独立した諸個人を大量に生みだす条件をきりひらいたともいえます。

原始共同体の社会では、人びとは共同体を離れて生活することは不可能であり、共同体に従属していました。古代社会の勤労人民である奴隷は「ものをいう道具」として人格が否定され、奴隷主に人身的に隷属していたのです。封建制社会では、農民や勤労人民は、封建領主に身分的に隷属していました。ところが、資本主義社会では、食べていくための労働以外の自由な時間をもつ可能性が、形式的にしろ、すべての人に与えられています。人間の個性や独立した個人の発展をもたらす可能性がひらかれたのです。

資本主義社会の深刻な矛盾　このような大きな可能性を生みだしたにもかかわらず、いや、そうであるだけに資本主義社会には深刻な矛盾が存在しています。資本主義社会における生産力の飛躍的発展は、人びとの幸せのためではなく、もっぱら資本の利潤追求のためにおこなわれています。したがって、生産力が発展しても、格差と貧困、経済的恐慌などが避けられず、働く人びとの生活が常に脅かされています。

また、前近代社会の人格的隷属や身分的隷属をうち破り、自由で平等という社会的考え方が成立したにもかかわらず、そこには深刻な矛盾がふくまれています。たとえば、労働者が自分の「自由意志」で、資本家と契約を結ぶことができるといっても、契約を結んで労働力を売らなければ、その労働者は生きていくことができません。古代の奴隷のような鎖や封建制社会の農民に加えられた身分制にかわって、目にみえない「飢えの恐怖」という鎖が労働者を縛り、生きるために資本家への隷属を余儀なくさせています。人間の個性の解放という問題でもたいへんな矛盾が存在しています。「自由な時間をもつ可能性」といっても、長時間労働という壁があり、さらに、「カネのヒモつき」という厳しい現実があります。いくら形式的に「自由な時間」があっても、金のない人には絵に描いた餅にすぎないのです。このように、資本主義社会は、一面では人間の個性を解き放ちながら、他面ではそこにはそれを形骸化させる力が強く働いています。

③資本主義的搾取の特質

資本主義の基本的な特徴は、生産手段（機械、工場など）を独占的に所有する資本家階級と、生産手段をもたないために、自分の労働力を資本家に商品として売る以外に生きていく手段をもたない労働者階級とに社会が分裂し、資本家階級が労働者階級を搾取していることにあります。

労働者階級は、生きていくためには資本家に労働力を売り、働いて賃金をもらわなければなりません。この意味で賃金は、「労働力の価格」です。それではこの「労働力の価格」は何によってきまるのでしょうか。それは、本人や家族の生活費とその労働力に見合う養成・熟練に必要な費用によるといえます。

資本家階級は、あくまで利潤を追求することを目的に生産しているのであり、人間生活の豊かさを目的にしているのではありません。したがって、資本主義社会では、賃金を「労働力の価格」より低く抑えがちであり、またこの「価格」どおりに賃金が支払われたとしても利潤を獲得するために搾取がおこなわれています。資本主義社会は大工業生産に示されているように、科学技術がすすみ生産力が飛躍的に発展しています。こうした生産力の高度に発展したもとでは、たとえば、一日八時間労働すれば、賃金分＝「労働力の価格」、つまり労働者と家族の一日に必要のものよりも、はるかに多くのものを生みだすことができるのです。

言葉を変えていえば、労働者は、「労働力の価格」の一日分に相当する価値をつくりだすためには、今日の八時間労働のもとで約二時間、マルクスの時代の一二時間労働のもとでも約六時間働けば充分であるといわれています。ところが、資本家階級は、その労働力を使用して、約二時間、マルクスの時代であれば約六時間だけ労働させるのでなく、それを超えてさらに約六時間、全部で八時間（マルクスの時代であれば一二時間）も労働させることができるのです。そうすると労働者は、「労働力の価格」＝賃金分をはるかに超える大きな価値をつくりだします。この賃金分を超える約六時間でつくりだされた価値を剰余価値といいます。そして、資本家階級はこの剰余価値をタダでふところに入れますが、この剰余価値が資本家階級の「もうけ」の源泉になります。

このように資本主義経済制度における搾取とは、資本家が労働者から剰余価値を無償で奪いとることをいいます。資本家は、奴隷主や封建領主が搾取した生産物の大部分を自己の欲望をみたすのに消費したのとちがって、労働者から搾取した剰余価値を貨幣に換えます。資本家は一部を自己の欲望のために消費しますが、ほとんどの部分を、新たな事業に投資し、労働力や生産手段を買います。こうして、資本主義的生産は拡大されるわけです。

したがって、資本主義的生産の目的は、剰余価値または剰余生産物を最大限につくりだすことにあるのです。この剰余価値＝「もうけ」の追求は、資本家どうしの激しい競争をよび起こし、技術の改良、設備の「近代化」にともなって生産の発展をいっそうもたらします。こうして、資本家の富も増大していきます。しかし、このことは、労働者への「合理化」、労働強化、低賃金、権利のはく奪などをもたらし、労働者の貧困化を推し進めることになります。

この資本主義社会の矛盾を根本的に解決するには、労働者階級の権力を樹立し、生産手段の社会化を実現する社会主義的変革の必要性をマルクスとエンゲルスがあきらかにします。彼らはこれらの変革の推進力が労働者階級を中心とする階級闘争にあることを主張しました。それまでの空想的な社会主義を科学的な社会主義に発展させたのです。

2　労働運動の出発と科学的社会主義

①空想的社会主義から科学的社会主義へ

二つの偉大な発見——唯物史観と剰余価値論　一九世紀初頭のヨーロッパに資本主義の矛盾を批判し、経済的平等による真の自由と平等を主張した社会主義の潮流があらわれました。それは空想的社会主義とよばれていますが、その代表的思想家は、フランスのサン・シモン、シャルル・フーリエ、イギリスのロバート・オーエンらです。

彼らに共通しているのは、理想社会をつくるには、法や政治制度だけをいじるだけでは駄目なのであって、社会の土台である経済制度を改革しなければならないとしていることであり、きわめて画期的な提起でした。たとえば、フランス革命を思想的に準備した啓蒙思想家たちが、法制度や権利の確立で平等社会が生まれると確信したのとちがい、真の平等社会を実現するには、社会的生産のしくみを改革しなければならないといって、さまざまな青写真を発表したのです。この意味できわめて革命的であったといえます。

しかし、彼らには「空想的」とよばれる大きな限界がありました。第一に、資本主義社会の矛盾が生じる根源、つまり資本主義的搾取のしくみをあきらかにできなかったこと、したがって、資本主義から社会主義・共産主義への法則的発展を理解できなかったことにあります。第二に、社会を変革し、矛盾を解決する担い手が労働者階級であることを理解できなかったことです。彼らには、労働者階級は同情と救済の対象であっても、社会を変える主体勢力とは考えられていませんでした。

社会主義思想は、マルクスとエンゲルスの登場により「空想」から科学に発展しました。それはマルクスが「二つの偉大な発見、すなわち唯物史観と、剰余価値による資本主義的生産の秘密の暴露」（エンゲルス『空想から科学へ』）したことによります。

唯物史観（史的唯物論）とは、社会生活の土台が富をつくりだす物質的生産にあり、生産における生産力と生産関係との矛盾が階級社会では敵対的な利害対立になり、それにもとづいて階級闘争が起こり、この階級闘争を推進力として歴史は発展するという考え方です。それまでの歴史観は、神や天才が歴史を動かしている根本原因とする観念論的説明を特徴としていましたので、歴史観の革命的転換といえるものでした。剰余価値の理論は先ほど説明したように、資本主義的搾取のからくりを科学的に説明した学説です。

未来社会への移行の諸条件　それでは、マルクスとエンゲルス

カール・マルクス
（1818～1883）

フリードリヒ・エンゲルス
（1820～1895）

は社会主義への移行をどのように説明していたのでしょうか。

第一に、資本主義の基本的矛盾をあきらかにし、この矛盾の解決が生産手段の私的所有を廃止し、生産手段の社会化＝社会主義以外にないことを解明しました。

第二に、社会主義社会を実現するには、労働者階級の革命を実現させ、労働者階級の権力の必要性を強調しています。彼らは、社会主義革命の第一歩が労働者階級の権力の樹立にあることをあきらかにしました。労働者階級の権力がなければ、あらゆる妨害を克服して、資本主義的搾取を廃絶する経済的変革をおこなうことはできないからです。この労働者階級の権力の樹立という思想は、彼らがはじめて社会主義思想のなかで主張したことです。

第三に、エンゲルスは、晩年、資本主義の発達した国での階級闘争の諸条件の変化に注目し、「奇襲の時代、無自覚な大衆の先頭にたった自覚した少数者が遂行した革命の時代は過ぎ去った」とし、「社会主義者は、あらかじめ人民の大多数を」「獲得しないかぎりは、永続的な勝利はありえない」という多数者革命の見地を科学的社会主義の到達点としてあきらかにしています（『フランスにおける階級闘争』一八九五年版への序文」）。

②科学的社会主義と労働運動の結合

科学的社会主義の創設者であるマルクスとエンゲルスは、ともに一八四八年のヨーロッパの革命に共産主義者として積極的に参加しました。二人の共同の仕事である『聖家族――批判的批判』（一八四五年二月）で共産主義の立場に立つことをあきらかにし、『ドイツ・イデオロギー』（一八四五年一一月から一八四六年夏に執筆）ではその科学的な歴史観である史的唯物論を成立させます。そのなかで、資本主義社会の矛盾の深まりにもとづき、プロレタリアートを中心とする階級闘争が発展し、共産主義革命がおこなわれること、そのためにプロレタリアートによる政治権力の獲得の必要性があきらかにされていました。そのうえで、二人は共産主義者として運動を開始し、一八四六年はじめ、ベルギーのブリュッセルに「共産主義通信委員会」をたちあげ、各国の運動との組織的連携を呼びかけていきます。

このなかで、労働者の活動家で組織されていた国際的組織である「正義者同盟」がマルクス、エンゲルスのよびかけに応え、二人の参加と協力を訴えたのです。ついに、マルクス、エンゲルスの「ヘーゲル哲学の崩壊から生じた理論的な運動」（『マルクス・エンゲルス全集』〔以下、『全集』〕第二巻、二五四頁）＝科学的社会主義の理論と「正義者同盟」の運動に示される労働運動が合体することになりました。

「正義者同盟」は、一八四七年六月に第一回大会をひらき、エンゲルスのみが参加し、同盟の名称が「共産主義者同盟」に変更されます。スローガンもこれまでの「人間はみな兄弟だ！」から「万国のプロレタリア、団結せよ！」と階級的立場を鮮明にしました。

さらに同年一一～一二月に第二回大会がひらかれ、マルクス、エンゲルスがそろって参加しました。第二回大会の中心議題は綱領問題です。熱心な討議をつうじて、マルクス、エンゲルスの共産主義の原則的考え方が大会の全代議員に受け入れられます。そして、綱領でもある「宣言」の起草が二人に委託されたのです。こうして、世界ではじめての共産主義組織の「綱領」である『共産党宣言』が一八四八年の二月革命の勃発直前に刊行されることになりました。

③一八四八年革命の敗北と革命論・資本主義観の再検討

一八四八年二月、パリで革命が勃発します。選挙権拡大運動がフランス全土にひろがり、パリでは市民が各所にバリケードを築きます。弾圧のために出動する軍も戦意を喪失して、民衆の側につきます。国王フィリップはパリから逃げだし、王制が倒れて共和制が復活しました。革命は、ドイツなどヨーロッパ各地にひろがります。

『共産党宣言』のなかで、「ドイツはブルジョア革命の前夜」であり、「プロレタリア革命の直接の序曲」と位置づけています。ブルジョア革命として出発しながら、急速にヨーロッパ規模の社会主義革命に発展し、労働者階級が勝利すると展望していました。

一八四八年六月、パリで労働者階級が決起しますが、残忍な大弾圧によって、反乱は敗北します。オーストリアとプロイセンで、王権（絶対主義勢力）が本格的な反抗を開始し、プロイセンでは、一八四八年一二月には王権がベルリン国民議会を解散したのです。一八四九年八月、マルクスはロンドンに亡命し、エンゲルスも遅れて、一一月にロンドンへ亡命しました。

マルクスとエンゲルスは、当時、どのような革命観をもっていたのでしょうか。エンゲルスは「マルクス『フランスにおける階級闘争』一八九五年版への序文」のなかで、次のようにのべています。

「二月革命が勃発したときは、われわれすべてのものが、革命運動の条件や経過についてのわれわれの考えにおいて、それまでの歴史的経験に、とくにフランスの歴史的経験に、とらわれていた」

この「フランスの歴史的経験」とは一七八九年のフランス革命のことであり、革命のイメージはフランス革命の経験によって考えられていたのです。革命は政党などによって事前に組織され、準備されるのではなく、何かをきっかけに民衆が自然発生的にたちあがり、革命の進行のなかで鍛えられ、革命の主体が形成され、革命がおこなわれるというものでした。それは、多くの民衆が参加しても、結局、少数の支配者に奉仕するにすぎないのであり、その「革命の共通の形式は、みな少数者の革命」（同前）であったのです。この近代革命の特徴が、「プロレタリアートの自己解放のための闘争にもあてはまるようにみえた」（同前）のです。少数者革命の立場でした。

さらに、当時の二人の革命観の特徴は、経済的恐慌と革命を直接的に結びつけて考えていたことです。一八四八年革命も、前年一八四七年にイギリスで起きた恐慌がヨーロッパに波及し、そのうえで一八四八年革命が必然的に起きたと考えていました。一八四八年革命の敗北が現実のものになっても、マルクス、エンゲルスはこの現実が一時的後退にすぎず、イギリスの恐慌がヨーロッパ経済の矛盾を激しく、やがてたたかいが再び高揚すると確信していました。しかし、一八五七年に恐慌が訪れたのですが、革命は起こりませんでした。恐慌と革命を直結させる二人の革命観は破綻し、革命観の根本的再検討が避けられなくなります。

④国際労働者協会（インタナショナル）の創設

一八六四年、国際労働者協会（インタナショナル）がロンドンで創設されます。国際労働者協会は、「労働者階級の解放」という一般的な目的をかかげ、それに賛同する労働運動、社会主義運動のさまざまな潮流の参加が認められていました。わずか八年間の活動でしたが、一八四八年革命の敗北後、息を吹き返しはじめた労働運動を新しい段階に高めるうえで大きな役割をはたしました。マルクスも執行部の一員として活躍し、やがて中心的役割をはたすことになります。

マルクスは、「創立宣言」「規約」を執筆し、国際労働者協会の諸方針の大半を執筆するなどの活躍をします。エンゲルスは、マンチェスターにいて参加が遅れますが、一八七〇年一〇月には「総評議会」（一八六六年九月のジュネーブ大会で、中央機関の名称が「中央評議会」から「総評議会」に変更）に加わり、マルクスとともに奮闘します。国際労働者協会の活動をつうじてマルクスとエンゲルスの社会変革論が大きく発展します。

国際労働者協会発足集会（1864年9月28日）

⑤パリ・コミューン

一八七一年のパリ・コミューンは歴史上はじめての労働者階級の政府の構築であり、この経験は科学的社会主義の国家論や革命論にとってきわめて大きな意味をもっていました。当時のフランスでは、大革命以来、国民軍という市民から構成される武装組織があり、正規軍とは別に国民軍がパリの治安維持にあたっていました。

プロイセンとの戦争（一八七〇〜七一年）に敗れ、降伏したフランス政府は、この市民から構成される国民軍を武装解除するために、正規軍をパリに投入し、内乱を引き起こしたのです。ところが、正規軍が逆に撃退され、一八七一年三月、国民軍が完全にパリの支配権を掌握しました。パリの市民が武装蜂起したのではなく、政府が内乱を起こし、それが市民に支持される国民軍によって撃退されたのが真実です。

国民軍中央委員会が、一八七一年三月から五月の二ヵ月以上にわたって、一六〇万の世界的都市パリを管理したのです。三月下旬には、普通選挙で議員が選ばれ、新しい議会にもとづく政府が誕生しました。この議会がパリ・コミューンとよばれたのです。

コミューンは、国家機構のうち、「純然たる抑圧的な諸機関」の常備軍を廃止し、行政機関を真の公共的利益にふさわしいものにつくりかえ、公務を「労働者なみの賃金」にし、市民によるリコール制を実行しました。さらに、議会のもとに、各専門部や委員会、必要な機構をつくり、議会が「同時に執行し立法する行動的機関」になったのです。

こうした経験をふまえて、マルクスは「労働者階級は、できあいの国家機構をそのまま掌握して、自分自身の目的のために行使することはできない」（『フランスにおける内乱』）と結論づけました。革命政権が勝利したとき、

コミューンによってパリ市内に築かれたバリケード

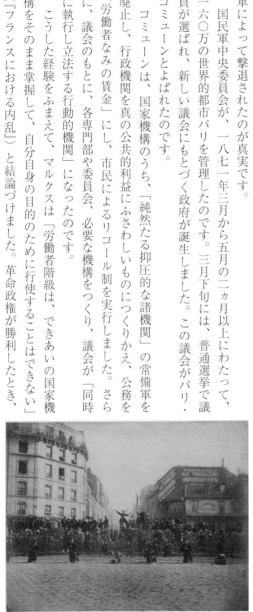

旧来の国家機構をそのまま利用することはできない、抑圧的なものは切り捨て、必要な機関は民主的に改造しなければならない、というものです。その後、ロシア革命を指導したレーニン（一一九～一三〇頁参照）は、このことを「できあいの国家機構」の「破壊」と理解し、普通選挙制にもとづく議会制度まで「破壊」の対象にするという読みまちがいをしたのです。

パリ・コミューンは、最後は圧倒的な武力で侵攻してきた政府軍と凄惨なたたかいになり、一八七一年五月二八日、ついに壊滅します。

⑥〝多数者革命論〟路線の確立

マルクスとエンゲルスは一八四八年革命のなかで、ドイツ共産党の要求として、男女すべての普通選挙権を要求していました。マルクスは、一八四九年のロンドン亡命後、労働者の普通選挙権獲得をめざすチャーティスト運動と連帯しましたが、「普通選挙権は、イギリスの労働者階級にとっては政治的権力と同意義」と評価しています（『全集』第八巻、三三六頁）。マルクスは、パリ・コミューンの武力弾圧後も、「強力革命不可避論」の立場をとらず、社会変革がその国の条件によって多様な形態をとることを強調しています。

ヨーロッパをみると、一八四〇年代は、スイスを除いて、普通選挙制度と民主的な議会制度は存在していませんでした。ところが、一八七〇年代になると状況が大きく変わってきました。マルクスは、イギリスとアメリカにおいて、労働者が国会や議会で多数をとれば、「議会をつうじる変革」の可能性があるとみていました。もちろん、マルクスは支配階級の合法的変革への「反乱」の危険性を鋭く指摘し、「合法的」強力への「反逆」とのたたかいをよびかけています（『全集』第三四巻、四一二頁）。

こうしてマルクスとエンゲルスは、一八七〇年代になると、民主主義的政治体制の存在している国における「議会的な道」による社会変革の可能性を、歴史の大道として本格的に追求するようになります。

二人の革命観の転換にもとづく、多数者革命の路線を近代革命の歴史的総括をふまえて理論的に結論づけたのが、エンゲルスの「マルクス『フランスにおける階級闘争』一八九五年版への序文」です。この「序文」が発表されたのが一八九五年四月で、エンゲルスが亡くなるのが同年八月五日ですから、死の直前に執筆したエンゲルスの政治的遺言ともいえるものでした。

エンゲルスは、それまでの「自覚した少数者が遂行した革命の時代は過ぎ去った」とのべ、多数者による革命の必要性を提起します。その場合、「社会組織の完全な改造ということになれば、大衆自身がそれに参加し、彼ら自身が、何が問題になっているか、なんのために彼らは〈肉体と生命をささげて〉行動するのかを、すでに理解していなければならない」「だが、大衆がなにをなすべきかを理解するため――そのためには、長いあいだの根気づよい仕事が必要である」(同前)と指摘しています。

エンゲルスは、一八四八年革命以後の一八六〇年代から八〇年代にかけての階級闘争の歴史、そこにおけるドイツの労働者党を先頭とする普通選挙や議会闘争、多数者を結集させるたたかいの経験を総括し、それまでの少数者革命の時代から多数者革命の時代に転換したことをあきらかにしました。今日の社会変革はこの歴史的結論を出発点としています。

⑦ロシアと非ヨーロッパ世界での変革の道の模索

マルクス、エンゲルスは、西ヨーロッパの変革を中心に考えていました。もちろん、西ヨーロッパ以外の民族運動など社会運動に関心を示し、期待をよせていましたが、西ヨーロッパの労働者階級による社会変革が先行すると考え、この社会変革に依存しながら考察していたのです。ところが、晩年にロシアにおける革命と共同体の問題を検討するなかで、社会変革論の可能性が大きくひろがることになります。その転機が、ロシアの女性革命家ザスーリチの質問へのマルクスの回答（「ザスーリチへの手紙」一八八一年）でした。このなかで、マルクスは、資本主義の道に入る前夜のロシアで資本主義をとおらずに社会主義に前進できるか、ロシアに残っている共同体がロシアの社会主義的再生の拠点にならないかというザスーリチの質問にたいし、マルクスはロシアの共同体が社会的再生の拠点になるという結論を回答しました。マルクスは、モーガンの『古代社会』（一八七七年）に注目し、原始共同体の研究を本格的にすすめていたこともあり、共同体における協同性の重要性に注目していました。

ここで重要なことは、マルクスが『資本論』からではなく、ロシア共同体や共同体論一般の研究からこの結論をひきだしたことです。しかし、それはヨーロッパ中心主義からの転換などではありませんでした。マルクスは、「ザスーリチへの手紙」のなかで、『資本論』で分析されている資本主義的生産の運動が「西ヨーロッパ諸国に明示的に限定されている」とのべているように、彼の『資本論』研究ははじめから西ヨーロッパに限定されており、ロシアの共同体の評価は『資本論』とは別の、先にのべた「特殊研究」からの結論でした。この意味で、ヨーロッパ中心主義からの転換というものではありませんでした。

二一世紀のいま、政治的激動のなかで、ラテンアメリカやアジア、アフリカで社会の根本的変革を考える場合、共同体が社会の重要な構成要素になっている国が多数存在しており、社会変革と共同体の関係が問われています。その意味でロシアにおける革命と共同体の関係の晩年のマルクスの研究を振り返ることは、きわめて今日的意味をもっています。「ザスーリチへの手紙」を準備する過程での共同体研究は、史的唯物論＝唯物史観の放棄などではなく、史的唯物論、社会変革論の新しい歴史的可能性をきりひらく重要な意味をもっていたのです。

⑧第二インタナショナルの創設

一八八九年七月、フランス革命一〇〇年を記念して第二インタナショナルが創立されました。

第二インタナショナルは、社会主義政党だけでなく、国際労働者協会と同じように、労働組合、協同組合、その他の労働者組織を包括する国際組織でしたが、各国に社会主義政党が組織されていましたので、やがて、事実上の社会主義諸党の国際連合体になっていきます。

第二インタナショナルは多くの労働者政党の連携をはかり、科学的社会主義と労働運動を大衆的にひろめることに大きな役割をはたしました。しかし、その後、内部に日和見主義が発生し、第一次世界大戦（一九一四～一八年）が勃発すると、それまでの反戦決議をふみにじり、「祖国擁護」の名のもとにこの世界的規模の帝国主義戦争に協力してしまいます。こうして、事実上、第二インタナショナルは崩壊しました。

3　日本における産業革命と初期社会主義

①日清・日露戦争と産業革命――植民地帝国日本

戦前の日本は戦争の連続でした。この戦争によって日本は大国になり、植民地帝国になったのです。その大きな転機が日清・日露戦争でした。国民の一部に、日清・日露戦争は国の独立をまもるための「自衛戦争」という考え方が浸透しています。

日清戦争はなぜ起きたのか　日清戦争（一八九四年七月～一八九五年五月）は、清国*が日本を攻めた結果、起こされた「自衛戦争」ではありません。朝鮮の支配権をめぐる日本と清国の対立から起こされた戦争です。明治の新政府は、江華島事件*（一八七五年）以来、武力で朝鮮への影響力を強めてきました。ところが、一八八二年の反日派のクーデター（壬午《じんご》軍乱）で清国の支配権が回復します。日本政府は、朝鮮半島から清国の影響力を排除し、日本の影響力を強めるには軍事力の増強が必要と判断し、大規模な軍備増強を推進しました。

一八九〇年一一月、最初の帝国議会がひらかれますが、山県有朋首相は、施政方針演説で日本

●清国
中国最後の統一王朝。一六四四～一九一二年。

●江華島事件
日本軍間が朝鮮領の江華島付近で砲撃された事件。これを契機に日本は朝鮮に不平等条約を押しつけ、開国させた。

の独立を確保するには「主権線」とともに、「利益線」を維持しなければと強調しました。「主権線」とは国境の維持ですが、「利益線」とは具体的に朝鮮半島を指しています。朝鮮半島の支配権を確保することが日本の国家目標に位置づけられていたのです。しかし、朝鮮半島はそれまで清国の属国でしたので、朝鮮半島の支配をめぐる両国の対立が激化していくことになります。

一八九四年七月、日本はイギリスと新通商航海条約の調印をはたすと、イギリスの支持を見込んで清国との戦争にふみきります。日本軍の先制攻撃で戦争ははじまり、陸軍は鴨緑江《おうりょっこう》を渡り、遼東《リャオトン》半島への上陸をはじめました。清国領土への侵攻をはじめたのです。清国本土への侵攻で、自らの権益が侵されることを心配した欧米列強が干渉をはじめ、また朝鮮の農民の反乱（義兵闘争）の拡大もあり、これ以上の戦争継続は無理になり、日本は清国と講和条約を締結しました（下関条約）。

この結果、日本は清国の朝鮮にたいする影響力を排除し、台湾・澎湖《ほうこ》諸島、遼東半島と賠償金三億円を手に入れたのです。しかし、これは列強の利害と衝突し、ロシア、フランス、ドイツの圧力を受け、遼東半島は返還せざるを得ませんでした。

日清戦争の勝利によって、日本は台湾を植民地として獲得します。台湾の植民地化は、日清戦争後の下関条約できまりますが、台湾の民衆の反乱を鎮圧する五ヵ月におよぶ台湾征服戦争がおこなわれ、一八九五年八月に台湾総督府が設置されます。台湾の植民地支配は、一方で民衆の抵抗を軍隊や警察で抑圧しながら、他方で、同化政策をとり、民衆に日本語と天皇崇拝を強制します。そして、農地改革をやったり、製糖業中心の産業振興政策を推進します。台湾を日本の資本主義経済の展開のなかに組み入れていったのです。

清国の敗戦によって、欧米列強の中国への進出が激しくなります。南下するロシアは、「満州」の獲得と朝鮮半島の影響力の確保をねらい、日本と直接的に対立するようになります。朝鮮半島から清国の影響力の排除に成功したものの、今度は、ロシアと直接対峙することになります。

日英同盟と日露戦争

日露戦争にかんしては、日清戦争以上に、南下する帝政ロシアから日本をまもる「自衛戦争」という評価が強調されます。これもきわめて表面的で一面的な評価です。日露戦争（一九〇四年二月〜一九〇五年九月）は、朝鮮半島の支配と南部「満州」への影響力の拡大をねらう日本と「満州」の独占的支配と朝鮮半島への進出をねらうロシアとの対立にもとづくものであり、両国の膨張政策の衝突の結果、起こされたのです。

また重要なことは、当時、ロシアと世界的に対立していたイギリスの支えがなければ、大国ロシアとの戦争にふみきることはできませんでした。その意味で、一九〇二年にイギリスとの軍事同盟である日英同盟の締結はきわめて重要です。日英両国は、相互の東アジアの権益を認めるというもので、イギリスが朝鮮への日本の支配を容認したことに大きな意味があったのです。また、世界帝国であったイギリスは、ロシアと東アジアで対立するうえで、日本の軍事力の利用が必要と判断していたのです。

一九〇四年二月、日本海軍のロシア艦隊への奇襲攻撃ではじまります。日本軍はたいへんな犠牲を払いながら、一九〇五年一月、旅順を陥落させ、三月には奉天会戦でロシア陸軍をさらに後退させましたが、日本の戦闘力、動員力は限界でした。日本は一八億円以上の戦費（一九〇四年度の国家予算の約六倍）を費やし、当時の国力をはるかに超えていましたが、戦費の四割以上を英米の外債（借金）に依存していたのです。この金でイギリスやドイツから兵器や弾薬を購入して、やっと戦争をつづけることができたのですが、もはや限界に達していました。またロシアも、国内で専制政治に反対する革命（一九〇五年）が起き、戦争どころではなくなっていたのです。

こうしてアメリカの斡旋で、一九〇五年九月、戦争終結のポーツマス条約が結ばれます。この結果、ロシアは日本の朝鮮における支配権を認め、旅順・大連など中国からの租借地と南満州での鉄道利権を日本に譲渡すること、さらに、樺太（サハリン）の南半分を日本に割譲することを約束しました。

韓国にたいしては、日露戦争中の一九〇四年八月に第一次日韓協約を締結し、財政・外交の日本人顧問を任用することを韓国政府に認めさせます。そして一九〇五年一一月、第二次日韓協約で、韓国から外交権を奪い、韓国統監府を設置して、韓国を日本の被保護国にしました。さらに、一九〇七年には第三次日韓協約を結び、軍隊を解散させ、司法や警察を日本が掌握します。そのうえで、一九一〇年八月、「韓国併合に関する日韓条約」を調印し、韓国を日本領土として併合しました。

朝鮮半島の確保をふまえて、これ以後、「満州」への勢力拡大が日本の国家戦略になります。日本の「利益線」をどんどん拡大する大陸政策が本格化していきます。

日本における産業革命と政治・社会の変化――植民地帝国日本の成立　日清・日露戦争を契機に日本社会は大きく変動しました。経済の面でみると、富国強兵路線をとる政府主導で、この時期に産業革命がすすみます。初期の重工業の中心は軍直属の軍事工業でした。日清戦争の賠償金をもとに官営の八幡製鉄所が操業を開始します。民間でも、一八八〇年代に、企業の新設ブームが訪れ、イギリス製の最新の紡績機を導入し、大規模な紡績工場が出現します。ところが、日本経済をリードしたのは製糸業であり、長野、山梨、群馬の養蚕地帯に小規模な製糸工場がつくられます。当時の日本の輸出品のトップでした。こうしたなかで、三井、三菱、住友、安田、古川などの政商たちは、造船所や鉱山などの官営事業の払い下げをうけ、家族・同族が多角的経営をする企業集団＝財閥を形成していきます。国家と癒着した資本主義の発達といえます。

農村社会では、前にのべた松方デフレで土地を手放す自作農が続出し、土地は地主に集中します。全国の農地で小作地の比率は、一八八〇年代半ばで三五％、一八九〇年代には四五％にもおよびます。小作農民は、地主から土地を借り、収穫の米の半分以上を小作料として地主に納めなければなりません。貧しい生活を余儀なくされる小作農民は、小作料を払うために、養蚕をおこなったり、娘を出稼ぎ女工として製紙工場や紡績工場に勤めさせ、彼女らの低賃金でやっと生活を維持していたのです。こうして農村からの低賃金の女工の供給によって日本の資本主義は形成されていったのです。

また文化や教育をみると、中国人を蔑視する大国主義的イデオロギーが浸透します。とくに日清戦争を契機に、「文明」（日本）対「野蛮」（清国）の争いというキャンペーンが張られ、戦争に勝利することにより、公教育やマスコミをつうじて、大国主義的で排外主義的なイデオロギーが日本国民のなかに浸透していきます。

日清・日露戦争の勝利によって、日本は世界の列強の仲間入りをはたし、経済力を無視する軍事大国化の道を本格的にすすめていきます。そして戦争の勝利が、軍にたいする国民の信頼を高め、陸海軍の政治勢力としての発言権を高めることになります。政治勢力としての軍部が登場し、国防方針を政府でなく軍部がきめるようになります。政治の一部の軍事でなく、軍事が政治のあり方をきめるという異常な国のあり方への転換がはじまり、そのもとで、軍事大国化がはじまったのです。

日清・日露戦争に勝利することにより、日本はアジアで唯一の植民地帝国にのしあがり、アジアにおける植民地帝国になったのです。

②日本における労働運動の出発と初期社会主義

日本で近代的な労働組合が誕生したのは、一八九七年のことです。この時期に日本でも産業革命が開始され、労働者階級が形成され、労働組合が誕生します。

一八九七年七月、高野房太郎、片山潜らによって労働組合期成会が結成されます。期成会は機関紙『労働世界』を発刊し、〝労働は神聖なり〟〝団結は勢力なり〟をスローガンにして、労働者に労働組合の結成を働きかけたのです。この年の一二月、東京砲兵工廠・日本鉄道大宮工場などの労働者が「鉄工組合」を結成しました。この金属労働者の組合が日本最初の労働組合でした。翌一八九八年二月、日本鉄道の労働者が「日鉄矯正会」を、さらに一八九九年には印刷労働者が「活版工組合」を結成します。

ところが、こうした誕生したばかりの労働組合に権力の弾圧が加えられます。一九〇〇年、治安警察法*が制定され、その第一七条で、ストライキと労働組合が事実上、禁止されたのです。これは生まれたばかりの労働組合運動にとってきわめて大きな打撃であり、ほとんどの労働組合が解散に追い込まれました。

こうした労働組合の誕生とともに、並行して社会主義運動が出発したことに日本の特徴があります。一九〇一年、我が国最初の社会主義政党である「社会民主党」が結成されます。片山潜らは、労働組合運動を前進させるには労働者階級の政治闘争と労働者政党が必要であるという自覚をもっていました。ところが、この「社会民主党」も、直ちに治安警察法で解散させられるのです。

日露戦争がはじまると、日本の社会主義者たちは戦争に反対する「非戦論」を展開します。幸徳秋水や堺利彦らは平民社を結成、『平民新聞』を創刊し（一九〇三年）、紙上で「非戦論」のキャンペーンを張ります。戦争がはじまると、ロシアの社会民主党によびかける「露国社会党に与うるの書」を発表し、「われらの敵は露人ではない。実に今の愛国主義であり、軍国主義である。愛国主義と軍国主義とは、諸君とわれらの共通の敵であり、世界万国の社会主義者の共通の敵」とのべたのです。また一九〇四年にひらかれた第二インタナショナルのアムステルダム大会

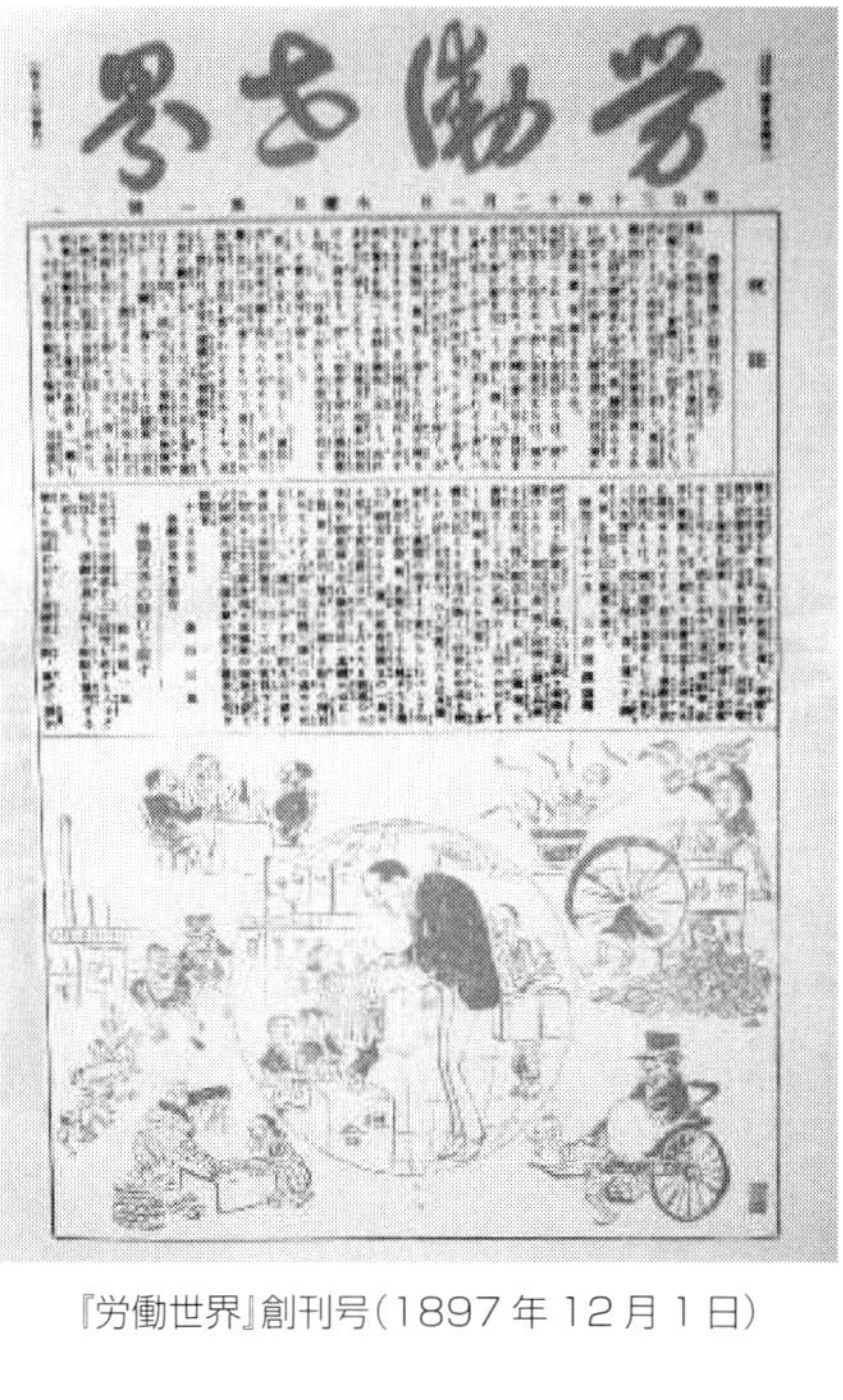

『労働世界』創刊号（1897年12月1日）

●**治安警察法**　労働運動を取り締まるために制定された弾圧立法。

で日本の片山潜とロシアのプレハーノフは、戦争に反対して連帯の握手を交わしたのです。このような「非戦論」を展開した『平民新聞』は『共産党宣言』を紹介したため発禁となり、ついに廃刊させられてしまいます。

さらに、一九一〇～一一年、天皇暗殺を企てたとする「大逆事件」のでっちあげで、幸徳秋水ら一二人が処刑され、社会主義運動と社会運動は「冬の時代」を迎えることになります。

学習と討論のテーマ

1　産業革命の意味は何でしょうか。
2　戦争と結びついた日本の産業革命の特徴について議論しましょう。
3　資本主義の搾取の特徴を議論しましょう。
4　空想的社会主義と科学的社会主義のちがいはどこにあるのでしょうか。
5　エンゲルスが歴史的到達点としてあきらかにした多数者革命路線の意味はどこにあるのでしょうか。
6　日露戦争に反対した日本の初期社会主義の「非戦論」の意義について議論しましょう。

Ⅳ

激動の二〇世紀の開始

――現代社会の出発

第八章　帝国主義の成立と第一次世界大戦

1　帝国主義の成立

①帝国主義の時代

一九世紀の終わりごろから二〇世紀はじめにかけて、アジア諸国やアフリカなどの分割が完了し、地球上のすべての領土が先進諸国の植民地になりました。一六世紀に世界の「小さな隅」のヨーロッパからはじまった資本主義が、ついに世界全体を支配することになります。当時の世界人口は一六億五〇〇〇万人ですが、植民地、半植民地、従属国の一一億人を帝国主義諸国の五億五〇〇〇万人が支配することになります。

植民地化と結びついて、生産や市場で強力な支配力をもつ独占資本が登場し、資本主義の新しい段階が訪れていました。それまでの自由競争段階の資本主義から独占段階の資本主義への段階的変化でした。ロシア革命の指導者であったレーニンは、『帝国主義論』（一九一七年）で、この独占段階の資本主義の経済的法則を検討し、大国間の領土的分割が完了したもとでの帝国主義戦争が不可避であることをあきらかにしました。

経済的特徴　資本主義の新しい段階の経済的特徴の第一は、独占体が支配する経済ということです。経済の、とりわけ工業の巨大な成長によって、巨大企業が生まれます。この巨大企業に生産が集中します。労働力と生産高の多くの部分が巨大企業に集められます。これを生産の集積といいます。生産の集積が発展していくと、巨大企業に社会的生産の多くが集中し、やがて独占体

（独占資本）を生みだしていきます。こうして、巨大な資本主義企業、またはその連合体である独占体が形成され、経済生活で決定的な役割をはたします。この独占の基本的形態には、カルテル、シンジケート、トラスト、コンツェルンなどがあります。

第二の特徴は、金融資本を基礎にして金融少数支配（金融寡頭制）がつくりだされることです。金融資本とは、銀行資本と産業資本が合体し、産業と金融の両方に大きな力をもつ資本のことです。どの独占資本主義国でも、少数の金融資本家が、株の買い占め、資金の融資、重役派遣などの方法で、重要な経済部門のすべてをその手に握り、社会の富を自由にしています。また、金融資本は、政治家や高級官僚と深く癒着し、さまざまな方法で政治の分野でも支配を強めます。「金権政治」とよばれるのは、このような金融資本に支配される政治のことです。

第三の特徴は、資本の輸出がとくに重要な意義をもっていることです。独占体の成立は、工業と農業の不均等の発展を強め、農業の発展をたちおくれさせます。国民の生活水準を低め、国内では有利な投資場所が不足し、「資本の過剰」が生まれます。このため、この過剰資本を国外に輸出するようになります。自由競争の段階では商品の輸出が主な特徴でしたが、独占が支配する資本主義の段階になると、資本の輸出が主な特徴になります。一般的に、発達した資本主義国より途上国の方が土地も原料も労働力も安く利潤率が高いので、金融資本は途上国に資本輸出します。この資本輸出が世界の大多数の諸民族にたいする帝国主義的抑圧の経済的基礎といえます。

第四の特徴は、国際的独占体が形成されて、世界市場を分割していることです。資本の輸出が増大し、巨大な独占体の対外的な結びつきと、「勢力範囲」が拡大するにつれて、巨大独占体の間で世界市場を分割する協定が結ばれ、国際独占体がつくられます。

第五の特徴は、資本主義列強によって、世界の領土的分割が完了していることです。一九世紀末から二〇世紀はじめに世界の領土的分割はほぼ完了します。こうなると、新しく分割しようとすれば、その領土を領有者から奪いとらなければなりません。こうして、世界の再分割のための闘争がはじまりますが、その闘争は戦争以外にありませんでした。ここに帝国主義戦争が起きる根本的で経済的な原因があったのです。

政治的特徴　これまでのべた経済的特徴を基礎に、帝国主義には次のような政治的特徴が生まれてきます。

第一に、民主主義が制限、空洞化され、軍事的・官僚的国家機関が強化されることです。一八四八年のヨーロッパ革命、一八七一年のパリ・コミューン以来、ブルジョアジーの反動性は強まっていましたが、帝国主義の段階になると、国内の階級闘争の抑圧と植民地、従属国の民族的抑圧のために、軍事的・官僚的国家機関が強化され、民主主義の抑圧、形骸化が強まります。

第二の特徴は、対外政策における民族抑圧の植民地主義と侵略主義です。

第三の特徴は、軍事大国化、軍国主義化の傾向です。軍国主義とは、支配階級が推し進める国内の反動的支配と対外侵略のために、巨大な常備軍を中核にとして、国家機構のなかで軍部の比重を増大させ、好戦的イデオロギーの宣伝を強め、政治、経済、文化のあらゆる面で、全国民を侵略戦争に動員する体制をいいます。

②日本帝国主義の成立

日本の帝国主義の成立の特徴は、日清・日露戦争によって、天皇制軍国主義が成立・発展し、朝鮮や中国にたいする侵略と植民地化などの政治的特徴が先行したことにありました。日本が遅れて資本主義の道に入ったため、経済的弱さを天皇制軍国主義の侵略性によって補おうとするものでした。経済的にも、日露戦争直後、三井、三菱などの特権的な大資本が、金融と主要産業部門で優位な地位を占め、各企業を同一系統の資本のもとに結合・支配する「財閥」に成長し独占が生まれてきます。

こうして日本は、日清戦争前後から、帝国主義への移行をはじめ、日露戦争前後に近代帝国主義として成立します。第一次世界大戦後の独占資本主義の確立とともに、近代帝国主義の体制が本格的に確立しますが、絶対主義的な天皇制の軍事的封建的な支配と抑圧に補充されている点に特徴がありました。

2　第一次世界大戦の特徴とアメリカの参戦

①帝国主義戦争としての第一次世界大戦

第一次世界大戦と総力戦　日露戦争の結果、ロシアの国際的地位が低下し、国際政治のパワーバランスが変化します。露仏同盟によってイギリスと世界各地で対立していたロシアとフランスにイギリスが接近し、英仏露の三国協商を結びます。それにたいしてイギリスに対抗するドイツが、オーストリア、イタリアと三国同盟を結びました。アジア・アフリカ・バルカン半島で、両陣営が、勢力圏の拡大と植民地の再分割をめぐって鋭く対立するようになります。

そして、対立の焦点であるバルカン半島で、オーストリア皇太子暗殺事件が起きると、これをきっかけに、第一次世界大戦が勃発しました（一九一四年七月）。第一次世界大戦（一九一四～一八年）はイギリスとドイツの対立を軸とする世界大戦であり、どちらからみても、勢力圏や植民地を奪い合う帝国主義の戦争でした。

第一次世界大戦は長期戦になり、かつて経験がないほど大規模で悲惨なものになります。この戦争は、どちらをみてもその残虐行為と野蛮な行動の点で、少しも優劣がなく、侵略的な帝国主義戦争でした。戦場には六〇〇〇万人が動員され、機関銃、航空機、戦車、潜水艦、毒ガスなどが使用され、おおよそ九〇〇万人の死者がでたのです。かつてない野蛮な戦争でした。さらに、国民が戦場と工場に動員されます。戦争は、あらゆる人的・物的資源を動員するようになり、とくに、国家の経済力や技術力に依存する「国家総力戦」の特徴をもつようになります。

民族運動の大きな成長　この戦争の特徴は、「新たな民族大移動」とよばれるように、植民地・従属諸地域の民衆が大動員されたことにあります。たとえば、インドから約一五〇万人の強制的募兵がおこなわれ、ヨーロッパのイギリス兵一〇人のうち一・三人はインド人でした。さらに、エジプトからは二万五〇〇〇人の輸送部隊がフランスに提供されました。アフリカ人の徴発の規模は、一〇〇万人をはるかに超えたといわれます。

しかし、このような植民地や従属諸地域からの民衆の動員は、植民地体制の矛盾を激しくすることになります。帝国主義諸国は、戦後の「独立」や「自治」の約束や譲歩を与えることによって、このような大量の動員に成功したのであり、このことは同時に、植民地や従属諸地域の民族的自覚を高め、民族の独立をもとめる運動を大きく成長させていくことになるからです。

パレスチナ問題の起点　こうした民族的自覚の高まりのなかで、むきだしの植民地支配が難しくなり、イギリスやフランスなどは一九二〇年に発足する国際連盟からの委任統治というかたちで事実上の植民地支配を継続します。とくにオスマン帝国の一つであったパレスチナ、イラクはイギリス委任統治領、シリアなどはフランス委任統治領に分割され、そのときにつくられた境界線が今日まで中東地域の枠組みになっています。パレスチナでは、一九世紀末にできたシオニズム＝「ユダヤ人国家建設運動」をパレスチナで推進することをイギリスが認め、今日のイスラエルにつながるユダヤ人国家の建設がはじまります。このユダヤ人国家によって、それまで穏やかに生活していたパレスチナの人びとは土地を奪われ、難民化していきます。イギリスはもしパレスチナ支配を放棄することがあっても、このユダヤ人国家を使ってパレスチナでの影響力を保持したいという帝国主義的な野望をもっていました。今日のパレスチナ問題の出発点です。

アメリカの参戦　アメリカの参戦は、第一次世界大戦の動向を大きく左右しました。アメリカは、はじめは中立の立場をとっていましたが、やがて、英仏側との結びつきを強めていきます。アメリカの協商国側への輸出は、一九一三年に約八億ドルであったのが、一九一六年には三〇億ドルになり、逆に三国同盟側へは一億七〇〇〇ドルから一〇〇万ドルに減少しました。さらに、アメリカが参戦するまでに英仏露は二〇億ドル以上の資金をアメリカで調達しており、アメリカに依存しない限り、戦争をつづけることは困難になっていました。そして、一九一七年にドイツが無制限潜水艦戦を宣言するのをきっかけに、アメリカはドイツに宣戦します。戦争は三国協商側の勝利に終わりますが、アメリカの参戦をつうじて、世界の資本主義はもはやアメリカに依存しないでは、その安定を維持することができないことがあきらかになります。

②日本の参戦

日本の参戦と「対華二一ヵ条」　日本は、日英同盟を口実にドイツに宣戦布告し、第一次世界大戦に参戦します。欧米列強がヨーロッパの戦争に全力をあげているときに、中国における独占的な権益を拡大するために、ドイツ領の山東《シャントン》半島の青島《チンタオ》、ミクロネシアなどを占領し、さらに、「対華二一ヵ条」を中国政府に突きつけます（一九一五年一月）。その主な内容は、山東省におけるドイツの権益をすべて日本に譲ること、「満州」、モンゴルにおける日本の権益をまもり拡大すること、さらに、中国政府に日本人の政治・経済・軍事の顧問を採用すること、必要な地方の警察を日華合同にすることなどでした。この顧問の採用は、英米の反発を恐れて撤回しますが、他の要求は、武力で脅しながら中国に認めさせます（一九一五年五月九日）。中国では、この五月九日が「国恥記念日」とされ、抗日運動の出発点になっています。

第一次世界大戦をつうじて独占資本主義へ　日本は第一次世界大戦をつうじて大国の仲間入りをはたし、イギリス、アメリカ、フランス、イタリアとともに五大国の一つになります。開戦当初、日本経済は不況つづきでしたが、やがて戦争景気がおとずれます。イギリスやロシアへの軍需品の輸出が増え、アメリカには再び生糸の輸出が増えます。さらに、中国やアジア諸国には、ヨーロッパ商品にかわって、日本商品が進出していきます。こうして戦前には慢性的輸入超過に苦しんでいた日本の貿易収支は、一挙に輸出超過にかわります。

この時期には重化学工業が大きな発展をとげます。これまでドイツからの輸入に頼っていた染料と医薬品工業、さらに、綿紡績業、製鉄業、造船業などが大きく発展します。この発展によって、工業生産高がはじめて農業生産高を抜いて、日本は農業国から資本主義的工業国へと転化しました。またこのような資本主義の発展のなかで、銀行の役割が増大し、銀行の集中がすすみます。一九一四〜一九年に、普通銀行の預金高は四倍に増えましたが、銀行数はかえって減少し、財閥系主力銀行の比重が高まります。こうして日本資本主義は、第一次世界大戦期の重化学工業や銀行資本の発展によって、独占資本主義の段階へ移行しました。

3　ロシア革命と国際社会の変動

①排外的ナショナリズムに屈服——第二インタナショナルの崩壊

一九一二年、戦争の脅威が強まるもとで、バーゼルで第二インタナショナルの臨時大会が開催され、戦争反対の宣言が採択されました。そのなかで、「プロレタリアは、資本家の利潤や王朝の野望のために、また外交的秘密条約のために、たがいに撃ちあうようなことを、犯罪と感じる」と反戦平和の決意を鮮明にしていました。ところが、第一次世界大戦が勃発すると、交戦国の社会主義政党は戦争に反対せず、「祖国擁護」を理由に、自国政府＝帝国主義政府の戦争遂行を支持してしまいます。第二インタナショナルの指導党と目され、マルクスやエンゲルスとも深い関係にあったドイツ社会民主党の議員団は、戦費に賛成票を投ずることをきめ、さらに同党は声明で「祖国擁護」を訴えたのです。一九一四年八月に参戦したヨーロッパ八ヵ国の社会主義諸党のうち、反戦の態度を明確にして、その態度を貫いたのはロシア社会民主党ボリシェビキ派とセルビア社会民主党だけでした。

一九一五年になると、二月にロンドンで協商国側の社会主義諸党の会議がひらかれ、「祖国防衛」「自国の独立」が宣言されます。プロレタリア国際主義の原則を放棄し、帝国主義政府に協力して「祖国擁護」の立場を公然とあきらかにしたのですから、インタナショナルの自殺行為といえます。戦争にともなう排外的なナショナリズムに屈服したのです。ロシア革命の指導者レーニンは「第二インタナショナルの崩壊」を宣言します。

②ロシア革命の成功

ロシアでは、一九一七年二月（新暦三月）、労働者や民衆の決起で、三〇〇年間つづいたロマノフ王朝が倒れ革命が勝利します。さらに、一〇月（新暦一一月）になると、ロシア社会民主労働党のレーニンらの主導で社会主義をめざす史上はじめての革命が成功しました。

レーニン政府は、「平和に関する布告」を発表し、「無併合、無賠償」による講和を提案します。そして、ドイツとの単独講和を結び、世界戦争から離脱します。また、革命直後に世界で最初に八時間労働制や社会保障制度を導入します。さらに、「ロシア諸民族の権利の宣言」を発表し、帝政ロシアが併合していたバルト三国やポーランド、フィンランドの独立を認めました。またトルコ、アフガニスタン、ペルシア（今日のイラン）に帝政ロシアが略奪した領土を返還します。このことは、社会主義が「平和の体制」であり、民族自決権を保障するものであることを実例でもって証明しており、帝国主義に抑圧されていた諸民族に深い感動を与えたのでした。

一九二二年一二月、ソビエト*社会主義共和国連邦（ソ連）が結成されます。

それではなぜ、発達した資本主義ではなく、遅れた資本主義であるロシアで革命がはじまったのでしょうか。それは四年もつづいた「総力戦」としての第一次世界大戦のなかで、政治や経済、社会の矛盾が遅れた資本主義であるロシアで深刻になっていたことです。「平和、パン、土地」のスローガンにみられるように、戦争の恐怖、食糧危機、圧倒的な比重を占める農民たちの

●ソビエト
元来は助言、忠告、会議、評議会などを意味するロシア語。ロシア革命の過程でストライキを指導する委員会から発展した労働者の大衆的政治組織をソビエトとよぶようになった。

貧困と過剰負担への不満が鬱積していました。そのうえ、重要なことは、ロシアの労働者階級や民衆は一九〇五年の革命を経験し、ソビエト運動を生みだしており、さらに、こうした労働者階級や民衆の願いや不満を的確に組織したレーニンを指導者とする革命政党＝ボリシェビキが存在していたことです。第二インタナショナルに所属していた多くの労働者政党が、「祖国擁護」といって戦争を支持し、排外的ナショナリズムに屈服していたこととの決定的ちがいでした。

ロシア革命の成功は、資本主義が世界全体を支配する時代が長つづきするのでなく、資本主義とは別の道があることを証明しました。これまで運動や理念としてのみ存在していた社会主義が国家や「体制」として存在することになり、世界の労働者や民衆の社会変革のたたかいを励ますことになります。

ウラジーミル・レーニン
（1870～1924）

③ドイツ革命とワイマール憲法

ドイツでも、一九一八年一一月、キール軍港の水兵の反乱をきっかけに革命がおこなわれ、君主制が倒されますが、この民主主義革命を社会主義革命に発展させる運動は、政府と軍部の弾圧によって挫折します。そして一九一九年八月、ワイマール憲法が制定され、国民主権原則による共和制になります。さらに、男女二〇歳以上の普通選挙権が保障されます。最大の特徴は、人権保障規定の斬新さでした。自由権に絶対的な価値を見出していた近代憲法から、社会的生存権を保障する現代憲法への大きな転換がみられたのです。このようにきわめて民主的な憲法でしたが、社会主義の影響がドイツ国内にひろがることを防ぐためにも民主的な憲法を制定せざるを得なかったのです。

さらに、ロシア革命の成功は民族運動にも影響を与えます。世界大戦終了後のパリ講和会議の最中に朝鮮で独立をもとめる運動（一九一九年の「三・一独立運動」）が起こりますが、日本政府は徹底的に弾圧します。さらに、中国でも、講和会議で山東問題における日本の要求が認められると、それに抗議する学生のデモがおこなわれ（五・四運動）、これをきっかけに日本商品ボイコット、労働者のストライキなど中国人民の抗議運動がひろがります。

④「戦時共産主義」からネップへ

軍事干渉戦争と「戦時共産主義」　ロシアで革命が起きると、英米仏日などの一四ヵ国がチェコ軍捕虜の救出を口実に干渉戦争をはじめます。宣戦布告もなく、革命政権を倒すために一三万人の兵力による軍事介入でした。日本は、列強との協議による割り当てを大きく上回る七万三〇〇〇人を東部シベリアに派兵します。しかし、この干渉戦争は失敗し、日本は単独で最後まで居座ろうとしますが、結局、一九二二年一〇月にシベリアから、一九二五年五月に北樺太から撤退しました。

帝国主義諸国の包囲と封鎖のなかで、貧困、食糧難、物資不足、経済の病的衰弱が襲ってきます。ソビエト政府は、赤軍を組織してたたかいながら、「戦時共産主義」とよばれる一連の経済施策を実施しました。たとえば、一九一八年六月の「一般国有化布告」から一九二〇年一一月まで中小企業をふくめて全面的な企業の国有化が実施されます。また、労働力を確保するため、全般的な労働義務制がしかれ、軍隊的な労働規律が実施されます。さらに、一九一九年一月から「食糧割当徴発制」が実施され、国家が必要とする穀物と飼料を農民に割り当て、とりたてていきます。そのうえ、私的商業が禁止され、インフレの進行で貨幣価値が急速に下落し、ほとんど無価値になる事情のもとで、賃金も現物で支払われていきます。こうして全面的国有化、私的商業の禁止、事実上の貨幣の廃止がすすむなかで、一挙に共産主義に接近できるという幻想が生まれてきます。

しかし、この「戦時共産主義」の混乱のなかで、ソビエト政府と農民との矛盾が深刻になります。一九二一年、クロンシュタットの「反乱」のような軍服をきた農民である兵士の反乱が起きます。「戦時共産主義」からの転換が避けられなくなりました。

新経済政策（ネップ）へ　一九二一年、ロシア共産党第一〇回大会は「食糧割当徴発制」を廃止し、食糧税の導入を決定します。農民は所定の食糧税（はじめは物納、後に金納）を支払えば、農産物を自由に処分することができるようになります。農民に農産物の自由な処分を認めるということは、農産物市場の形成と商業の自由化を容認することです。こうして体制の危機につながる農民の不満を解消し、労働者階級と農民の同盟をとりもどす努力がおこなわれます。また国有化された膨大な零細企業の再民有化や国有の施設、油田、鉱山、森林、土地などを内外の資本家への賃貸しなどが推進されます。

この「戦時共産主義」から新経済政策（ネップ）への移行は、体制の危機につながる農民の不満を解消し、計画経済のもとで大胆に市場経済を導入し、生産力を高め、資本主義諸国とも競争できる経済の再建をめざしたものです。しかし、このレーニンらの努力は、レーニンの死去（一九二四年）とその後の権力を掌握したスターリンらによって中断されてしまいました。

⑤コミンテルンの結成とレーニンの最後のたたかい

コミンテルンの結成　一九一九年三月、レーニンの指導のもとで「共産主義インタナショナル」（コミンテルン）が結成されました。当時のヨーロッパは、ドイツ革命によって帝政が倒され、さらにハンガリーでソビエト革命が起きるなどの激動の時代でした。アジアでも、朝鮮の三・一独立運動や中国の五・四運動など民族の独立や解放をもとめるたたかいが高揚していたのです。そのような状況のもとで、革命運動や民族解放のたたかいを成功させるために科学的社会主義の立場に立つ党の創設が急務になっていました。そこで帝国主義戦争に賛成して崩壊した第二インタナショナルにかわって第三インタナショナル＝コミンテルンが結成されたのです。コミンテルンは、各国の党を支部とする国際的組織でした。結成されてから一九三〇年代初頭までは、党の建設や民族解放運動の前進に一定の役割をはたしますが、ソ連が変質してスターリンの独裁体制が確立するなかで、各国の運動の前進を妨げる組織に変貌します。

少数者革命から多数者革命にむけてのレーニンの模索

コミンテルンの創設期のレーニンは、列強諸国の干渉戦争の時期に、少数者革命論の立場に立ち、革命前に多数者を獲得するのは不可能であるとし、一九一九年のコミンテルン結成にあたって、この少数者革命路線をコミンテルン加盟国に押しつけたのです。しかし、期待していた先進国の革命が起きない複雑な情勢のなかで、少数者革命路線からの転換をはかります。

レーニンはコミンテルン第三回大会（一九二一年）で、先進国では「きわめて早急に、革命がおこる」と予期していたが、「われわれが予期したほど一直線にすすまなかった」とふりかえり、「いま必要なことは、革命を根本的に準備し、先進的な資本主義諸国における革命の具体的な発展をふかく研究すること」をこの間のたたかいの教訓としたのです。そのうえで、労働者階級だけでなく、「すべての被搾取・被抑圧者の多数者」の獲得を提起しました。多数者革命にむけての提起でした。

そして、一九二一年のコミンテルン拡大執行委員会とコミンテルン第四回大会（一九二二年）で統一戦線戦術が提起されます。重要なことは、この「統一戦線戦術全体から不可避的な結論として」「労働者政府」の問題が提起されていることです。「労働者政府」は労働者階級の権力の政府ではなく、それに接近する中間的段階の政府であり、統一戦線運動による多様な社会変革の道が模索されていたのです。しかし、このレーニンの努力も彼の死後、スターリンらによって、この「労働者政府」が労働者階級の権力のことであるとされ、中間的段階の政府であることを否定されてしまいます。

4　ベルサイユ体制の成立

①講和条約と国際連盟の発足

ベルサイユ講和条約の締結と国際連盟の発足　第一次世界大戦は、ドイツの降伏によって、一九一八年に終結します。一九一九年のパリ講和会議に、日本はイギリス、アメリカ、フランス、イタリアとともに五大国の一員として参加します。日本が重視したのは、中国山東省のドイツがもっていた利権を引き継ぐことでした。中国における日本への抗議の運動が拡大しますが、六月に締結されたベルサイユ講和条約では、日本がドイツの利権を引き継ぐことになります。また、講和条約では、ドイツの軍備が制限され、ばく大な賠償金を支払うことになります。講和条約によって定められたヨーロッパの新しい秩序をベルサイユ体制といいます。

一九二〇年、アメリカのウィルソン大統領の提唱によって、国際連盟が発足しました。第一次世界大戦の悲惨な体験をつうじて、平和をもとめる集団安全保障という理念にもとづく国際機構が誕生したことはきわめて大きな意味をもっていました。軍事同盟と異なる集団安全保障の理念による画期的な国際機構です。敵も味方もなく同じ国際機構に入り、加盟国への侵略は加盟国全体への侵略とみなし、集団で対処するというものであり、仮想敵をもち、戦争の準備をする軍事同盟とは根本から異なるものでした。

国際連盟は創立から一〇年ぐらいは、小国間の紛争の調停に一定の役割をはたします。しかし、全体としてみると、連盟の活動はそのかかげる目標を実現できず、失敗に終わったといえます。とくに、大国間の戦争を防ぐことができず、第二次世界大戦の勃発を許してしまったことは重大です。また、当時の大国であるアメリカが議会の反対で連盟に参加しませんでした。日本は、一九三三年に満州からの撤退を勧告されて脱退します。ドイツも同じ年に、イタリアは一九三九年に脱退しました。またソ連は、一九三四年に加盟しますが、一九三九年に除名されます。こうして多くの大国が、国際連盟から離れていき、連盟の存在意義がなくなってしまったといえます。こうした国際連盟の失敗の反省をふまえて第二次世界大戦後に国際連合が結成されます。

無差別戦争観から「戦争の違法化」の時代へ　第一次世界大戦の悲劇のなかから、国際政治における戦争観のみなおしがおこなわれます。国際連盟のもとで、一九二八年に不戦条約が成立しました。この不戦条約は画期的な意義をもっていました。不戦条約によって、戦争の違法化と武力行使禁止原則が明確にされたのです。それまでの伝統的な国際法では、ウェストファリア条約（一六四八年）以来、主権国家が単位とされ、その国家利益をまもるための「力」の役割を重視し、国際社会の平和と安全を国家間の勢力均衡（バランス・オブ・パワー）によって保障する考え方が支配的でした。したがって、戦争は悪いことではなく、国家利益と国際秩序をまもるための国家の権利であり、国家の自由であるとされていたのです（無差別的戦争観）。戦争は合法的行為であったのです。ところが、不戦条約によって、戦争は国家の権利であり、自由であるという考え方が否定され、戦争は違法であると戦争観の根本的な転換がおこなわれたのでした。「戦争の違法化」の時代がはじまります。

しかしこの不戦条約には、〝自衛戦争は例外〟という抜け道があったのです。そのため、不戦条約後の戦争は、専ら「自衛」という大義名分で開始されるようになります。この結果、戦争の開始に歯止めがかからず、やがて、第二次世界大戦（一九三九～四五年）の勃発を許してしまうことになります。

②ワシントン体制の成立

アジアでも帝国主義の力関係にもとづく利害調整がおこなわれました。一九二一～二二年にワシントン会議がおこなわれ、戦艦・航空母艦などの保有制限を定めたワシントン海軍軍縮条約、太平洋の現状維持のための四ヵ国条約、中国の既得権益の機会均等（特定の国による権益独占の防止）を定めた九ヵ国条約などが調印されたのです。この結果、日本の中国における独占的地位が否定され、山東省旧ドイツ利権も中国に返還させられます。中国にたいする日本の野望は一時的に挫折します。こうしたアジアにおける新しい秩序をワシントン体制といいます。日本は国際連盟（一九二〇年創設）の常任理事国になり、列強の仲間入りをはたしますが、この時点では英米との協調路線を選択したのです。そして一九二〇年代後半から三〇年代はじめにかけて、中国への本格的な侵略を開始し、ワシントン体制を否定する路線に転換していきます。

こうした英米との協調路線のもとにありながら、日本は中国への武力侵略の野望を強めていきます。中国で国民党と共産党の統一戦線（国共合作）が成立し（一九二四年）、中国の統一をめざす「北伐」（北方軍閥打倒）がはじまると、日本政府は一九二七年の六月と九月に「東方会議」をひらき、対中国強硬政策を決定します。それは「満州」全体を中国から切り離し、日本の支配下に置くというものでした。そのためには日本軍の武力出動もあり得るとされたのです。これ以降、軍部や右翼のなかから「満蒙は日本の生命線」という主張がうちだされてきます。ワシントン体制と日本の中国侵攻政策との矛盾が激しくなっていきます。

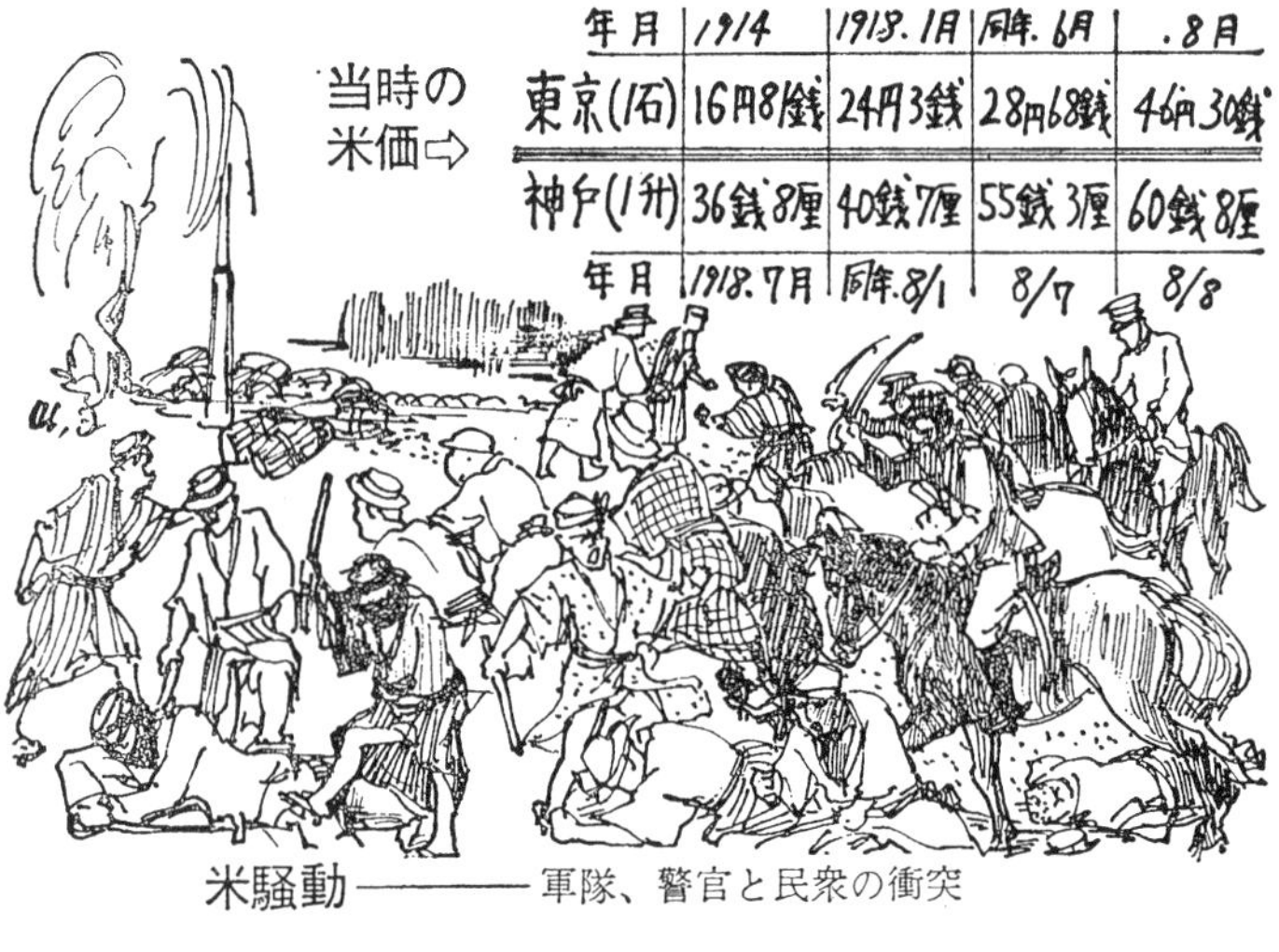

年月	1914	1918.1月	同年.6月	.8月
東京(1石)	16円8銭	24円3銭	28円68銭	46円30銭
神戸(1升)	36銭8厘	40銭7厘	55銭3厘	60銭8厘
年月	1918.7月	同年.8/1	8/7	8/8

米騒動――――軍隊、警官と民衆の衝突

5　日本における本格的な階級闘争の展開

①社会運動の進展と「大正デモクラシー」

第一次世界大戦前後に、「大正デモクラシー」とよばれる民主主義運動が高揚しました。第一次憲政擁護運動（一九一二～一三年）では、藩閥、軍閥の支配に反対し、元老・枢密院・貴族院・軍閥の特権的な力を弱め、日本に議会政治の実現をめざしていました。指導理念が吉野作造の「民本主義」（民衆本位主義）であったように、天皇制の枠のなかでの「民主的改革」をめざしていたのです。こうした民主主義的運動の高揚を背景に、民衆の社会運動が大きく発展します。

一九一八年には全国規模の「米騒動」が起こり、天皇制支配を揺り動かします。さらに、一九一七～一九年にかけて、労働者のストライキが激増します。背景には、物価上昇などによる生活条件の悪化があったのです。また、一九一七年のロシア革命と米騒動が日本の社会運動の復活に大きな影響を与えます。労働組合運動では、相互扶助と労資協調の親睦団体として発足した友愛会（一九一二年）が、労働組合に変貌していきます。一九二〇年五月二日、上野公園において日本で最初のメーデー*がおこなわれ、治安警察法第一七条の撤廃などが要求されます。なぜ二日におこなわれたかといえば、この年の五月二日が日曜日だったからです。また一九二一年七月、団交権・横断組合の承認などを要求して、川崎・三菱両造船所で三万五〇〇〇人の労働者が参加するストライキがおこなわれます。戦前最大規模のストライキでした。

こうした運動の高揚のなかで、「友愛会」が一九二一年に「労働総同盟」に名称変更します。八時間労働制、労働組合運動の自由、治安警察法の「改正」などを主張し、全国的な労働組合に発展しました。

また一九二二年には部落解放を要求する全国水平社が、さらに、農民の最初の全国組織として

●メーデー　毎年五月一日に開催される、全世界の労働者がデモンストレーションによって団結の力と国際連帯の意志を示す大統一行動の日。英語のMay Dayを日本語化。八時間労働制を要求したアメリカ労働者のたたかいが起源。一八八九年、第二インタナショナル（一二一～三頁参照）の創立大会で毎年五月一日を八時間労働制などを要求する国際労働運動の統一行動日に決定。

日本農民組合が結成されます。一九二〇年には婦人参政権を要求する平塚らいてうらの新婦人協会が結成され、翌一九二一年には堺真柄などによるプロレタリア婦人組織の赤瀾会が発足したのです。このような多様な社会運動の高揚のなかで、「大逆事件」以来の「冬の時代」は終わりを告げたのです。

②「階級闘争」の成立と日本共産党の結成

一九二二年七月、日本共産党が非合法に結成されました。労働運動や社会運動の高揚を背景に、一九二一年四月に日本共産党準備員会が結成され、コミンテルンのよびかけで開催された極東諸民族大会（一九二二年一～二月）の合意にもとづいて、同年七月に結成されたのです。一一月のコミンテルン第四会大会で、コミンテルンの日本支部として認められます。日本共産党は、翌一九二三年二月に、第二回大会をひらき、綱領草案を討議し、綱領草案の全体は決定されませんでしたが、「君主制の廃止」「貴族院の廃止」「一八歳以上のすべての男女にたいする普通選挙権」「すべての労働組合、労働者政党、労働者クラブ、その他の労働者組織にたいする完全な団結の自由」「労働者のための八時間労働制」「朝鮮、中国、台湾、樺太からの軍隊の完全撤退」などの「当面の要求」が確認されます。

創立期の共産党は、凶暴な天皇制国家とたたかうために、世界の運動の経験や到達点に励まされ、援助される必要がありました。コミンテルンも、一九三〇年代の前半ぐらいまでは、さまざまな弱点や誤りをもっていましたが、一定の健全さをもっていました。戦前の日本共産党は戦後のような自主的な立場に立っておらず、コミンテルンの弱点や誤りが同党の方針や活動に反映されていました。

天皇制国家は、共産党への弾圧（一九二三年、第一次共産党事件）を開始し、さらに一九二三年九月の関東大震災直後に狂気の大弾圧をおこないます（朝鮮人虐殺、亀戸事件*、大杉夫妻*虐

●亀戸事件
関東大震災の渦中で労働組合活動家が、東京亀戸警察署内で憲兵隊に虐殺された事件。

●大杉夫妻
大杉榮とその内縁の妻である伊藤野枝のこと。いずれも無政府主義者。

殺）。この暴力におびえ、労働運動のなかに「現実主義」を口実に右転落する潮流が生まれました。西尾末広などが典型ですが、日本で社会民主主義、反共主義の潮流が成立します。この反共主義的な右翼社会民主主義が、戦闘化する総同盟から左派的組合と活動家を除名し、総同盟を分裂させます。除名された「左派」組合は、一九二五年、「日本労働組合評議会」（評議会）を結成しました。

日本共産党の成立はきわめて大きな歴史的意味をもっていました。それは、被搾取・被抑圧の労働者と勤労人民が日本の歴史上はじめて、自らの国家権力を樹立することを目的とする組織をもったことです。日本人民の民主主義運動と労働者階級の困難なたたかいの結果として誕生したのです。

こうして日本共産党やさまざまな分野における全国的組織が結成されますが、同時に、一九二二年八月一日、財界の総指令部・日本経済連盟も設立されます。一九二〇年代に日本の階級闘争は本格的な時代を迎えることになります。

学習と討論のテーマ

1　帝国主義とは何でしょうか。
2　ロシア革命の意味、レーニンの最後のたたかいの意味を考えてみましょう。
3　国際連盟の創設、「戦争の違法化」原則の成立の意味を考えてみましょう。
4　日本共産党の創立はどんな意味があったのでしょうか。

第九章　ファシズムと第二次世界大戦

1　世界大恐慌とファシズム*運動の発展

●ファシズム
自由と民主主義を圧殺する専制政治を特徴とする。内政では民主主義破壊、民衆の統合・画一化をはかり、対外的には排外主義的な侵略政策をとる。

①ニューヨーク発の世界大恐慌

世界大恐慌　ロシア革命につづくヨーロッパの革命的危機は、一九二三年秋のドイツ革命の敗北によって終わりを告げ、ヨーロッパ資本主義は相対的安定期（一九二四〜二九年）に入りました。第一次世界大戦を転機として、アメリカは債務国から債権国にかわり、アメリカ資本の海外投資がヨーロッパ復興の梃子ともなっていました。アメリカは世界最大の工業をもち、その工業生産力は資本主義世界のほぼ半分を占め、金保有量は六割を占めていたのです。したがって、世界経済に与えるアメリカの影響は決定的に重要でした。アメリカは「空前の繁栄」の時代に入っていたのです。

ところが、一九二九年一〇月二四日、ニューヨーク株式市場で株の大暴落が起きました。これをきっかけとして、アメリカは全面的な経済恐慌に突入します。アメリカからはじまった恐慌は、たちまち世界にひろがり、世界のあらゆる資本主義国を捉え、あらゆる経済部門におよぶ世界資本主義史上かつてない大恐慌（一九二九〜三三年）になったのです。

資本主義国全体の工業生産力は、恐慌前の最高点から恐慌中の最低点にかけて四四％低下しました。第一次世界大戦以前の恐慌では七％以上の生産減退はなかったのです。各国の工業生産低下率はアメリカ五六％、ドイツ五二％、イギリス三二％、日本三二％であり、さらに、産業部門別では、アメリカの工作機械が八五％減、イギリスの造船業は九〇年前の水準に逆もどりしました。世界貿易は、一九二九～三三年のあいだに、ドルで計算して六五％縮小します（これまでの最大は七％）。そして、恐慌による企業の破産は数万、数十万にたっし、各国に大勢の失業者があふれました。

国家独占資本主義への移行

資本主義諸国は、物価の値下がりを抑え、景気の回復を促進しようとして、農産物を破壊し、生産を削減し、工業施設をとりこわしました。たとえば、一九三三年のアメリカでは、全棉作地の四分の一が、熟した棉とともに掘り返され、五〇〇万頭の豚が政府に買いあげられ、殺されたのです。ブラジルでは、一九三三年までに、二二〇〇万袋のコーヒー（世界年需要額の二倍）が、焼かれたり、機関車の燃料にされたり、海に捨てられたりしました。

こうして大恐慌を脱出するために、独占資本主義は国家との結びつきを強め、国家独占資本主義に転化していきます。アメリカ、イギリスなどは勢力圏を再編成してブロック経済の方向を強め、国内的には公共事業を促進して失業対策にも力を入れていきました。とくにアメリカは、ルーズベルト大統領のもとで、テネシー渓谷開発公社の地域開発事業による失業対策、農業の生産制限と農産物物価の維持などニュー・ディール政策を展開します。これは一方で国家機構を利用して独占金融資本を救済・強化するねらいがありましたが、他方では労働者や国民を救済するという改良的側面をもっていたのです。こ

株の大暴落で不安と興奮が渦まく
ニューヨークのウォール街（1929年10月24日）

パンとスープの分配をうけるデトロイトの失業者

の情勢のもとで、アメリカでは人民のデモクラシー運動が高まりましたが、ドイツ、イタリア、日本などの経済的な矛盾を抱えた国は、ファシズムによって恐慌を乗り切ろうとしました。

②ドイツ・ファシズムとヒトラーの政権掌握

世界大恐慌によって、独占資本主義体制の経済的・政治的危機が深まるにつれて、政治の反動化、軍国主義化が強まりますが、そのなかからファシズムの運動が生まれてきます。

ドイツにおけるファシズムの台頭　ドイツはベルサイユ条約によって、全植民地のほかに、本国領土の六分の一，石炭年産額の三分の一を失い、石炭産地ザールは国際管理下に置かれました。そのうえ、多額の賠償金を支払わなければなりませんでした。この条約によって、ドイツは高度に発達した資本主義国でありながら、外国資本主義に従属するようになったのです。ドイツの支配階級は、この賠償金支払いの負担をドイツ人民に転化し、ドイツ勤労人民への搾取をいっそう強めました。また彼らは、帝国主義諸国間の対立に乗じて、ドイツ帝国主義の復活をはかります。ドイツ人民のベルサイユ条約に反発する民族感情を利用して、排外主義的ナショナリズム、侵略主義の宣伝を強めていきます。このような状況のなかで、ヒトラーのファシズム運動が台頭し、影響力をひろげていきます。

一九一九年に結成されたドイツ労働者党は、やがて国家社会主義ドイツ労働者党（ナチス）と名称を変えていきました。このように、ドイツ・ファシズムは「国家社会主義」の看板をかかげ、あたかも労働者や勤労人民の味方であるかのような社会的デマゴギーを振りまきます。しかし、大恐慌以前には、ナチスは国民のなかで大きな支持を得ることはできませんでした。大恐慌はドイツ社会に深刻な打撃をあたえます。工業生産は、一九二九～三二年の間に四〇％以下に低下し、失業者は一九三二年に六〇〇万人を数えたのです。ドイツ社会の階級的矛盾が極度に激化し、ドイツの革命勢力、とりわけ共産党の影響力が増大していきます。驚いたドイツの支配階級はナチスの運動に全力をあげて援助を与えていきました。

こうして、支配階級＝独占資本や軍部の援助を受けたナチスは、一九三〇年の総選挙で大躍進して第二党、一九三二年七月の総選挙で第一党になり政権をうかがうようになります。ヒトラーは「できるだけ大きな嘘をつけ」「理性でなく感情に訴えよ」とのべ（『わが闘争』）、「反資本主義」「反ブルジョア政党」のポーズをとり、大恐慌に苦しむ中間層、都市小市民、農民、学生・青年、一部の労働者などを引きつけていきました。

統一戦線*の未結成がナチスの権力掌握を許す　しかし、下の表をみればわかるように、共産党も着実に議席を伸ばし、前進していきます。一九三二年一一月の総選挙でナチスは後退し、共産党と社会民主党を合わせれば、ナチスよりも議席が多くなります。一九三二年の夏から秋にかけて、反ファシズムのストライキや大衆運動が発展し、共産党の影響力が増大してファシズム運動が停滞かつ後退します。社会民主党と共産党が共闘を組めば、ナチス政権の樹立を阻止することは不可能ではなかったことがわかります。ところが、一九三三年一月、大統領の直接任命で、ヒトラーを首班とするナチス政権が成立しますが、これはどうしてなのでしょうか。

それは、当時のドイツの労働者階級や人民が分裂していて、統一戦線を結成することができなかったからでした。最大の責任は、社会民主党の右翼的指導部の反共主義的な態度にあったのです。彼らは、党員三〇〇万人のドイツ社会民主党と組合員四五〇万人のドイツ労働組合総同盟を握っていましたが、共産党の再三にわたる反ナチス統一戦線結成の申し入れを拒否し、結果的には、ナチスの政権獲得を許してしまうことになりました。

同時に、ドイツ共産党にも重大な問題が存在していました。それは、かつて社会民主党が政権についたとき、軍部警察権力を使って共産党や労働運動を弾圧したり、さ

●**統一戦線**　階級的な立場の異なる多くの勢力が、共同の目標、共通の利害にもとづいて協力してつくる持続的な共同闘争の体制・組織。

1928〜33年のドイツ総選挙結果

（単位・議席）

政党＼年月	1928	1930	1932.7	1932.11	1933
ナチス	12	107	230	196	288
共産党	54	77	89	100	81
社民党	153	143	133	121	120

らに、ファシズム運動に妥協的であったことから、コミンテルンの指導もあって社会民主主義を「社会ファシズム」と規定し、社会民主党に主要打撃をむけたりしたことでした。それは社会民主党のなかにファシズムに反対する傾向や勢力が生まれてくる可能性をみないセクト主義だったのです。

ナチスの政権掌握　こうした民主勢力の主体的なたちおくれのなかで成立したナチス政権は、一九三三年二月二七日、みずから国会に放火し、これを共産党の「犯罪」にでっちあげて同党を弾圧し、事実上非合法化します。また、「全権委任法」を成立させ、議会にはかることなく立法を自由におこなう権限を手に入れます。さらに、同年五月には労働組合総同盟が、六月には社会民主党が解散させられます。一九三三年七月にはナチス以外のすべてのブルジョア政党が禁止され、翌年には地方議会も廃止されます。このように、各個撃破され、親衛隊と秘密国家警察（ゲシュタポ）による暴力的弾圧と恐怖支配が実現したのです。

③日本における軍部ファシズムの成立

日本でも一九三〇年代に軍部独裁による上からのファシズム＝軍部ファシズムが成立します。大正デモクラシーの結果、一九二四年に野党第一党である憲政会の総裁・加藤高明を首班とする護憲三派内閣が成立し、絶対主義的天皇制のもとで「政党内閣」が実現しました。この護憲三派内閣から一九三二年の犬養内閣までは、多数党の総裁が首相になる慣例がつづきましたが、軍部大臣に政党の力がおよばず、完全な政党内閣制の確立とはいえませんでした。

山東出兵と政党内閣　日本はワシントン体制のもとで、英米協調路線をとっていましたが、政党内閣のもとでも、中国の革命運動への武力干渉を強めていきます。中国では、一九二四年一月に国民党と共産党の統一戦線（＝国共合作）が成立し、反帝国主義、反軍閥の運動が大きく発展します。一九二六年七月以来、蒋介石を総司令とする国民革命軍が張作霖らの北方軍閥打倒の革命戦争＝「北伐」をすすめていました。一九二七年四月に成立した田中義一内閣は在留日本人を「保護」する名目で、二〇〇〇人の兵を山東省に出兵させましたが、国民革命軍の「北伐」の進展が日本帝国主義の「満蒙」（満州とモンゴル）での支配権を脅かすことを恐れた武力侵略でした。このような日本の武力侵略に中国での反日運動は日に日に激しくなっていきます。こうした情勢に対応するため、田中内閣から変わった浜口内閣は、武力侵略はなるべく避け、英米とできるだけ協調し、紛争を政治的に解決して中国における日本の地位をまもろうとします。しかし、軍部、とくに陸軍省、参謀本部、関東軍の中堅将校たちは「満州」の情勢を重視し、はやく武力で占領し、日本の植民地にしなければと考えていました。彼らはワシントン体制からの離脱をめざしていました。

「満州事変」と「満州国」の建国　一九三一年九月一八日、奉天郊外の柳条湖における満鉄線爆破事件によって「満州事変」が勃発しました。これは板垣征四郎、石原莞爾ら関東軍参謀らによる計画的な謀略事件でした。関東軍がみずから爆破しながら、中国軍の仕業だといって軍事行動を開始します。日本政府は不拡大方針をとりますが、軍中央の支持を背景に関東軍はそれを無視して軍事行動を拡大し、「満州」の主要都市を占領します。日本政府と天皇は結局、この関東軍の軍事行動を容認します。翌一九三二年三月、傀儡国家「満州国」を建国します。こうして一九四五年の敗戦まで、足かけ一五年にわたる日本の侵略戦争がはじまったのです。

政党内閣の終焉と軍の支配――ワシントン体制からの離脱　「満州事変」が起きると、「守れ満蒙、帝国の生命線」の大キャンペーンがおこなわれ、そのもとで軍部独裁をねらう「国家改造」の運動が活発化し、一九三二年五月一五日、青年将校らの犬養首相射殺というクーデターが起きました（五・一五事件）。このクーデターは失敗しますが、この結果、大正デモクラシー以来、八年間つづいた「政党内閣」は終わりを告げます。さらに、一九三六年二月二六日、青年将校らの反乱が起き（二・二六事件）、反乱は鎮圧されたものの、軍の政治支配が強められていきました。

「満蒙」の権益独占によって英米との対立が深まり、国際連盟で撤退勧告決議が採択されると、日本は国際連盟を脱退します（一九三三年）。支配層は、列強の中国における権益の現状維持を前提とするワシントン体制を離脱して国際的孤立の道を歩みだしたのです。この危機感を煽り、中国大陸へのいっそうの侵略、そのための「国防国家」の建設がめざされていきました。このために一方において、思想や言論の弾圧が強化されます。一九三三年の滝川事件*、一九三五年の天皇機関説事件*はその典型ですが、弾圧の矛先は、「左翼」だけでなく自由主義にまでおよんでいきます。他方において、治安体制が強化され、一九三一～三三年にかけて治安維持法*による弾圧が戦前のピークを迎えます。とくに一九三三年は、検挙数や検事局受理数は戦前の最高でした。

日中全面戦争の開始と総動員体制の構築

一九三七年七月七日、北京郊外の盧溝橋で日中両軍の衝突事件がおきます。現地で停戦協定が成立したにもかかわらず、近衛内閣の強硬方針で戦争は全面的に拡大されます。日本政府が戦争拡大政策をとった背景には、第一に、「満州事変」の成功に味を占め、中国華北に地方政権をつくって第二の「満州国」をつくるという侵略的野望が存在していました。それが「華北分離政策」といわれていました。第二に、中国の抗日運動の盛り上がりに深刻な危機感をもち、それを軍事力で押しつぶそうというねらいがあったのです。日本の支配層は、一撃のもとに中国を屈服させることができると考えていましたが、完全な見込みちがいでした。中国では、一九三六年一二月の「西安事件*」を契機に、一〇年にわたる内戦が停止され、第二次国共合作によって抗日民族統一戦線が成立していたのです。激しい中国人民の抵抗に遭い、戦争は長期化・泥沼化していきます。日本軍は点（都市）と線（鉄道）を押さえるのが精一杯でした。

日中戦争の全面化のなかで、国民を戦争に総動員する体制（国家総動員体制）が構築されていきます。戦争を持続させるには、反対勢力の弾圧だけでなく、国民の積極的で自発的な戦争協力

●**滝川事件**
一九三三年、鳩山一郎文相が、京都帝国大学法学部の滝川幸辰教授を、彼の刑法学説が赤化思想であるとして罷免した事件。同学部教授団や学生らが抗議運動を起こしたが、当局の弾圧で崩壊した。

●**天皇機関説事件**
一九三五年一〇月、憲法学者の美濃部達吉が主唱した、「大日本帝国憲法下において、天皇は国家法人の最高機関である」とする憲法学説（天皇機関説）が、天皇にたいして不敬にあたるとして右翼・軍部に排撃された事件。美濃部の著書は発禁となり、貴族院議員も辞職させられた。

を組織する必要があったのです。一九三七年一〇月、国民精神総動員運動中央連盟が創立され、「挙国一致・尽忠報国・堅忍持久」の三大スローガンにもとづく「国民精神総動員運動」が開始されます。また一九三八年四月、国家総動員法が公布されました。国家総動員のために必要なあらゆる物資の統制運用、国民の徴用、労働争議や出版物への介入など広範な権限を政府に与える委任立法でした。さらに、国家が労働力を統制するために、労働組合を解散させ、労働者を体制内に統合する必要がありました。一九三八年七月、産業報国連盟がつくられ、「労使一体」「事業一家」の実をあげる「産業報国運動」が開始されます。一九四〇年一一月、全国的な中央機関として大日本産業報国会が発足し、ほとんどすべての労働組合が解散させられ、労働者の無権利状態が生まれたのです。

ファッショ的な総力戦体制の構築　一九四一年一二月八日の日本は、真珠湾攻撃とともに、マレー半島、シンガポール、フィリピン、などアジア全域にわたり、奇襲攻撃を開始しました。こうして中国への侵略戦争の行き詰まりのなかで、ドイツ・イタリアと軍事同盟を結び、アジア・太平洋地域全体を征服する侵略戦争がついに開始されたのです。

このアジア・太平洋戦争をおこなうには、国民を動員する体制をいっそう強化しなければなりません。一九四〇年一〇月、大政翼賛会が発足します。重要なことは、この翼賛会の成立過程で、「バスに乗り遅れるな」と、社会大衆党、政友会、民政党など諸党が先を争って解散したことです。こうして日本共産党以外のすべての政党が解散し、侵略戦争に協力することになります。戦争がはじまると、一九四二年五月の閣議決定で、翼賛会の整備拡充がおこなわれます。第一に、各種の「国民運動」組織（産業報国会、農業報国会、商業報国会、海運報国団、大日本青少年団、大日本婦人の会）を翼賛会の傘下団体として統合すること、第二に、町内会、部落会、隣組は翼賛会の指導する組織とする、ということでした。こうして国民は職域、階層、地域とあらゆるレベルで翼賛体制に組み込まれていきます。翼賛体制の末端機構として、農村に部落会、

●治安維持法
国体（天皇制）の変革や私有財産制度の否認を目的とした結社を組織したり、参加したりすることを取り締まるために一九二五年に制定された弾圧立法。

●西安事件
一九三六年一二月に中国の西安で、中国国民政府のリーダー蒋介石が拉致・監禁された事件。中国共産党の介入によって、拉致された蒋介石が解放され、やがて第二次国共合作が成立した。

都市に町内会が整備され、さらにその下に隣組が組織されます。隣組は、月一回の定例集会である常会をひらき、国民のなかに国策を浸透させていきます。そのほかにも隣組は、住民の登録、配給のための通帳・切符の配布、出征兵士や遺骨の歓送迎、勤労奉仕や防空演習への動員、戦災の証明など多岐にわたる役割をはたします。国民にとって重要なことは、これらの末端機構が食糧や衣料などの生活必需品の配給機構を兼ねていたことでした。国民の死活的意味をもつ食糧や衣料の配給が町内会や隣組をつうじておこなわれたために、その活動への参加は事実上強制的になっていたのです。こうして非同調者を「非国民」「国賊」として徹底的に排除する体制がつくられたのです。このようなファッショ的な体制のもとで、戦争がおこなわれたのです。

2　スターリン専制体制の成立

革命の指導者レーニンが死亡すると（一九二四年）、一九二〇年代末から一九三〇年代に農業の強制的集団化と「大粛清」という「二つの事件」に象徴されるさまざまな誤りによって、ソ連の党、社会、国家が大きく変質しました。社会主義とはまったく無縁な「人間抑圧型社会」への転換でした。

①農業の強制的集団化

第一の事件は、「上からの革命」といわれたネップの中断と農業の強制的集団化です。強制的手段で農民が集団農場（コルホーズ）に組織され、反抗する農民が弾圧され、その財産が没収され、家族ぐるみで追放されてしまいます。当時のソ連の人口の八割は農民でしたから、こうした乱暴な集団化は社会を混乱に陥れていきます。農民の自発性を尊重するという科学的社会主義の基本原則をふみにじる暴挙でした。

工業の分野でも国有化が推進されましたが、労働者のストライキ権や経営参加の権利が否定され、一九三〇年代の後半には、転職や移動の自由が法的に奪われていきます。また大量の囚人労働が工業化に動員されます。

こうした集団化や国有化によって、かたちのうえで、生産手段の社会化が実現したようにみえましたが、その実態は社会化とは無縁でした。生産手段の社会化とは、所有の面でも、管理や運営の面でも、労働者や国民が生産の主体として積極的にかかわることです。かつては一九三〇年代にソ連で社会主義の経済が実現されたといわれていましたが、実際は、きわめて反民主主義的で、非人間的な「経済改革」がおこなわれたにすぎなかったのです。スターリンは工業化を急ぐあまり、こうした暴力的な「改革」を強行しましたが、それは科学的社会主義とはまったく無縁でした。

②「大粛清」による独裁政治

第二の事件は、一九三〇年代半ばからはじまった大量弾圧＝「大粛清」です。乱暴な集団化に党内外から反対がでてきます。それをスターリンは、謙虚に受け止めて反省するのではなく、逆に弾圧によって抑えてしまったのです。一九三〇年代半ばから、多くの無実の人たちが、「帝国主義の手先」とレッテルをはられて殺されていきます。こうした大量弾圧＝「大粛清」によってスターリン独裁体制がつくられていきます。たとえば、ソ連共産党第一七回党大会（一九三四年）選出の中央委員一三九人中九八人が中央委員会から追放されます。「無実の罪」による大量除名、大量処刑が荒れ狂ったのです。

以上のような「二つの事件」に象徴される異常事態のなかで、スターリン独裁の政治経済体制がつくられていきます。ロシア革命以来の社会主義への道が遮断され、「人間抑圧型社会」の構築でした。一九三六年のスターリン憲法はソ連共産党を「社会と国家の指導的中核」と明記していたのです。スターリンは、この事態を正当化するために、一九三七年三月に、社会主義建設がすすめばすすむほど階級闘争が激化し、外部につうじるスパイ活動が激化するという「階級闘争激化」のテーゼを提示し、「人間抑圧」の独裁政治を正当化しました。

3　ファシズム・軍国主義とのたたかい

①コミンテルン第七回大会での路線転換――命令主義的組織への根本的変質

ドイツでヒトラーが権力を掌握し、民主主義と平和の危機がいちだんと深刻になりました。こうしたなかで、一九三五年七～八月にコミンテルン第七回大会がひらかれ、反戦反ファシズムの新方針が採択されます。大会ではファシズムの攻勢にたいして共産党と社会民主主義政党との共同を基礎に広範な諸勢力を結集した人民戦線を結成してたたかうことが強調されます。とくにファシズムの攻撃のなかで、民主主義擁護が共産主義者の任務であることが強調されました。一般的なブルジョア的な階級支配とブルジョア民主主義を区別して、労働者階級と人民のたたかいによって歴史的に勝ちとった民主主義の成果をまもり、拡大することが強調されます。さらに、これまで統一戦線運動の障害であった社会民主主義政党との「上からの統一」を否定する原則がとり除かれました。「上から」と「下から」の努力で統一戦線運動を追求する立場が合意されます。それまであったセクト主義などの転換がおこなわれ、世界的なファシズムとのたたかいに大きな影響を与えました。

問題は、スターリンの指導のもとで強まっていた「社会民主主義主要打撃論」、ファシズムと社会民主主義を同一視する「社会ファシズム論」などのセクト主義への自己批判がまったくなかったことです。あくまでファシズムの登場やそのもとでの社会民主主義の変化など情勢論から運動の転換を根拠づけ、自らの運動の誤りや問題をまったく検討しませんでした。なぜなら、大会でスターリンは表にでませんでしたが、こうした路線転換は、スターリンの承認のもとに、スターリンの主導でおこなわれたからです。スターリン自らが提起した「社会民主主義主要打撃論」や「社会ファシズム論」などはそのままに、一時的に凍結し、運動の必要性から事実上の転換をおこなったのです。したがって、再び、情勢の変化によって、こうしたセクト主義が復活することになります。このようなセクト主義の本格的な克服は、スターリンの死（一九五三年）とスターリン批判まで待つことになります。

より深刻なのは、こうしたコミンテルン第七回大会の路線転換が、先ほどのべたソ連における一九三〇年代半ばからの大量弾圧＝「大粛清」と同時進行したことです。独裁者スターリンが、コミンテルン第七回大会の成功によって、反ファシズムの〝英雄〟として神格化されることになります。世界の民主主義と労働運動の目から同時進行した「大粛清」を覆い隠すことになりました。

さらに重要なのは、大会の最終日に、新たに書記長が設けられ、イタリアのディミトロフが選出されます。書記長とそのもとでの書記局の指導権限が決定的に強まりますが、書記長と書記局がスターリンの直接の支配下に置かれ、コミンテルンをつうじたスターリンの影響力が決定的になります。コミンテルンが上意下達の命令主義的組織に根本的に変質することになります。

②フランス、スペインの経験

フランスの場合　フランスの反ファシズム人民線運動の高揚がコミンテルン第七回大会に大きな影響を与えました。一九三四年一月、スタヴィスキー事件とよばれる金融汚職事件が起きると、フランスのファシストはこれを左翼攻撃と「強力」政府要求の扇動に大きく利用します。二月に、政府によってファシストを支持するパリ警視総監が解任されようとしたとき、ファシストは暴動を起こします（二月六日）。

そしてダラディエ内閣が総辞職し、ファシズムに傾斜したドゥメルグ内閣が成立します。二月六日の暴動で、フランスにもファシズムの危険が迫っていることがあきらかになります。これにたいし、二月九日、共産党のよびかけで、パリで警察の激しい弾圧のもとで、五万人のデモがおこなわれます。さらに、二月一二日には、フランス全土で四五〇万人の労働者がゼネストにたちあがりました。

こうしてフランス人民の反ファシズム運動は大きく発展します。一九三四年七月、共産党のパリ地方委員会と社会党のセーヌ村党組織が反ファシズムの共同集会をもち、共産青年同盟と社会主義青年同盟が全国的な協定を結びます。そして、同年七月二七日、共産党と社会党が反ファシズムの統一行動協定に署名しました。「下から」の統一戦線運動の積み重ねによって、「上から」の統一が可能になり、社共の統一戦線が実現したのです。

一九三六年一月に人民戦線綱領が正式に実現し、同年五月の総選挙で共産党、社会党、急進社会党が参加する人民戦線派が勝利しました。六月には社会党のブルムを首班とする「人民戦線内閣」が成立しました。統一戦線勢力が選挙によって議会の多数を占め、統一戦線政府を樹立し、ファシズムを阻止して労働者・国民の生活と民主主義をまもることが可能であることを実践で示した画期的なできごとでした。この人民政府のもとで、労資両団体の交渉の結果、マティニョン協定が調印されます。この協定にもとづき、団体協約、四〇時間労働制、二週間の有給休暇制にかんする法律が、六月末までに制定されます。第二次世界大戦後に、日本にも有給休暇制度が導入されますが、その発信地がこのマティニョン協定です。

ところが、こうした歴史的意義のある統一戦線内閣が実現したにもかかわらず、フランス共産党はスターリンの強力な指導によって入閣をせず、「閣外協力」にとどまりました。このことが「人民戦線内閣」の右傾化に大きな影響を与えたと思われます。スターリンは、大国フランスの「人民戦線内閣」に共産党が入閣していると、複雑な国際情勢のもとで、ソ連が「柔軟」で自由な対応ができず、ソ連の外交や国家的利害を制約するという判断を強くもっていたと思われます。この結果、人民戦線内閣の右傾化がすすみ、一九三七年二月には人民戦線綱領の「休止」が宣言されます。さらに、スペインの人民戦線内閣へのフランコなどの軍部の反乱に、ドイツやイタリアなどのファシズム諸国が軍事援助や軍事出動などによって介入しているときに、「不干渉」政策をかかげ、反ファシズムの立場を放棄してしまいました。

スペインの場合

スペインでは、一九三一年四月に全国各地で地方選挙がおこなわれ、共和制支持勢力が圧勝します。その結果、スペインを支配していたブルボン王朝が崩壊し、第二共和制が誕生しました。しかし、権力を握った共和主義的ブルジョアジーは、一方では急進化した労働者や農民に、他方では反動的な大ブルジョアジーや大地主にはさまれて、動揺をくり返し、民主主義革命を最後まで徹底させることができませんでした。

その状況のもとで、一九三三年になると、ドイツでのナチス政権の成立に励まされて、ファシズム運動が活発になってきます。一九三三年一一月の国会議員選挙で反動派が勝利し、共和派陣営の保守急進党がファシズムに傾斜したスペイン自治右翼連合（ＣＥＤＡ）との協定にもてづいて政府を組織します。この政府のもとで、「暗

国際義勇軍（テールマン隊）

「ノー・パサラン（奴らを通すな！）マドリードをファシズムの墓場に」

スペイン人民戦線の勝利
（1936年２月の選挙）

い二年間」とよばれる反動期がはじまったのです。一九三四年一〇月には、ＣＥＤＡからも入閣し、政府がいっそうファシズムに傾斜すると、全国的に反ファシズムのたたかいが大きく発展します。三五年五月に、軍の中央参謀総長にフランコが任命され、ファシズムの危険がいちだんと強まりました。

こうした情勢の進展のなかで、共産党系の統一労働総同盟と社会党系の労働総同盟の統一が実現し、青年運動でも統一社会主義青年同盟が誕生します。こうした統一戦線運動を背景に、一九三六年一月、左翼の共産党、社会党と共和派の左翼共和党、共和同盟などの間で人民戦線協定が結ばれたのです。そして二月の総選挙で、右翼と中道派が二〇五議席、人民戦線派は二六八議席を獲得し、大勝します。こうしてフランスより先に史上はじめての人民戦線政府が樹立されますが、共和派だけの脆弱な内閣でした。

これにたいして、七月になるとフランコらファシスト勢力は共和制打倒を旗印に武装反乱を起こし、内戦がはじまります。フランコらはドイツ、イタリアのファシズム諸国に軍事援助をもとめ、両国からは大量の武器がもち込まれ、さらに、ドイツの空軍やイタリアの陸軍部隊が公然と戦闘に参加しました。

人民戦線政府は、六月に成立したフランスの人民戦線政府に軍事援助を要請しますが、フランス政府はイギリス政府と協議のうえ、どちらにも「不干渉」という態度をとり、武器援助を拒否します。それだけでなく、フランス政府が音頭をとり、ヨーロッパ二七ヵ国による「不干渉委員会」をつくります。どちらにも軍事援助を禁止するという合意を原則とする委員会です。ソ連もこの委員会に参加し、なんと反乱軍に軍事援助をしているドイツ、イタリアも参加しますが、この両国の軍事援助を禁止させることはできませんでした。反乱軍への事実上の軍事援助がおこなわれ、合法的な政府には軍事援助が禁止されるというきわめて無法で、ファシズムに融和的な措置が執られたのです。ドイツ空軍のゲルニカへの集中爆撃によって、市民の大部分が殺傷される悲劇が起きたのも（一九三七年四月）、この委員会の活動の最中でした。ピカソの《ゲルニカ》はこの惨状を告発したものです。

一九三六年九月、内閣交代によってラルゴ・カバリェロ政府が成立します。一九三六年二月以来、人民戦線内閣は共和派の単独政権でしたが、共和派、社会党、共産党が参加する人民戦線内閣が実現したのです。スペイン共産党は、資本主義国ではじめて政権に参加することになります。この人民戦線内閣のもとで、本格的に共和国防衛のたたかいがおこなわれ、その過程で、共和国に忠誠を示しつづけた幹部将校、兵士を中心に新しい人民軍がつくられ、さらに、国家機関の民主化がおこなわれます。

国際政治の焦点になったスペイン内乱に世界各国からの義勇兵が派遣されます。「国際旅団」が編成され、各国の共産党やスペイン支援組織がよびかけをおこない、共産党員だけでなく、さまざまな人が反ファシズムと国際連帯の熱き思いを抱きながら、共和国防衛のたたかいに参加したのです。この義勇兵に日本人のジャック白井が参加していました。

スペインの民主共和国は、一九三六〜三九年の激烈で英雄的なたたかいにもかかわらず、一九三九年三月、首都マドリードが陥落し、ついに崩壊します。

③中国の経験

中国では、孫文が国民党を創設し（一九一九年）、北方軍閥を倒し、中国の統一をめざす「第一次国内革命戦争」がおこなわれますが、一九二四年に共産党と協定を結び（第一次国共合作）、国民党と共産党の統一戦線による革命運動が進行していました。ところが孫文の死後、国民党の主導権を掌握した蒋介石は、一九二七年四月、上海でクーデターを起こし、共産党員の大量虐殺がおこなわれます。これ以降、共産党は国民党政権とのたたかいに転換し、そのもとで各地の農民の蜂起をもとに農村に革命根拠地をつくり、やがて、一九三一年一一月に江西《こうせい》省南部でソビエトの全国大会をひらき、瑞金《ずいきん》を首都とする中華ソビエト共和国の設立を宣言します。蒋介石政権は、日本の侵略より、革命根拠地を壊滅させる攻撃に全力をあげます。中国国内での内戦が激しくなります。

そういうなかで、一九三一年九月に「満州事変」が起こり、翌年三月に「満州国」がつくられ、中国東北部全域での日本の侵略的支配が拡大しました。「内戦の中止」「抗日勢力の統一」をもとめる中国の知識人、青年、学生らの運動が起こり、大きな世論になります。しかし、蒋介石らは、「抗日のためにもまず国内の統一」といって、日本の侵略とたたかわず、革命根拠地と共産党への軍事攻撃を優先させました。共産党も、この「満州事変」以来の状況の急激な変化に充分対応できませんでした。しかし、この国民党軍の攻撃とたたかいながら、新しい革命根拠地をもとめる「大長征」をおこない、中国西北地方、陝西省北部に到達します。またこの「大長征」のなかで毛沢東の主導権が確立します。

そして、共産党は、一九三五年のコミンテルン第七回大会開催中の八月一日に「抗日救国のために全国同胞に告ぐるの書」を発表し、内戦をやめて、救国抗日のために大同団結することをよびかけました。さらに、一九三六年八月には、「中国国民党にあてた書簡」では「内戦の停止」と「新たな国共合作」をもとめる中国共産党の新路線がうちだされます。蒋介石政権の打倒を目標とする「反将」路線から同政権との抗日連合を目標とする「連蒋」路線への転換でした。そして、一九三六年一二月には、「西安事件」によって、中国共産党指導部が蒋介石を救いだすことによって、再び国共合作が成立します。一〇年にわたる内戦が停止され、抗日民族統一戦線が成立したのです。

こうして、一九三七年以降、「第二次国共合作」が成立しますが、スターリンは蒋介石政権を中心にして中国の解放を考えており、中国共産党との路線のちがいが浮き彫りになります。

4　反ファシズムから独ソ連携への転換

①独ソ不可侵条約と「秘密議定書」

国内で独裁体制を確立したスターリンは、ツァーリズム時代の大国ロシアの復活に強い意欲をもっていました。コミンテルン第七回大会の成功によって、ドイツの侵略に備えて反ファシズムの国際政策を追求しますが、スペイン内乱でのフランコら反乱軍の勝利、そしてフランスやイギリスの「不干渉政策」の拡大などの国際情勢の新しい展開のなかで、スターリンは反ファシズムにかわる新しい国際政策を模索するようになります。スターリンは、ロシア革命までロシア帝国の領土であった東ヨーロッパやバルト海沿岸の領土回復に強い意欲をもっていました。そのためには第一次世界大戦でつくられたヨーロッパの国際秩序が障害でした。これをとり除くには、反ファシズムの枠組みのなかで英仏と連携するより、ドイツとの連携が避けられなくなります。一方、ヒトラー側も、ドイツ帝国の再建強化にとって、同じような思いがあり、侵略によって、英仏側とたたかうにはソ連の利用が不可欠でした。

この両者の思惑が一致して、独ソの接近が強まり、一九三九年八月、独ソ不可侵条約と「秘密議定書」が締結されます。当時、国際政治の焦点であったポーランド危機で、ドイツがイギリス、フランスと戦争をはじめても、ソ連はイギリス、フランスと手を組まないことになります。これはナチス・ドイツに反対してたたかっていた世界の民主主義運動に大きな混乱をひき起こしました。四年前のコミンテルン第七回大会で反ファシズム人民戦線の方針が決定され、世界の民主主義運動を励まし、ソ連外交もこれに沿っていたからです。スターリンは不可侵条約が締結されると、コミンテルンをつうじて世界の共産主義運動にその無条件支持を押しつけ、世界の運動を混乱させました。こうした転換は、一九三〇年代にスターリン独裁体制が構築されていたことによって、はじめて可能になったのです。

さらに重要なことは、不可侵条約と同時に結ばれた「秘密議定書」です。これは公表されず秘密にされていましたが、ソ連とドイツの同盟関係の成立を示していました。このなかで、有事のさいのポーランド分割やバルト諸国のエストニア、ラトビアのソ連への併合がきめられ、その後、リトアニアも併合されることになりました。独立国が六ヵ国も存在する広大な地域を分割する秘密条約は史上はじめてのことでした。「秘密議定書」の締結は、ソ連が社会主義と無縁の覇権主義国家になったことを示す歴史的転機となりました。ソ連政府が「秘密議定書」の存在を認めたのは、一九八九年一二月、ソ連崩壊直前のゴルバチョフ政権のときでした。

②ポーランドの抹殺

一九三九年九月のナチス・ドイツがポーランドに侵入し、イギリスとフランスがポーランドへの保障義務をまもって参戦します。第二次世界大戦がはじまることになります。ドイツは「秘密議定書」にそって、ポーランドを東西に分割するため、ソ連にポーランド東部への侵攻を促します。ソ連は、九月一七日にポーランドへ侵攻します。ソ連は「ポーランド国家とその政府は事実上存在を停止した」「ポーランドに在住する兄弟たち」への救援をという声明を発表して侵攻を正当化します。そして、双方の軍事行動が進行するなかで、スターリンは八月の「秘密議定書」の改定を申し入れ、九月二七〜二七日の会談で新しい条約「独ソ境界ならびに友好条約」が締結されました。その内容は、ポーランドを分割するだけでなく、ポーランド国家の廃止しようというものでした。ポーランドの西部をドイツが、東部をソ連が併合してしまうという内容です。さらに「秘密議定書」ではバルト三国のうち、リトアニアはドイツの勢力圏とされていましたが、リトアニアをふくむバルト三国全体をソ連の勢力圏にするという要求です。ドイツはそれを受け入れました。

さらに、一九三九年九月二八日の独ソ会談では、「独ソ両政府宣言」が発表され、開始された第二次世界大戦の責任がイギリス、フランスにあると強調されました。こうして、ヒトラーとスターリンの手によって、ドイツ・ファシズムの侵略を支持する独ソの政治的連携がつくられたのです。この後、一九四一年に独ソ戦がはじまるまで、「反ファシズム戦争」「ヒトラー主義打倒」というスローガンが古くなった、まちがいであるということが世界の民主主義運動に押しつけられ、運動のはかりしれない混乱をひき起こすことになります。

5　戦争の勃発とその歴史的意味

①局地的戦争の開始

一般的に第二次世界大戦は、一九三九年九月のナチス・ドイツのポーランド侵入によって開始されたと説明されています。たしかにドイツのポーランド侵入によって、戦争がヨーロッパ全域に拡大されました。翌一九四〇年には、ドイツはデンマーク、ノルウェー、オランダ、ベルギーを征服し、同年六月、フランスに侵入してパリを占領します。この意味で、一九三九年にヨーロッパ全域で戦争がはじまりました。しかし、第二次世界大戦の開始をみるうえで大事なことは、第一に、すでにアジアとヨーロッパで世界大戦につながる局地的な戦争がはじまっていたこと、第二に、このアジアとヨーロッパの戦争が合流したのが、一九四一年の独ソ戦やアジア・太平洋戦争の勃発であったことです。

第一にかんしていえば、アジアでは「日本帝国」が「満州事変」（一九三一年）をひき起こし、一九三七年には中国にたいする全面的な侵略戦争を開始しています。ヨーロッパをみると、イタリアがエチオピアを征服し（一九三五～三六年）、スペイン革命にドイツ・イタリアが武力干渉します（一九三六～三九年）。日本・ドイツ・イタリアの三国は、「生命線」や「生活圏」の確保のスローガンのもとに、世界の再分割をもとめる侵略戦争を開始しました。そして一九三六年に日独防共協定が締結され、翌年にはイタリアが参加して「ベルリン・ローマ・東京枢軸」が成立したのです。一九四〇年には、日独伊三国軍事同盟に発展します。

②実質的な世界戦争＝一九四一年

第二にかんしていえば、実質的に世界戦争に発展したのは一九四一年だということです。同年六月にドイツのソ連侵略で独ソ戦がはじまり、一二月にアジア・太平洋戦争が勃発しました。局地的にすすんでいたアジアの戦争とヨーロッパの戦争が結合し、文字どおり世界戦争に拡大されたのです。戦争は、日本、ドイツ、イタリアの枢軸国陣営とイギリス、アメリカ、ソ連を中心とする連合国陣営との争いになります。

一九四二年一月、米英ソを中心とする「連合国共同宣言」が発表されます。この宣言のなかで、一九四一年八月のローズヴェルト米大統領とチャーチル英首相の会談でだされた「大西洋憲章」の目的と原則（領土不拡大、民族自決権の原則、など）に賛意を表するとされていました。さらに、一九四三年一一月、エジプトのカイロで、米英中三国の首脳会談の合意にもとづいて「カイロ宣言」（発表は一二月）がだされ、日本が侵略によって得た領土の略奪・返還、朝鮮の独立など降伏後の領土処理案を示し、日本の無条件降伏までたたかう決意が表明されています。この内容は、一九四五年七月の「ポツダム宣言」に引き継がれています。

こうして「反ファシズム国際連合」が成立し、ファシズムと反ファシズム民主主義連合の戦争としての特徴を強めていくことになります。

③独ソ政治連携から独ソ戦へ

独ソ政治連携の破綻　ドイツはポーランドへの侵略をはじめると、一九四〇年にはパリを占領します。残るはイギリスですが、そう簡単ではありません。ヒトラーはイギリスを倒すには、イギリスが頼りにしているソ連をまずたたく必要があると決断します。イギリスを降伏させるために、その前にロシアをなるべくはやく降伏させなければと判断したのです（一九四〇年七月の極秘の軍首脳会議）。しかし、ソ連とは不可侵条約を結んでおり、この大がかりの軍事侵攻作戦は秘密に準備しなければなりません。ヒトラーは、一九四〇年のベルリン会談で同年に締結した日独伊三国軍事同盟をソ連を加えた四ヵ国同盟に発展させ、イギリスを壊滅させたあと、「破産した大英帝国の巨大な遺産」を再分割しようとソ連を誘惑しました。スターリンはこのヒトラーの提案を受け入れる決断をしたのです。ヒトラーは、密かにソ連侵略の準備をおこないながら、ソ連をさらなる世界の再分割に誘導する作戦を展開し、覇権国家ソ連がそれにはまってしまったのです。スターリンは、一九四一年六月のドイツの電撃作戦直前まで、ドイツの侵略は当面ないという幻想をもっていました（不破哲三著『スターリン秘史』③参照）。

独ソ戦の開始――ソ連が反ファッショ連合に復帰　一九四一年六月二二日、ドイツ・ファシズムがソ連への侵略を全国境線で開始します。スターリンとソ連にとって、予測をしない不意打ちで、組織的な反撃もできず、多大な犠牲を被りながら大きく後退します。一九四一年一二月のモスクワ防衛戦でドイツ軍をうち破ったことが大きな転機になります。米英からの軍事援助も開始され、米英ソの同盟が成立します。一九三九年以来の独ソ連携が壊され、ソ連が反ファシズム陣営に復帰します。とりわけ、一九四二～四三年にかけてのスターリングラードの攻防戦で、ドイツ軍をうち破ったことが、第二次世界大戦全体のなかでも決定的な転換点になります。この勝利の要因は、祖国をまもるためにたたかった赤軍兵士、多くの市民たちの英雄的な奮闘があったのです。

一九四四年六月、懸案であった「第二戦線」が連合軍のフランス西海岸でのノルマンディー上陸作戦でひらかれ、パリが解放され、ドイツ軍の敗北を決定的にしました。

④第二次世界大戦の性格とその歴史的意味

それでは第二次世界大戦はどのような性格の戦争だったのでしょうか。

ファシズムと反ファシズム民主主義との戦争

簡潔にいえば、全体として、ファシズムと民主主義の戦争であったことです。ファシズムとは、専制政治によって自由と人権、民主主義を圧殺し、対外的には、支配圏の暴力的な拡大によって、世界の再分割をもとめる運動や体制です。このファシズムと反ファシズム民主主義連合との戦争であったのです。

この反ファシズム民主主義連合は、二つの側面から成り立っていました。一つは、米英ソを中心とする「国家連合」です。一九四二年一月の「連合国共同宣言」によって、この「国家連合」が成立したことが、ファシズムや軍国主義をうち破る大きな要因になりました。もし、この「国家連合」が成立しなかったら、戦争はもっと長引き、最悪の場合、ファシズムの勝利さえあり得たかもしれません。そうなれば、戦後世界のあり方もいまとはかなりちがったものになったかもしれないのです。

反ファシズム民主主義連合には、もう一つの側面がありました。それは民衆が戦争に参加し、反ファシズム「国家連合」を支えたことです。レジスタンスやパルチザン、抗日民族運動などファシズムに反対する民衆のたたかいが「国家連合」と結びつき、それを支えたのです。ファシズムの非人間的な野蛮な行為にたいし、「神を信じるものも信じないもの」も、ともに命を賭けてたたかったのです。第二次世界大戦では、反ファシズム「国家連合」と民衆のたたかいが結合しており、そのことがファシズムをうち破る原動力になりました。

同時にみておくべきことは、中国の抗日民族運動にみられるように、第二次世界大戦は、帝国主義の民族的支配に反対する従属諸地域の民族解放戦争としての特徴を備えていたことです。

「帝国の論理」や「大国の論理」も

た全体としては反ファシズムの戦争でしたが、勢力圏の拡大や分割をねらう「帝国の論理」や「大国の論理」も存在していました。たとえば、一九四四年一〇月の英首相チャーチルとソ連首相スターリンとの間で合意された「パーセンテージ協定」があります。東欧・バルカン諸国にかんして、チャーチルの勢力比率の提案にたいして、スターリンが若干の修正を加えて合意されたのです。

反ファシズム連合のなかにこうした勢力分割をねらう「帝国の論理」や「大国の論理」が存在していました。戦争が終末を迎えてくるとかなり露骨になってきます。一九三九年の「秘密議定書」以来の東ヨーロッパの勢力圏化というスターリンの野望をみてとることができます。一九四五年二月のヤルタ会談*における千島列島の日本からソ連への割譲というアメリカとソ連の秘密協定も「帝国の論理」なり「大国の論理」そのものです。これはナチス・ドイツの降伏後、対日参戦を強くもとめるアメリカの要請にソ連が応じる代償として合意されたものでした。

6　第二次世界大戦の終結

①ファシズム・軍国主義の敗北

第二次世界大戦は、一九四三年にイタリア、一九四五年五月にドイツが降伏し、同年八月に日本が「ポツダム宣言」を受諾して終結しました。五千数百万の犠牲を払いながら、ファシズムや軍国主義の敗北で終わったのです。先ほどものべたように、ファシズムや軍国主義の侵略をうち破ったのは、反ファシズム国際連合の力でした。そして重要なことは、この反

●ヤルタ会談　第二次世界大戦末期の一九四五年二月、ソビエト連邦内クリミア半島のヤルタで開催された、米英ソによる連合国首脳会談。ソ連対日参戦と国際連合の設立などについて協議された。

ヤルタ会談。（左から）イギリスのチャーチル、アメリカのルーズベルト、ソ連のスターリン

ファシズム連合の国際的枠組みが戦後の冷戦が本格化するまで存続したことです。内部に矛盾を抱えながら、この枠組みが存在したことが、日本の民主化を可能にしたのです。日本国憲法もこの国際的な枠組みの存在のもとで成立しました。

②「ポツダム宣言」の受諾と日本の敗戦

「ポツダム宣言」の発表と広島・長崎への原爆投下

一九四五年七月二六日、「ポツダム宣言」が発表され、連合国は日本の無条件降伏をもとめてきました。アメリカ、イギリス、ソ連の三国首脳がベルリン郊外のポツダムで会談し、日本の降伏条件をまとめて発表したのです。「ポツダム宣言」は、最初はアメリカのトルーマン大統領、イギリスのチャーチル首相、中国の蒋介石の連名で発表され、八月八日の対日参戦後にソ連も公式に参加します。この宣言は、反ファシズム連合国の綱領的宣言というもので、日本の軍国主義の一掃、連合国の占領、日本軍の完全な武装解除、戦争犯罪人の処罰、民主主義の徹底などが明記されていたのです。日本政府はこの「ポツダム宣言」を「黙殺する」と言明します。アメリカはこの態度を拒否声明とみなし、これを口実に、八月六日に広島、九日に長崎に原爆を投下しました。一瞬のうちに広島で二〇万人、長崎で一〇数万人が殺傷されたのです。またソ連は、八月八日に対日参戦しました。

「国体護持」と天皇の「聖断」

政府は「ポツダム宣言」受諾に動きだします。しかし、日本の支配層のなかで、対立が激しくなかなか結論がでませんでした。主に国体護持だけを条件にするのか、それともそのほかに軍隊の自主的武装解除、戦争犯罪人の国内処理、保障占領はしない、の三条件を加えて四条件にするかという対立でした。前者は主に重臣層の意見であり、後者は軍部の意見でした。最高戦争指導会議は、八月一〇日、国体護持のみを条件にすることをきめます。日本政府はポツダム宣言が天皇の国家統治の大権を変更する要求をふくんでいないものと了解して受諾すると連合国に申し入れます。しかし、連合国の回答は、「天皇及び日本国政府の国家統治の権限は、降伏条項の実施のため、その必要と認むる措置を執る連合国最高司令官の従属の下に置かるるものとす」（バーンズ回答）というもので、日本政府の申し入れをまったく無視していました。日本の外務省は、この「従属の下に」を「制限の下に置かれる」と意図的に誤訳し、「国体は護持された」としたのです。こうして八月一四日の御前会議で天皇の「聖断」で「ポツダム宣言」受諾が正式に決定されました。天皇側近や重臣層は、軍部を天皇の「聖断」で抑え、「ポツダム宣言」受諾を決定したのです。翌一五日、国民は天皇の「玉音放送」で敗戦を知らされたのでした。

二重の悲劇と軍国主義のシステム　「ポツダム宣言」を受諾して、日本が降伏することによって第二次世界大戦が終結しました。日本は一九三一年の「満州事変」から足かけ一五年の侵略戦争をやったことになります。この敗戦は、明治維新以来、戦争と植民地支配によって近代化をめざした基本路線の挫折ともいえます。この一五年にわたる侵略戦争によって、アジアでひき起こした惨害は、言葉につくしがたいものでした。日本の侵略戦争によるアジア・太平洋諸国の犠牲者は二〇〇〇万人以上になり、とくに最大の被害国である中国では一〇〇〇万人以上になります。この意味で天皇制軍国主義の日本に戦争責任があることはいうまでもありません。そのうえで、日本の支配層の戦争犯罪とともに、民族としての加害責任があることを強く自覚しなければならないと思います。

もちろん、日本国民の犠牲も多く、三一〇万人の犠牲者がでています。沖縄戦、原爆の投下、シベリア抑留などをみても、日本国民も犠牲者であると思います。日本国民は、野蛮な天皇制軍国主義のなかで、政治から排除され、自由と民主主義を奪われ、戦争に動員されたのです。日本人の犠牲者のうち、軍人軍属は二三〇万人でしたが、歴史家藤原彰の研究によると、その六割以上が戦死ではなく、餓死であったとされています。補給無視の作戦参謀の独善横暴がその原因とされますが、そこには兵の命を何とも思わない〝人間性の欠如〟が示されています（『餓死《うえじに》した英霊たち』青木書店参照)。日本の支配層の日本国民への戦争責任の問題といえます。

こうしたことから、日本国民は、アジアへの加害責任と戦争の犠牲者としての両面をもっているのです。この両面をどう関連づけてみるかが重要です。結論的にいえば、まさに軍国主義というシステムは、本来被害者である国民＝民衆に加害的役割を余儀なくさせてしまうのです。この加害と被害という二重の悲劇を生みだす軍国主義のシステムの恐ろしさと問題性を深く理解し、この復活を許さないことがこれからの日本国民の歴史にたいする責任といえます。

学習と討論のテーマ

1 ファシズムとは何でしょうか。ドイツでなぜファシズムが勝利したのでしょうか。
2 日本の軍部ファシズムの特徴はどこにあったでしょうか。
3 一九三〇年代にソ連が覇権国家、人間抑圧型社会に転換してしまったことを議論しましょう。
4 ソ連がドイツとの連携から独ソ戦を機に、反ファシズム陣営に復帰したことの意味を考えてみましょう。
5 第二次世界大戦の基本的性格を確認しましょう。
6 「二重の悲劇と軍国主義のシステム」という視点から、日本の戦争体験の意味を議論しましょう。

V

第二次世界大戦後の世界

――現代社会の確立

第一〇章　第二次世界大戦の終結と現代社会の確立

1　戦後国際社会の時代的特徴

①戦後国際社会に提起された三つの課題

第二次世界大戦は、戦後の国際社会にどのような問題を提起したのでしょうか。第二次世界大戦と戦後社会の関連を考えるうえで大事な問題になります。

第一に、破滅的で野蛮な戦争をひき起こしたファシズムや軍国主義を二度と許さないことです。ナチス・ドイツのユダヤ人の大量殺戮＝「ホロコースト」や日本軍国主義の「南京大虐殺」や「三光作戦」など、殺戮が計画的かつ組織的におこなわれました。このような悲劇をくり返さないためには、ファシズムと軍国主義の復活を許してはならないことです。そのためには、自由と民主主義の再建が重要な課題になったのです。民衆の自由と人権が保障され、民衆が主体的に政治に参加し、民衆が中心になる政治的民主主義の再構築が不可欠になっていました。

第二に、ファシズムや軍国主義の社会的基盤を克服するために、民衆の生存権を保障する社会改革が不可避になっていることです。ファシズムとのたたかいのなかで、神を信じるものも信じないものも、共同でファシズムとたたかいました。そのなかで、ファシズムへの幻想が貧困と生活不安から生まれたという反省から、ファシズムを倒した後の民衆の生存権をどうするのかという課題が提起されたのです。イギリスでは、一九四二年一二月、戦後のイギリスの社会福祉体制の原点ともいえる「ベヴァリッジ報告」がだされます。フランスでは、レジスタンス諸勢力が結集して結成された「全国抵抗評議会」（一九四三年）の綱領に、真の経済的社会的民主主義の樹立が提起されます。こうした流れは、戦後の国際連合総会で採択された「世界人権宣言」に結実しました（一九四八年）。民主主義をたんに政治的な民主主義とするのでなく、経済的な民主主義との結合で理解する発展がみられたのです。

第三に、二度と破滅的な世界戦争を起こさないために、平和の国際機構をつくるという課題です。具体的に反ファシズム国際連合を母体として、国際連合（国連）が発足します。一九四五年六月に国連憲章が制定され、一九四六年一月、ロンドンで第一回国連総会がひらかれました。国連の最大の目的は、「紛争の平和的解決」にあります。そのために「正義および国際法の原則」による平和の秩序の構築がめざされ、「武力による威嚇又は武力の行使」が禁止されています。一九二八年に締結された不戦条約を継承し、「戦争の違法化」原則が具体化されたのです。そして、広島・長崎の被爆体験をふまえて、国連総会の第一号決議（一九四六年一月二四日）は、「原子兵器などいっさいの大量破壊兵器の廃棄」にとりくむ決意を示した核兵器廃絶の決議でした。

第二次世界大戦は、以上のような三つの大きな問題を戦後の国際社会に提起しました。この問題にどう対応するかが戦後社会の基本的なテーマになります。

②民主主義の発展と民族解放の前進

第二次世界大戦の結果、国際社会は大きく変化しました。この変化をみないと、戦後社会を深く理解することはできません。

民主主義が大きく発展し、民族解放が飛躍的に前進しました。ファシズムとの死闘によって民主主義が勝利した結果、民主主義が普遍的な制度や考え方になります。政治制度の面では、世界的に君主制から国民主権を原則とする民主共和制への転換がすすみました。また人権の面でも、先ほどものべたように、市民的政治的自由とともに、社会保障や生存権が国際社会で民衆の権利として一般化していきます。一九四八年の「世界人権宣言」は、国民の社会的権利として社会保障を位置づけています。民族解放も大きくすすみます。アジアではベトナムが日本の敗北を契機に、一九四五年九月にベトナム民主共和国の独立宣言を発表します。ビルマ、フィリピン、インドネシアも独立し、一九四九年には新中国が成立しました。植民地体制の崩壊がはじまったのです。こうして国民主権、基本的人権、民族の独立が世界的な主な流れになったのでした。

③国連の発足

反ファシズム国際連合を母体として国連が発足しました。国連の理念は集団安全保障です。集団安全保障とは、軍事同盟の前提としての「仮想敵」という考えを否定し、すべての国（敵も味方もなく）の参加によって集団的な安全保障の体制をつくり、その体制内部の相互の努力によって侵略を防ぎ平和をまもるというものです。国連の機構をみると、安全保障理事会（安保理）の権限が決定的であり、五大国（アメリカ、イギリス、フランス、ロシア、中国）が常任理事国になっています。常任理事会の決定は五ヵ国一致方式になっています。ここには、戦前の国際連盟が大国間の対立を調整して大国間の戦争を防ぐことができなかったという反省が存在しており、反ファシズム戦争をたたかい、ファシズムをうち破るうえで、五大国の共同が重要であったという歴史的事情が反映しています。またこの五大国に戦前、大国の半植民地であった中国が入っていることは、植民地体制崩壊という新しい時代の出発を象徴していました。しかし、その後の冷戦の時代になると、五大国に与えられた「特権」が国連の活動に大きな制約を与えることになります。この点は現在、国連改革の大きな検討課題になっています。

④ニュルンベルグ裁判と東京裁判*

新たな戦争犯罪カテゴリー（範疇）の確定　国際社会は、このような戦争の苦難とむき合い、

●**ニュルンベルク裁判・東京裁判**　前者はナチス・ドイツ、後者は日本を対象に、それぞれの戦争犯罪を裁いた国際軍事裁判。

「戦争の違法化」を具体化する国際法の整備やシステムの構築を追求してきました。その出発点は、第二次世界大戦における戦争犯罪を裁くニュルンベルク裁判（一九四五年一一月開始）と東京裁判（一九四六年五月開始）でした。これは、史上はじめての国際軍事裁判です。

当時の連合国（米英仏ソの四ヵ国代表）は、これまで体験したことのない戦争犯罪とその戦争指導者を裁くために、一九四五年八月、ロンドン協定を締結し、従来の「通例の戦争犯罪」に加えて、侵略戦争の計画、準備、開始、遂行などの「平和に対する罪」、平時における自国民虐殺などの「人道に対する罪」を新たな戦争犯罪としたのです。ここで大事なことは、従来の「戦争犯罪」では解決できない破滅的現実が第二次世界大戦で生みだされ、それに対応するために、国際社会の合意として新たな戦争犯罪のカテゴリーが確定したことです。たとえば、「平和に対する罪」によって、日本の戦争指導者が裁かれましたが、これは、不戦条約などによって「戦争の違法化」原則が生まれながら、違法な戦争を開始した国家指導者の責任が問われないというこれまでの国際法の欠陥を克服するものであったのです。また、ニュルンベルク裁判では、戦争犯罪を「上官の命令」といういいわけは認められないという法原則が示され、その後の国際法でこの原則がほぼ確立します。

戦争責任の問題がどのように発展したか　ニュルンベルク裁判や東京裁判で確定した戦争犯罪の原則は、その後の国際社会の努力で発展し、次第に定着していきました。一九四六年の第一回国連総会で、「ニュルンベルク裁判所条例によって認められた国際法の諸原則」を確認する決議が全会一致で採択されます。また「人道に対する罪」にあたるジェノサイド（大量虐殺）にかんしては、一九四八年の国連第三回総会で「ジェノサイドの防止及び処罰に関する条約」が採択されます。さらに、「通例の戦争犯罪」は、一九四九年のジュネーブ諸条約、一九七七年の追加議定書などによって精密化されていきます。戦争犯罪の概念化や条約化がすすむなかで、一番遅れていたのが、「平和に対する罪」でした。戦後の冷戦の影響もあり、「侵略」という定義の合意がなかなかすすみませんでした。そのなかで、やっと一九七四年の国連総会で「侵略の定義」が採択され、このなかで、侵略とは、「国家による他の国家の主権、領土保全もしくは政治的独立に対する国連憲章と両立しないその他の方法による武力行使」と明記されます（第一条）。

こうした条約化の努力とともに、戦争犯罪を追及し、それを裁くシステムとして常設の国際刑事法廷の設置がもとめられましたが、なかなか実現しませんでした。一九九〇年代に、国連安保理が、旧ユーゴスラビアの武力紛争（「民族浄化」という虐殺）、アフリカ・ルワンダの内戦における虐殺を裁くために、国際刑事法廷をつくりました。そして、二〇〇二年七月、常設の「国際刑事裁判所」が国連の主導のもとで設置されることになったのです。

2　日本国憲法の成立と社会の民主化

①日本国憲法の判定

日本の敗戦によって第二次世界大戦は終結します。日本は連合国（事実上はアメリカ）の占領下に置かれますが、占領機構の最高決議機関として極東委員会（ＦＥＣ）が設置され、連合国最高司令官の諮問委員会として対日理事会が創設されました。占領初期の占領政策は、「非軍事化・民主化」政策という特徴をもち、「ポツダム宣言」にもとづき、日本の軍国主義の解体と日本社会の民主化をめざしました。「ポツダム宣言」は、先ほど指摘したように、反ファシズム反軍国主義の国際的合意というべきもので、日本の民主化に大きな影響を与えることになります。日本の民主化は、この意味で、戦争の悲劇をくり返さないという世界の反ファシズム、反軍国主義の大きなうねりのなかでおこなわれました。

占領軍は、アメリカの主導権を確保するために憲法の制定を急ぎました。とくに一九四六年二月末に極東委員会が設置されることになっており、極東委員会の介入をできるだけ抑え、アメリ力の主導権を確保するためにも新憲法制定の既成事実を急いでつくる必要があったのです。しかし、日本の支配層は、アメリカの期待に応えることができませんでした。日本の支配層は、あくまで明治憲法にこだわっていたのです。

占領軍は、これでは、当時の国際社会を納得させる憲法制定は不可能と判断し、自ら憲法草案をつくることになったのです。しかし、新憲法はアメリカに押しつけられたというものではありませんでした。

第一に、憲法第九条は、天皇制をまもるため、幣原とマッカーサーの合意（一九四六年一月の会談）により象徴条項とセットで構想されたといわれています。天皇制をまもるためには、軍事力の放棄という厳しい条件が必要とされるほど、当時の国際社会の反ファシズム反軍国主義の世論は強かったのです。占領軍民政局は、「ポツダム宣言」や不戦条約を参考に第九条の草案をつくることになります。ＧＨＱ翻訳通訳サーヴィスの一員として勤務していたグラント・グッドマンは「マッカーサーの参謀は一九二八年のケロッグ・ブリアン条約（不戦条約のこと）を使って今の第九条を書きました」とのべています（『人文学報』№二三八、東京都立大学人文学部）。彼によると、ＧＨＱ民政局長ホイットニーらは、東京大学の図書館で不戦条約のコピーをみつけて第九条を書いたと証言しています。「戦争の違法化」原則を明らかにした不戦条約にもとづいて第九条は書かれたのです。このことは、憲法第九条が戦争の「合法」から「違法」へという世界史的な転換をふまえたものであることを示しています。憲法第九条は、この「戦争の違法化」原則が直接的に反映した画期的なものといえます。

第二に、国民主権の規定にかんしていえば、内外の民主的世論と運動の成果をみることができます。一九四六年五月、第九〇帝国議会が召集され、憲法審議が開始されますが、政府は主権が天皇をふくむ「国民」にあるといって国民主権の明記に最後まで反対しました。政府草案（四月一七日発表）の前文では、「国民の総意が至高なるものであることを宣言し」となっており、第一条は、「天皇は、日本国の象徴であり日本国民統合の象徴であって、この地位は、日本国民至高の総意に基づく」となっているように、国民主権の明記を避け、それを曖昧にしようとするものでした。ところが、憲法草案の英文には国民主権が明確にされており、日本文とまったく異なっていました。共産党議員は、このごまかしを徹底的に追及しました。また議会外でも、民主主義科学者協会が「憲法草案の英文と日本文の相違」を国際世論に訴えます。さらに『東京新聞』では風早八十二や宮沢俊義、中村哲などの鼎談を連載し、国民主権の曖昧さや英文との矛盾を指摘しました。

そして、一九四六年七月二日、極東委員会は「日本国憲法は、主権は国民に存することを認めなければならない」との決定をおこないます。このような日本の民主的諸勢力の奮闘と極東委員会の決定に示される民主化をもとめる国際世論の結合によって、日本政府や保守勢力の策動は挫折し、憲法に国民主権が明記されることになったのです。

第三に、第九〇議会は四回にわたり七四日も会期を延長し、通算一一四日の長期議会になり、国民主権や恒久平和、基本的人権などを前進させる修正をおこないました。憲法第二五条の生存権規定もこの議論のなかで付け加えられたのです。

こうして国民主権、平和主義、基本的人権を基本原理とする新憲法が一九四六年一一月に公布され、四七年五月に施行されました。日本国憲法は内外の平和と民主主義をもとめる世論と運動の努力によって誕生したのです。

学校で配布された『あたらしい憲法のはなし』のさし絵

②戦後改革の意義と歴史的制約

新憲法の制定に伴う戦後改革が実施されます。この戦後改革によって日本社会は大きく転換します。「農地改革」によって、絶対主義的天皇制の経済的主柱であった寄生的地主制が解体します。小作地率は、一九四五年に四五・九％でしたが、改革がおこなわれて一九五〇年になると、九・九％に激減しました。また「労働改革」によって、労働組合活動の自由が実現します。一九四五年の労働組合法や憲法第二八条によって、団結権、団体交渉権、争議権が無条件に保障されることになります。学校教育の分野でも、軍国主義教育の排除をめざして「教育改革」がおこなわれました。憲法にもとづく教育基本法が制定され（一九四七年）、忠君愛国を支えていた教育勅語が衆議院と参議院で排除・失効を決議されます（一九四八年）。憲法にもとづいて地方自治法が制定され（一九四七年）、「地方自治」が実現します。この改革によって、内務省の監督が廃止され、都道府県と市町村は対等な自治体となり、府県以下の首長は公選になります。民法の改正による「両性の平等」が法的に実現しました。結婚の自由、姓の選択の自由、相続の権利、親権の平等など女性の地位は大きく向上しました。このように、戦前の家父長的家族制度は解体されました（夫婦別姓を認めないこと、世帯単位の戸籍制度、非嫡出子の差別的扱いなど未解決の問題を残していました）。

憲法の制定と戦後改革によって、日本の社会は大きく変わりました。一言でいえば、軍国主義から民主主義社会への転換でした。

しかし、冷戦が激しくなると、一九四八年ごろを画期に占領政策が大きく変化します。「非軍事化・民主化政策」から「反共の防壁」「基地国家日本」をめざす政策に転換していきます。その要因は、中国革命の進展など東アジア情勢の変化にありました。東アジアにおける冷戦が本格化するなかで、占領軍は、徹底した民主化をもとめる民衆の運動を抑えつけ、民主化を中断したのです。

こうして「民主化の時代」は二年少しの短期間で終わり、逆流が起こります。下からの民主化をもとめる運動も活発でしたが、国民全体の民主主義的成熟以前に弾圧によって民主化が抑えつけられてしまったのです。このことによって、戦後改革は、「上からの改革」としての性格を強くもつことになります。

3 資本主義世界の変動とアメリカのヘゲモニー

①パックス・アメリカーナの成立

資本主義世界ではイギリスに変わってアメリカ中心の秩序（パックス・アメリカーナ）がつくられたことです。第二次世界大戦で、アメリカが軍事的にも、経済的にも圧倒的に優位な地位を得ました。それにみあった国際的秩序が形成されます。経済的には、ブレトン・ウッズ体制（またはIMF体制ともいう）がつくられます。

一九四四年七月、アメリカのニューハンプシャー州ブレトン・ウッズで連合国通貨金融会議がひらかれます。この会議で、IMF（国際通貨基金）を中核とし、IBRD（世界銀行）やGATT（関税と貿易に関する一般協定）に補足される国際経済体制の発足が合意されます。ドルを世界通貨とし、自由貿易と市場開放を促進するアメリカ主導の経済・金融体制が成立します。金一オンス＝三五ドルのレートで金の売却に応じるという巨大なアメリカの経済力に支えられた体制でした。この体制は、一九七一年のニクソン米大統領の金・ドル交換停止声明、それにつづく一九七三年の主要国の変動相場制への移行までつづきました。

軍事的には、アメリカの核兵器の力と世界中に張りめぐらされた軍事同盟による従属的体制です。北大西洋条約機構（NATO・一九四九年）、東南アジア条約機構（SEATO・一九五四年）、日米安保条約（一九五一年）、などがその典型です。こうしてアメリカ主導の国際的な体制

（パックス・アメリカーナ）がつくられました。

②冷戦の開始と西ヨーロッパの復興

一九四七〜四八年を画期に国際社会において、冷戦が本格化しました。冷戦とは、米ソ両超大国による全世界的規模による政治的軍事的対決の構造をいいます。冷戦の本格化によって、第二次世界大戦のなかでつくられた反ファッショ連合の枠組みが最終的に崩壊することになります。その点でヨーロッパでは一九四七年が大きな転機になりました。

第一に、一九四七年三月に「トルーマン・ドクトリン」が発表されたことです。トルーマン米大統領は、同年三月に議会に特別教書を送り、ギリシャ・トルコへのイギリスの軍事・経済援助を肩代わりすることを表明します。ギリシャでは、対独レジスタンスで全域を解放していた共産党をふくむ国民解放戦線とイギリスに支えられた王党派との対立が強まっていました。イギリスは戦勝国でありながら、戦争の痛手が大きく、援助する余裕を失っていたのです。その負担をアメリカが肩代わりするというものであり、他大陸の問題に介入しないというこれまでのアメリカ外交路線の転換を示していました。

第二に、アメリカがヨーロッパ援助計画を提起したことです。この計画は提唱者の国務長官のマーシャルの名をとって「マーシャル・プラン」とよばれています。アメリカは援助の条件として、被援助国の経済・資源状況を調査すること、ヨーロッパ全体を単一の計画のもとにおくこと、などをあげたのです。ソ連はこれを各国の主権を侵すものと批判し、ソ連と東ヨーロッパ諸国は参加しませんでした。こうしてヨーロッパにおける対立が深まっていきます。

この経過のなかで、一九四九年四月、欧米一二ヵ国によるＮＡＴＯ（北大西洋条約機構）が創設されました。アメリカ主導の軍事同盟が発足したのです。

③イスラエル建国

先ほどもふれたように（一二六頁参照）、パレスチナ問題は第一次世界大戦で、イギリスの中東における植民地支配の都合で、「ユダヤ人国家」建設のレールが敷かれ、第二次世界大戦後のパレスチナ分割の国連決議（一九四七年）を根拠に、アメリカの支援のもとにイスラエル国家が一方的に建国（一九四八年）されたことが出発です。その後、イスラエルは戦争で領土を拡大していきますが、一九六七年の第三次中東戦争で、イスラエルはヨルダン川西岸とガザを不当に占領し、国際社会の批判を受けながら、今日まで占領を継続し、占領地を拡大しつづけています。こうした覇権的暴挙をつづけるイスラエルを、アメリカは中東戦略の要として位置づけ、支援しつづけていきます。

4　ソ連覇権主義と東欧問題

一九四七年年九月にコミンフォルム（ヨーロッパ共産党労働者党情報局）が創設されました。コミンフォルムには、ソ連、東ヨーロッパ、フランス、イタリアなど九ヵ国の共産党が参加し、情報連絡機関とされましたが、実際は、コミンテルンと同じようにスターリンの覇権主義を推進する指導機関でした。コミンフォルムは、世界が「帝国主義陣営」と「反帝国主義、民主主義陣営」の二つに分かれているとしながら、ドイツ・ファシズムから解放された東ヨーロッパ諸国のソ連への衛星国化*を推進していきます。

スターリンは、パリ講和会議（一九四六年七〜一〇月。一九四七年二月に講和条約）が終わると、東欧諸国の連合政府から社会民主主義政党や保守政党の閣僚を不当な裁判で追放し、共産党の一党支配をめざします。そのうえ、一九四八年には、スターリンへの従属化を拒否するユーゴスラヴィアをコミンフォルムから除名し、孤立化をはかりますが、ユーゴスラヴィア共産党は指

●衛星国　強力な大国の周辺にあって、政治・経済上その支配下または影響下にある小国。

導者チトーのもとに自主的な道を選び発展していきます。一九四九年になると、ライク裁判（ハンガリー・外相）、コストフ裁判（ブルガリア・副首相）、そして一九五二年のスランスキー裁判（チェコスロバキア・党書記長）などが組織され、スパイとして告発され、抹殺されていきます。まさに一九三〇年代のスターリンの「粛清」の方法がもち込まれたのです。

さらに、共産党「一党独裁」が「スターリン型憲法」の押しつけによって、強制されていきます。経済的にも、「スターリン型」五ヵ年計画方式が押しつけられ、ソ連と同じように、国家が所有、経営、管理を上から一元的に掌握する命令主義的で官僚主義的な経済システムが導入されました。

このように、スターリンに都合の悪いとされる幹部が弾圧され、政治から経済まで「スターリン型」モデルが導入され、東ヨーロッパ諸国はソ連の衛星国になっていきます。一九四九年のコメコン（経済相互援助会議）の結成やワルシャワ条約機構の創設は、東ヨーロッパ諸国全体がソ連の「勢力圏」になったことを示していました。

こうして冷戦が進行し、ヨーロッパは二つに分かれていきます。そして一九四八年六月のベルリン封鎖によって米ソの対決が高まります。ドイツは米英仏ソ四ヵ国によって分割占領されていましたが、米英仏地区でソ連の反対を無視して通貨改革が実施されると、緊張が高まり、ソ連が西ベルリンの封鎖を強行したのです。一九四九年五月、ソ連は封鎖を解除しますが、同年九月に西ドイツ（連邦共和国）が、一〇月に東ドイツ（民主共和国）が生まれ、ドイツは分裂国家になります。

5 中国革命の進展とアジア社会の激変

①東アジア情勢の変化と占領政策の転換

東アジアにおいても冷戦が進行しました。戦後アメリカの東アジア政策の基本的特徴は、日本の非軍事化と中国の蔣介石政権による統一と政治的安定をはかることにあったのです。アメリカはできるだけ内戦を避け、蔣介石政権のもとで統一政権を樹立する努力をします。一九四六年一月、国民党と共産党の間に停戦協定が結ばれ、政治協商会議がひらかれます。そこで国民政府組織案、憲法草案が決定され、連立政府樹立の方向にすすんでいたのです。ところが、国民党はこの方向を打ち消すかたちで、内戦政策を展開しはじめます。こうして一九四六年夏ごろから内戦がはじまりました。はじめは国民党が有利でしたが、一九四七年夏ぐらいから共産党の反撃が開始されます。そして、秋には総反攻宣言がだされ、二年以内に内戦を終わらせて民主連合政府を樹立する展望が示されたのです。

また朝鮮は、一九四五年一二月のモスクワ外相会議の決定によって、アメリカ、イギリス、ソ連、中国の四ヵ国の信託統治におかれることになっていましたが、この信託統治実現のための米ソ共同委員会の協議が一九四七年八月の南朝鮮における左翼弾圧事件によって決裂します。

このように東アジアにおいても、一九四七～四八年にかけて、冷戦が本格化し、反ファシズム連合の枠組みが崩壊していきました。この新たな事態にたいするアメリカのアジア政策のみなおしがはじまり、それが対日占領政策の根本的転換として具体化されはじめたのです。

一九四八年一月、アメリカ陸軍長官ロイヤルは、「日本の非軍事化と経済自立に関する演説」をおこないました。このなかでロイヤルは「日本の広範な非軍事化と日本を自立しうる国家たらしめるという二つの目的の間には避けがたい対立面があらわれてきた」とのべ、さらに「将来日本や極東地域に発生するおそれのある他の全体主義者たちによる戦争の脅威に対応するための防壁として有効な、十分強力でしかも十分安定し、自立した、民主主義国家をつくりあげ」なければならないことを力説しました。簡単にいうと、これまでの「非軍事化・民主化政策」をやめて、「極東の工場、反共の防壁」として日本を復興させることを宣言したのです。対日占領政策の根本的な転換の宣言でした。

アメリカの占領政策の転換を象徴していたのが、沖縄の扱いでした。当初は軍部と国務省の不一致がありましたが、国務省が軍部の方針を受け入れることで解消されます。その画期は、一九四九年五月の国家安全保障会議の「日本に対する米国の政策に関する勧告」（ＮＳＣ13／３）です。このなかで沖縄の長期確保、沖縄の軍事基地の拡充などが決定されたのです。

②中国革命の勝利とスターリンの戦後中国構想

日本の敗北のなかで、抗日戦争に勝利した中国は、国民党と中国共産党の間で、停戦協定が結ばれ、連立政府にむけて動きだしていました。国民党を支持するアメリカは、内戦を避けて蔣介石政権中心の中国統一に期待していました。スターリンとソ連も、内戦を避けて、蔣介石政権中心に統一し、中国共産党は統一政権に参加すればよいと考えていました。とりわけ、一九四五年二月のヤルタ協定にもとづき、中国東北地方を「勢力圏」と確保することを構想し、そのためには中国全体は蔣介石政権で統一し、それに中国共産党も参加すればよいと考えていたのです。中国共産党の影響力の拡大にたいする過小評価があったのです。しかし、抗日戦争八年の間に中国共産党の影響力が拡大し、国民党政権との力関係が大きく変化していました。

そうした状況に危機感をもつ蔣介石政権は、中国共産党の指導する解放区の人民政権と解放軍を壊滅し、国民党独裁の統一を一挙に実現しようとして、一九四六年六月ごろから本格的に内戦を開始したのです。一九四七年夏ごろから、中国共産党側の反撃が開始され、ついには一九四九年に蔣介石軍をうち破り、同年一〇月、中華人民共和国が樹立されます。スターリンの蔣介石政権で統一し、中国東北地方を「勢力圏」化するという構想は中国共産党や中国人民の自主的なたたかいによって挫折を余儀なくされます。

学習と討論のテーマ

1 戦後国際社会に提起された三つの問題について議論しましょう。
2 日本国憲法と戦後改革の意味を考えてみましょう。
3 戦後復興においてアメリカのはたした役割を考えてみましょう。
4 冷戦の開始におけるソ連のはたした役割、とくに東欧諸国の衛星国化の意味を考えてみましょう。
5 中国革命の意味とスターリンの中国構想のはたした役割を考えてみましょう。

第一一章　冷戦と高度成長の時代（一九五〇～六〇年代）

1　朝鮮戦争と冷戦の本格化

①朝鮮半島の分断が固定化

一九五〇年六月二五日、北朝鮮軍が三八度線を越えて韓国軍を攻撃し、朝鮮戦争がひき起こされました。はじめは北朝鮮軍の猛攻で、韓国は崩壊寸前になります。しかし、ソ連が中国代表権問題で国連をボイコットしているなかで、アメリカのイニシアチブで国連安全保障理事会緊急会議は北朝鮮の侵略と断定し、アメリカを中心とした国連軍の派遣を決定しました。九月一五日の国連軍の仁川《インチョン》上陸を契機に戦局が変わり、三八度線を越えた国連軍によって北朝鮮全域が占領される寸前になります。この状況のなかで、一〇月に中国の人民義勇軍の一〇〇万を超す大規模な参戦があり、国連軍と韓国軍を三八度線以南に追いやったのです。

このとき、アメリカの大統領トルーマンは、「原爆使用を考慮中」と声明をだしますが、原子兵器の絶対禁止と国際管理、最初に使用する政府を戦争犯罪人とみなす、というストックホルム・アピール署名が世界で五億人集まり、その国際世論がついに原爆使用を断念させます。一九五一年のなかごろには、ほぼ三八度線を挟んで膠着状態になり、七月から休戦会談がはじまり、一九五三年七月二七日、ようやく休戦協定が成立しました。しかし、李承晩大統領は休戦にあくまで反対し、国連軍、北朝鮮、中国の三者が休戦協定に参加します。

三年にわたる戦争で、韓国軍、北朝鮮軍、国連軍、中国の死者九〇万人、民間人を入れると二〇〇万人を超える犠牲者がでたと推計されています。また戦火のなかで家族が南北に離ればなれになる（離散家族）という悲劇も生まれたのです。

この朝鮮戦争によって、朝鮮半島の分断が固定化され、戦争遂行のために国力を集中し、統制する必要があるとされ、北と南にそれぞれ集権的な独裁国家が構築されることになります。

なお朝鮮戦争の開始をめぐって、日本共産党の不破哲三は、スターリンの東ヨーロッパの衛星国化を実現するためアメリカの力を東アジアに集中させる第二戦線構想から北朝鮮の軍事的侵攻がおこなわれたという注目すべき仮説を提起しています（『スターリン秘史』⑥）。

②基地国家日本と日米安保体制の成立

朝鮮戦争のなかで、アメリカは対日講和条約の締結を急ぎました。日本を前進基地として確保するため、講和条約を結び、ポツダム宣言の拘束をとり除く必要があったからです。一九五一年九月、アメリカのサンフランシスコで講和会議がひらかれ、ソ連、中国を排除した講和条約が調印されました。同時に、日本とアメリカの間で日米安保条約が調印されます。この二つの条約がセットとなり、日本は独立し、国際社会に復帰しますが、沖縄と本土をふくめ、日本全体がアメリカの基地国家になり、冷戦下のアジアでアメリカの重要な反共の砦になったのです。

日本にとって講和条約の問題は、第一に、単独講和（片面講和）であったことです。日本が戦争をしたすべての国との講和（全面講和）でなく、中国やソ連を除いた西側陣営との講和でした。とりわけ一番被害を与えた中国の参加しない会議は、講和会議としてどれだけの意味があるのかが問われました。

第二に、沖縄と千島列島の問題です。講和条約の第三条で、沖縄が日本本土から切り離されてアメリカの全面的な軍政下にひきつづいて置かれました。また同条約二条c項で、歴史的に日本に帰属する千島列島の領有権の放棄が明記されます。これは一九四五年のヤルタ秘密協定でソ連の対日参戦を願うアメリカとソ連の秘密取引の結果でした。

第三に、第六条a項但し書き問題です。この但し書きという抜け道によって、アメリカとの安保条約締結が可能になったのです。a項の但し書きで特定の連合国と日本が協定を結べば、その国の軍隊の「日本国の領域における駐屯又は駐留を妨げるものではない」となったのです。このことによって、アメリカ軍が日本本土に残る合法的根拠が与えられることになりました。

こうして、アジアの冷戦が激しくなり、朝鮮戦争が勃発するなかで、アメリカは日本を反共の砦として基地国家にし、アジアの戦略的拠点として重視するようになったのです。

③日本の再軍備

朝鮮戦争のもとで、日本の再軍備が開始されます。アメリカの統合参謀本部はすでに一九四九年二月に「日本の限定的再軍備」という方針をきめていましたが、その具体化がはじまりました。一九五〇年七月八日、マッカーサーは書簡で七万五〇〇〇人の警察予備隊の創設を指令し、吉田内閣は、八月一〇日、警察予備隊令を公布しました。事前に日本政府に何ら相談なく、アメリカの思惑から一方的に決定されたのです。日本に駐留している米軍が朝鮮に出動するために、空白になる日本国内の治安維持を目的とするものでした。警察予備隊は、「警察」となっていますが、「将来の日本陸軍の基礎」（コワルスキー著『日本再軍備』）とされた準軍隊組織でした。こうした経過をみても、日本の再軍備が、アメリカに押しつけられたものであることがわかります。改憲派は、日本国憲法をアメリカに押しつけられたと論難しますが、憲法の平和主義原則に反する再軍備こそが押しつけられたのです。その後、警察予備隊は、日米安保体制のもとで、一九五二年に保安隊、一九五四年に自衛隊に再編され、日本の再軍備が本格化します。

④アメリカの「まきかえし政策」

アメリカでは、一九五三年にアイゼンハワー政権が成立します。アイゼンハワー政権は、これまでのトルーマン政権の「封じ込め政策」を批判し、攻撃的な「まきかえし政策」を展開しました。第一に、ソ連圏の周辺に核兵器を配置し、「敵」の侵略にたいしては大量報復＝全面核戦争も辞さないという体制をつくり（大量報復戦略）、第二には、地域的安全保障という名目で、軍事同盟網を張りめぐらしたことです。アジアでは、日米安保条約につづいて、米韓相互防衛条約（一九五三年一月）、東南アジア条約機構（ＳＥＡＴＯ・一九五四年九月）、米台相互防衛条約（一九五四年一一月）と軍事同盟網がひろげられました。

2　反核平和運動の開始と新しいアジアの登場

①大衆的で組織的な平和運動の開始と人類の「生存の危機」

第一回平和擁護世界大会、そしてストックホルム・アピールの署名運動　米ソ軍事対立による冷戦が本格化するなかで、戦争への不安が世界中にひろがります。こうしたなかで、一九四九年四月二〇～二五日までパリとプラハで第一回平和擁護世界大会がひらかれました。この大会には、七二ヵ国、一〇の国際団体を代表する二〇〇五人が参加しました。ジョリオ・キュリーは「われわれは戦争の擁護者に、平和を懇請するためにではなく、かれらに平和を受諾させるためにここに集まったのである」と力強くあいさつをしました。大会は、常設機関として平和擁護世界大会委員会を選出します。こうして戦争に反対する世界的な平和運動が出発します。

日本でも、この世界大会に呼応して、四月二五～二六日、東京九段の家政学院講堂で平和擁護日本大会がひらかれました。この大会には、一〇一団体の代表者と文化人など一二〇〇人が参加し、パリと連帯して「戦争反対」「平和のための団結」が叫ばれたのです。会場には元横綱・男女ノ川の洋服姿もみられました。大会は「平和綱領」を採択します。この大会を契機に「日本平和を守る会」（後に日本平和委員会）が誕生します。日本でも世界的な平和運動と連帯して、組織的な平和運動が開始されたのです。

一九五〇年三月、世界大会委員会は、原子兵器の絶対禁止とその国際管理を要求するストックホルム・アピールの署名運動を提起しました。この署名運動は、短期間のうちに全世界で五億人が署名します。日本でも占領下の反動攻勢と朝鮮戦争勃発という困難な状況のなかで、六四五万人の署名が集まりました。この運動は、朝鮮戦争におけるアメリカの核兵器使用を断念させるうえで大きな役割をはたします。

反核平和運動とラッセル＝アイシュタイン宣言　一九五四年三月一日、アメリカはマーシャル群島ビキニ環礁で水爆実験をおこないました。このとき、二〇〇キロも離れたところで操業していた焼津のマグロ漁船第五福竜丸が「死の灰」をあび、二三人の乗組員は放射能に侵され、無線長であった久保山愛吉が後に死亡します。こうしたなかで、自然発生的に原水爆禁止をもとめる署名運動がはじまります。このような下からの全市民的な署名運動がもりあがり、これを結集し統一する必要が生まれ、八月八日、「原水爆禁止署名運動全国協議会」が結成されます。この原水爆禁止署名運動は国際的反響をよび、やがて一九五五年八月六日、広島ではじめての原水爆禁止世界大会がひらかれたのです。大会直前の八月四日、署名が三一八三万七八七六と発表されます。

また一九五五年四月、イギリスの哲学者バートランド・ラッセルとアメリカの核物

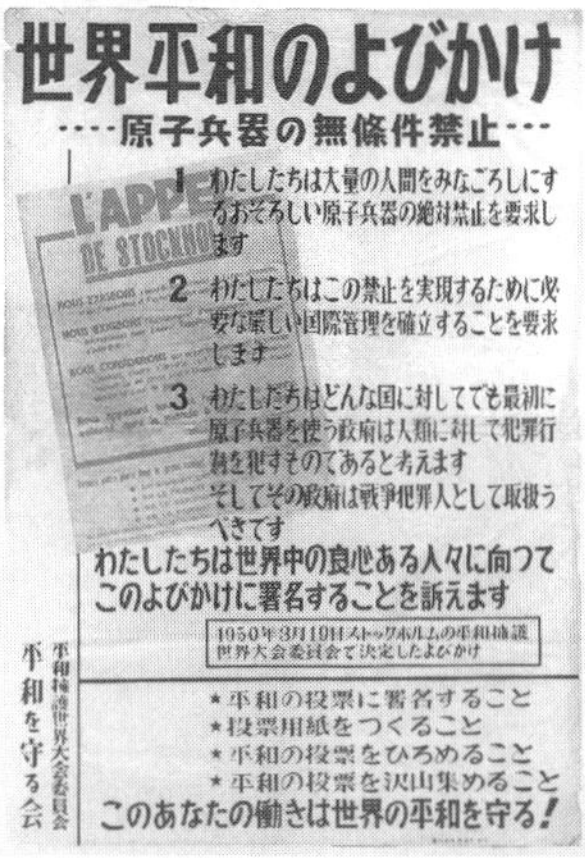

ストックホルム・アピール署名（1950年）のよびかけポスター（山梨県平和委員会による2009年復刻版）

第1回原水爆禁止世界大会（1955年8月6日）

理学者アルバート・アインシュタインが核戦争廃絶と科学技術の平和利用を訴えるよびかけをおこない、同年七月には、ジュリオ・キュリー、湯川秀樹などノーベル賞受賞者九人も参加して、連名で発表され（「ラッセル＝アインシュタイン宣言」）、「人類の存続」の危機が指摘されました。これは一九五七年のカナダのパグウォッシュでひらかれた第一回科学者会議に引き継がれ、核兵器など科学の「発展」にたいする警告と科学者の社会的責任が問われたのです。こうして、階級や民族の問題とともに「人類」という視点が提起されました。

スターリン理論による混乱を運動が乗り越える　当時は左翼陣営に一定の混乱がありました。スターリンは平和運動の任務を「当面の戦争を未然にふせぎ、それを一時的ながらもっとさきにのばし、この当面の平和を一時的に維持」することに限定していました（『ソ同盟における社会主義の経済的諸問題』）。その影響もあり、恒久平和の確立という平和運動の課題をきちんと位置づけることができなかったのです。しかし運動の発展によって、スターリン理論は乗り越えられていきます。第二次世界大戦後は、人民のたたかいによって、世界戦争や帝国主義戦争を防止することが可能な時代になっていたのです。

②アジア・アフリカ会議

ベトナムにおけるフランスの敗北　一九五〇年代になると、民族独立の波は世界にひろがっていきます。インドシナでは、一九五四年五月、フランスの拠点ディエンビエンフーが陥落し、フランスの軍事的敗北が決定的になります。同年七月、インドシナ休戦協定が締結され、ベトナムでは北緯一七度線が休戦ラインとされ、二年後に全土で総選挙がおこなわれることになります。しかし、休戦協定に参加しなかった米国は、南ベトナムに傀儡政権をつくり、統一総選挙を拒否させ、フランスにかわってインドシナに全面的に介入していきます。中東では、エジプトでナーセルなど若手将校たちが、イギリスの従属下にあった王制を打倒し（一九五二年）、イギリス軍の撤退協定を獲得するなど植民地支配からの脱却をめざしたのです。

アジア・アフリカ会議と「植民地独立付与宣言」　一九五四年六月、インド訪問中の中国の周恩来首相とネール首相との間で共同声明が発表され、そのなかで「平和五原則」が提起されます。この原則で「平和地域」を建設して世界平和を強化することの合意がなされたのです。アジアの新興独立国からの積極的な平和プランの提起でした。この会談が大きな契機になり、翌一九五五年四月、インドネシアのバンドンで第一回アジア・アフリカ会議が開催されます。会議では、「バンドン一〇原則」が採択されました。欧米列強や日本帝国の植民地支配の対象にされていた諸民族が、これまでの国際政治のあり方を批判し、自分たちの自主的な連帯を主張する歴史的な会議になったのです。

このアジア・アフリカ会議に参加したエジプトのナーセルは、スエズ運河の国有化を宣言し、独立にむけて前進します。これに反発したイギリスやフランスは武力侵攻しますが、国際的批判や撤兵をもとめる国連決議などによって孤立し、撤退を余儀なくされます。また米国の裏庭といわれるラテンアメリカでは、一九五八年にカストロらによるキューバ革命が成功します。こうした民族独立の波を背景に、一九六〇年の国連総会で「植民地独立付与宣言」が採択され、植民地支配の不当性と民族自決の正当性が確認されます。民族自決の波は、やがて非同盟運動に発展していきます。

3　スターリン批判と官僚主義、覇権主義の継続

①スターリン批判とソ連共産党第二〇回大会

一九五三年、スターリンが死亡します。そして、一九五六年、ソ連共産党二〇回大会でスターリン批判がおこなわれました。この批判は、フルシチョフの秘密報告としておこなわれ、スター

リンの法秩序の破壊や個人崇拝を厳しく批判しています。スターリン批判の内容は、ソ連から発表されず、アメリカから発表されるというおかしな経過をたどりますが、スターリンがカリスマであった当時の共産主義運動に衝撃を与えました。スターリン批判の展開は、スターリン理論の一定の再検討を促し、そのなかで、社会民主主義主要打撃論の克服や議会をつうじる革命の平和的移行論などの成果を生みだしましたが、覇権主義やスターリン型の独裁的な専制的な政治経済体制の再検討などはまったくなされませんでした。

②スターリン批判の限界

この限界がその後のソ連の内外路線に深刻な影響を与えることになります。第一に、それまでの大国主義・覇権主義への根本的な批判と反省がまったくなされなかったことです。それがフルシチョフやブレジネフ時代の対外路線に継承されます。とくにブレジネフ書記長時代のチェコスロバキア事件（一九六八年）やアフガニスタンへの軍事侵攻（一九七九年）はその典型でした。第二に、スターリンの誤りを個人の責任にし、非人間的で抑圧的な政治経済体制の構造をまったく問題にしなかったのです。とくに共産党の「一党独裁体制」や市民的政治的自由の欠如の問題などは依然としてタブーにされていました。

4　六〇年安保と日本の高度成長

①ヨーロッパにおける地域統合の進展

ヨーロッパでは、経済成長のなかで、地域的統合がすすみます。一九五二年に「ヨーロッパ石炭鉄鋼共同体」が創設され、一九五八年に「ヨーロッパ経済共同体」（ＥＥＣ）が、一九六七年には「ヨーロッパ共同体」（ＥＣ）が結成されます。最初の地域的統合の契機は、第二次世界大戦の悲劇をくり返さないために、軍需経済の軸ともいえる石炭と鉄鋼を共同で管理するというところにありました。平和的な経済発展がヨーロッパ統合の原点であったのです。この経済発展のなかで、先進資本主義諸国の相互の経済調整機関として「経済協力開発機構」（ＯＥＣＤ）が創設され、日本は一九六四年に加盟が認められます。世界的な経済発展のなかで、同じ資本主義国であっても異なる特徴をもつ国に分かれるようになります。ヨーロッパでは、経済成長と社会保障・完全雇用を両立させようとする「福祉国家」体制が成立します。

②一九六〇年安保条約の締結と国民的大闘争

米軍と自衛隊の共同作戦が可能に

日本では一九六〇年一月一九日、現行の安保条約が調印されます。旧安保条約の全面改定でした。改定された安保条約の特徴は、第一に、在日米軍がひきつづき基地使用特権を保持したことです（第六条）。第二に、「日本国の施政の下にある領域」という地理的制約をつけながら、米軍と自衛隊の共同作戦を規定したことです（第五条）。日本あるいは日本の領域内にある米軍が攻撃を受けた場合、米軍と自衛隊の共同作戦を可能にしたのです。第三に、さらに、軍事的な面だけでなく、第二条で「両国の間の経済的協力を促進する」と日米経済協力を明記しています。経済的にもアメリカに従うしくみがつくられていました。この日米経済協力のもとで、日本はアメリカに従属する経済大国になっていきます。

国民会議結成の意味と問題点

安保条約の改定に、日本の労働運動と民主勢力は安保改定阻止国民会議を結成

60年安保闘争。国会議事堂をとり囲んだデモ隊（1960年6月18日）

してたたかいました。国民会議は、一九五九年三月、東京の国労会館で結成され、社会党、共産党、総評など一三四団体（後に一三八団体）が参加します。しかし、幹事団体に共産党は正式に参加できず、オブザーバーにとどまりました。これは社会党が全労会議、新産別の参加に期待し、反共的態度に固執していたからです。こうした不正常な問題を抱えながら、戦後はじめて、全国レベルで社会党、共産党、総評*などの民主的諸勢力による持続的な共闘組織＝統一戦線組織が結成されることになりました。

地域共闘の発展　国民会議は、中央段階だけでなく、地域の共闘を重視しました。一九五九年八月には本土のすべての都道府県段階で、安保共闘組織が結成されます。そのうち、四一都道府県で共産党が正式に参加し、残りの五県がオブザーバーでした。地域共闘は、さらに市町村区、学校区にまで組織をひろげていきます。一九五九年六月に七八であった地域共闘が一二月に九三二、翌一九六〇年三月に一二〇〇、四月には二〇〇〇を超えるというように、急速に拡大します。こうした地域共闘には、勤評闘争*時に組織され、それが警職法闘争*を経て安保共闘に発展したものが多かったのです。

三度の政治ストライキ——労働者階級のイニシアチブ　一九六〇年一月に調印され、五月一九日に警官隊を導入し、暴力的に条約の批准を強行しました。これを契機に、安保反対と民主主義まもれの世論が合流し、国民的大闘争に発展します。

六〇年安保闘争の一つの特徴は、労働者階級のイニシアチブが発揮されたことにあります。とくに五・一九の暴挙をうけておこなわれた六・四、六・一五、六・二二の三回にわたる政治ストライキは、安保闘争を国民的たたかいに発展させるうえできわめて大きな役割をはたしました。戦後労働運動をみると、一九五二年の破防法スト、一九五八年の警職法ストにつづく三度目の政治ストライキでしたが、支配体制の根幹にかかわる問題で、それまでの規模を上回る規模でおこなわれたことは、労働者階級の成長を示しています。

●**総評**　日本労働組合総評議会の略称。アメリカ占領軍の全面的支援のもとで、一九五〇年七月結成。しかし、「ニワトリからアヒルへ」といわれているように、急速に「左」転換した。その後、労働者・国民の要求によって春闘や六〇年安保闘争などで一定の積極的役割をはたす。一九八九年、日本労働組合総連合（連合）への吸収合併をきめて解散。

●**勤評闘争**　一九五七〜五八にかけて、公選制から任命制に変わった教育委員会制度のもとで、教員にたいする勤務評定（勤評）が強行されたのにたいして、それが教職員の団結を破壊し、教こうした労働者階級の政治ストライキを中心とする国民的たたかいによって、条約改定を阻止することはできませんでしたが、岸内閣を退陣させ、アメリカ大統領の訪日を中止させたのです。

③経済大国化と日本社会の変貌

高度経済成長　六〇年安保闘争を転機に自民党政治が大きく変化します。一九六〇年七月に発足した池田内閣の課題は国民の政治的エネルギーを封じ込め、混乱した政治と社会を安定させ、保守基盤を強化することにありました。そのために「寛容と忍耐」が強調され、一〇年間で「所得倍増」を実現する経済目標が提起され、経済成長政策が本格的に推進されていきます。日米安保体制のもとで経済成長を優先させ、憲法問題は解釈改憲で望むというものでした。

一九五〇年代後半から六〇年代にかけて、日本経済が高度成長を遂げ、日本が経済大国になります。高度成長期は、第一次高度成長期（一九五五～六四年）と第二次高度成長期（一九六五～七三年）に分けることができます。一九五五～七三年の足かけ一九年間のGNP*（国民総生産）の実質平均成長率は九・八％であり、一〇％近いという驚異的な伸びでした。一九六八年にはGNPで当時の西ドイツを抜いてアメリカに次ぐ経済大国になります。

高度成長によって、産業構造が大きく変化し、日本は重化学工業国になります。たとえば、戦前・戦時のピークである一九四四年と一九七〇年を比較すると、工業全体で約八・三倍になり、重化学工業の鉄鋼業が一〇・六倍、機械工業が約一五倍になりますが、繊維工業などは一・六倍にすぎませんでした。

巨大独占体の誕生　高度成長推進のなかで、少数の巨大企業が形成され、経済力を集中することになります。たとえば、一九六三年の法人企業をみると、資本金一〇億円以上の大企業は企業数で全体の〇・一五％にすぎませんが、金融機関からの短期借り入れの五一・七％、長期借り入れの六七・一％を占め、売上高で三七・六％を占めていました。一九六四年には、企業数で全体の

育の権力統制を意図するものとして教職員組合を中心に全国的に激しく展開された反対闘争。

●**警職法闘争**
一九五八年一〇月に岸信介内閣が、警察官の権限拡大を目的とする警察官職務執行法（警職法）改正案を国会に提出したことに反対する広範な国民運動。

●**GNP**
一九九〇年代（日本は一九九三年）まで使用されていた国民所得統計の指標。現在使用されているGDP（国内総生産）が国内で一定期間内に生産されたモノやサービスの付加価値総額であるのにたいして、GNP（国民総生産）には海外支店などの所得もふくまれている。

〇・〇二％にすぎない一〇〇社が資本金の三九％、営業利益で二八・七％を占めるまでになります。こうして各分野で大企業による独占がすすみます。これらの巨大独占体は、いくつかの金融機関や重要産業諸部門の大企業群、さらに総合商社などをワンセットにした巨大企業集団に分かれ、日本経済を支配するようになります。

日本社会の変化――階級構成の激変　高度成長期に日本社会が構造的に大きく変貌し、農村型社会から都市型社会に変化しました。

第一に、日本の階級構成が激変し、労働者中心の社会に移行したことです。この変化は同時に、農村社会の変貌をもたらしました。一九六〇年に、労働者階級がはじめて過半数に達し、農漁民や都市自営業などの中間層が半数以下になります。この傾向は、一九六〇年代にいっそう促進され、一九七〇年には労働者階級が六〇％を占め、中間層が三〇％強までに減少しました。こうした労働者階級の増大は、とくに農漁民層の激減をもたらします（一九六〇年三〇・六％→一九六五年二三％→一九七〇年一八・一％）。

農家をみると、世帯主、跡継ぎの流出が急増し、一九七〇年になると、専業農家が一五・六％、第二種兼業農家が過半数を占めることになります。こうした農村社会の変貌を象徴したのが、出稼ぎ農民の急増でした。高度成長はこの出稼ぎ農民の労働力に依拠していました。

人口の都市への集中と都市型生活様式　第二に、人口が都市に集中したことです。都市人口は、一九五〇年に三一二〇万人（全人口の三八％）、一九六〇年に五九三三万人（六四％）、一九七〇年に七四八五万人（七二％）になります。一九五〇〜七〇年の二〇年間で四〇〇〇万人が都市に集中したのです。とくに東京、名古屋、大阪の三大都市圏の人口が急増します。高度成長期の都市人口の増大の特徴は、地方農村から職業をもとめた若者たちの都市への流入にあります。

第三に、国民生活のあり方が大きく変化し、アメリカ的生活様式の導入が本格化したことです。耐久消費財の大量普及によって生活様式の「近代化」が進行します。これまでの井戸端での洗濯が電気洗濯機に、薪割りは都市ガスに、飯炊きが自動炊飯器にと日常生活が大きく変化しました。

④日本社会の複合性の形成

本格的な「競争型社会」へ　大企業本位の経済成長のなかで、企業や学校教育など社会のあらゆる領域に競争主義的秩序が構築され、人間の可能性をテストの成績や企業の業績のみで判断する本格的な「競争型社会」が形成されていきます。大企業職場では、「日本的労使関係」が形成され、労働者間の分断と差別による企業への統合が強められました。競争主義を認め、企業に同調して「会社人間」としてがんばれば、ある程度の生活が保障されるようになります。

民主主義と人権の社会的定着　同時に、高度成長期における平和と民主主義の運動の展開によって、憲法の民主的規範が国民のなかに浸透し、日本国憲法が日本社会に定着しはじめました。とくに一九六〇年代、一九六〇年代のベトナム反戦運動や公害闘争の意味はきわめて大きなものがありました。一九六〇年代、日本国民のなかで「戦争絶対否定」意識が急増し、平和意識が成熟します。憲法第九条を多くの国民が支持するようになります。また、公害闘争や教科書訴訟などの社会運動と連動して人権概念がみなおされ、経済成長に優先する生存権・環境権、国民の教育権などが国民のなかに浸透しはじめたのです。このような社会運動の高揚と憲法の民主的規範の浸透のなかで、全国で革新自治体が成立します。一九六七年の革新都政の誕生を契機に、沖縄、京都、大阪などで革新首長が誕生し、一九七三年には六大都市の首長がすべて革新首長になります。一九七七年には総人口の四三・一％が革新自治体で生活するようになりました。

こうして高度成長期に、日本社会は本格的な「競争型社会」になり、競争主義、企業主義があらゆる領域で強まりますが、同時に民主主義と人権の浸透がみられたのです。日本社会は、両者の対抗とせめぎ合いにもとづく複合的な性格をもつようになります。

5 国際政治の焦点としてのアジア

①アメリカのベトナム侵略とその挫折

アメリカは一九六四年八月、いわゆる「トンキン湾事件」をでっちあげ、ベトナム戦争に本格的に介入していきます。この「トンキン湾事件」は、後に国防総省の「秘密報告」によって謀略的につくられた事件であることがあきらかになっています。これは北ベトナムへの宣戦布告でもあったのです。北爆は一九六六年六月に、首都ハノイとハイフォンにまで拡大されます。また南ベトナムにはアメリカ地上軍がぞくぞくと投入され、一九六八年には五四万人にまで増強されました。アメリカの爆撃は、国際法で禁止している学校、病院、寺院など人口密集地帯への無差別爆撃であり、ナパーム弾、ボール爆弾、枯れ葉剤などの非人道的兵器を使用し、多くのベトナム市民を殺傷しました。とくに枯れ葉剤使用の後遺症は、戦争後のベトナム社会に深刻な問題を残すことになります。

この人類的犯罪ともいえるベトナム戦争は、日本を基地として利用しなければあり得ませんでした。自衛隊こそ派遣しませんでしたが、日本は重要な兵站・補給基地、中継・後方基地であり、保養・医療基地であったのです。また北爆の主力は、戦略爆撃機Ｂ52でしたが、沖縄嘉手納基地は前進・中継基地として利用されます。

アメリカのベトナム侵略は、ベトナム人民のたたかいや世界的な反戦運動の高揚のなかで、完全に行き詰まっていきます。一九六八年、ジョンソン大統領は北爆の停止、大統領選出馬断念を余儀なくされ、和平交渉が開始されます。ジョンソンの後に大統領に就任したニクソンは、東南アジア訪問のさい、〝ニクソン・ドクトリン〟を発表します（一九六九年）。アメリカは今後もアジアとの政治的経済的に深い関係をつづけるが、単独の軍事介入は避けるというものでした。

アメリカはそれまでの中国政策を転換し、米中接近政策を採用し、一九七二年、ニクソン大統領が訪中します。またソ連も訪問します。北ベトナムを孤立させ、北ベトナムへの無差別爆撃など「力」を背景に和平交渉を推進します。しかし、それでもアメリカの侵略戦争は行き詰まり、一九七三年一月、パリで和平協定調印になり、やがて一九七五年四月、サイゴンの陥落によってベトナム戦争は最終的に終結しました。アメリカの完全な敗北でした。

②沖縄返還と「核密約」

またこの時期に沖縄返還が七〇年安保問題と連動して大きな国民的問題になりました。

一九六五年八月一九日、佐藤首相は戦後の総理大臣としてはじめて沖縄を訪問します。しかし、佐藤首相を待っていたのは、沖縄県民の怒りのデモと座り込みでした。一九日夜、五万人を結集して「首相にたいする祖国復帰要求県民大会」がひらかれ、首相の宿舎であった東急ホテルまでデモ行進がおこなわれ、高等弁務官主催のレセプションに出席した首相の帰りまで座り込みがはじまります。このため首相はホテルに帰らず、米軍基地内の迎賓館に避難しました。この事件は内外に大きな衝撃を与え、もはやこれまでのように沖縄県民の祖国復帰の要求を抑えつけるだけでは沖縄統治を維持できないことがあきらかになったのです。

一九六九年一一月、佐藤首相とジョンソンにかわって大統領になったニクソンとの会談がおこなわれ、「核抜き、本土なみ、一九七二年返還」の共同声明が発表されます。同時に、両首脳の間で、「核密約」が合意されます。それは沖縄返還後、「重大な緊急事態が生じた際には」「核兵器を沖縄に再び持ち込むこと」が認められ、そのために沖縄の米軍基地では核を「いつでも使用できる状態に維持しておき、重大な緊急事態が生じた時には活用できる」ことを確認しています。

一九七一年六月一七日、日米沖縄協定が結ばれ、翌一九七二年五月一五日、発効します。

一九五一年九月の講和条約によって、二七年間も米軍の全面占領下に置かれていた沖縄の施政権が返還されました。この返還は、米軍基地がそのままであり、全面返還をもとめていた沖縄県民の要求からかけ離れものでしたが、沖縄県民や本土の民主諸勢力の返還運動の成果が反映した改良的措置ともいえるものでした。

学習と討論のテーマ

1　日米安保体制とは何であったのでしょうか。
2　新しいかたちの平和運動と人類の「生存の危機」の意味を考えてみましょう。
3　アジア・アフリカ会議の意味を考えてみましょう
4　日本の高度成長が日本社会に与えた影響を考えてみましょう。

Ⅵ グローバル化とこれからの世界

第一二章　ベトナム後のアジアと世界、そして冷戦の崩壊（一九七〇年半ば〜一九九〇年代）

1　ベトナム戦争の終結とアメリカの敗北

①奇跡が起きた

一九七五年四月、サイゴンが陥落し、第二次世界大戦後、三〇年にわたってつづけられた戦争がアメリカの完全敗北とベトナム側の勝利によって終結します。アメリカはベトナム戦争に二五〇〇億ドルの膨大な戦費を使い、のべ二六〇万人の兵力を派遣しました。南ベトナムには最高時に五四万九五〇〇人の米軍が駐留します。さらに、アメリカ陣営では、韓国、フィリピン、タイ、オーストラリア、ニュージーランドが兵力を派遣し、最高時の兵力は六万人を超えます。戦争の犠牲者は、北ベトナム・解放戦線側が戦死者九七万六七〇〇、負傷者一三〇万とされ（推定）、アメリカ側の戦死者が二二万五〇〇〇、負傷者七五万二〇〇〇といわれています（推定）。

アメリカは第二次世界大戦時に使用した二・五倍にあたる砲爆弾を投下し、核兵器こそ使用しませんでしたが、枯れ葉剤、ナパーム弾、ボール爆弾など非人道的兵器によって多くのベトナム民衆を殺傷したのです。

②ベトナム戦争の歴史的意味

ベトナム戦争の歴史的意味は、第一に、世界史上、最大、最強のアメリカ帝国主義が全力投球した侵略戦争がうち破られたことです。アメリカは、第一次インドシナ戦争（一九四五～五四年）に敗れたフランスにかわって、ベトナム戦争に介入します。南ベトナムに傀儡政権をつくり、かたちだけ独立させ、実質的に南ベトナムを支配する新植民地支配を確立しようとしました。しかし、このアメリカの敗北によって、新植民地支配の野望も挫折し、第二次世界大戦を契機にはじまった植民地体制の崩壊が決定的になります。第二に、世界的にベトナム反戦運動が高揚し、国際的な共同行動が組織され、ベトナム人民のたたかいが世界的に支えられました。こうした国際的な支援なしにベトナム側の勝利はあり得ませんでした。

第三に、ベトナム戦争を契機にアジアの自立にむかう歴史的な変化が生まれたことです。アメリカにしたがって、アジア人どうしが殺し合った痛苦の体験をふまえ、アメリカとの軍事同盟を拒否し、アジアの紛争は自らが平和的に解決することをめざし、東アジアの共同体構築にむけての動きが開始されることになります。

2　オイル・ショックと世界資本主義の転換

①戦後資本主義の高度成長の終焉

ベトナム戦争におけるアメリカの敗北と同時に戦後資本主義の経済的発展をもたらした高度成長が終焉を迎えます。一九七三年の第四次中東戦争を契機に、石油価格が大幅に引き上げられ、オイル・ショックが起こり、このことが直接的な要因となって一九七四～七五年に世界的な不況になります。工業生産や貿易が戦後最大規模で縮小し、戦後の資本主義の高度成長が終焉を迎えたのです。このなかで、戦後の資本主義を支えていた米国主導の国際的枠組み＝ＩＭＦ体制が動揺します。第二次世界大戦後、米国はドルを基軸通貨とするＩＭＦ体制によって世界経済を支配してきました。しかし、巨額な対外援助、軍事援助によって国際収支が赤字になり、それを埋め合わせてきた貿易収支も赤字に転落し、もはやこれまでのやり方を維持することができなくなったのです。そのため一九七一年一二月、ワシントンで先進一〇ヵ国の蔵相会議（スミソニアン会議）がひらかれ、多国間で為替相場を調整し、為替変動の許容幅の拡大が合意されますが、結局、ドル不振・下落がつづき、一九七三年にはスミソニアン体制も崩壊し、各国は変動相場制に移行しました。

一九七三年の第四次中東戦争を契機に、ＯＰＥＣ（石油輸出国機構・一九六〇年結成）による親イスラエル諸国への石油輸出の制限と原油価格の大幅引き上げが実施されます。中東の豊富な石油に依存していた資本主義諸国に大打撃がおそいます。いわゆる「オイル・ショック」が起きたのです。

資本主義諸国では、原油価格高騰とそれを口実に独占価格の吊り上げがすすみ、卸売物価が二ケタ上昇し、インフレが深刻になります。そのため、各国ともインフレ抑制のため総需要抑制政策をとらざるを得なくなります。このことによって工業生産や貿易が戦後最大規模で縮小し、戦後資本主義の「繁栄」をもたらした高度成長が終焉することになりました。

②新自由主義の登場

高度成長の終焉によって、戦後資本主義経済を支えてきたケインズ主義が後退します。かわって新自由主義の潮流が登場しました。ケインズ主義は、国家の財政出動を積極的におこない、需要を創出することによって、経済発展をもたらし、雇用や社会保障との両立をめざしたのです。しかし、高度成長が破綻し、スタグフレーション（不況とインフレの併存）と膨大な国家財政の赤字をもたらしたことが徹底的に批判されます。かわりに登場した新自由主義は、国家の肥大化や赤字財政をもたらした「福祉国家」の見直し＝「構造改革」を主張し、規制緩和と民営化によって、「小さな政府」を実現し、市場経済の徹底化を主張しました。

重要なことは、こうした「改革」は、「強い国家」の支援がなければ実現できないだけに、「小さな政府」を主張しながら、実際は強権的な国家を必要としたのです。この意味で、新自由主義は、経済的には弱肉強食の市場経済万能主義を、政治的には民主主義の抑圧・形骸化という反動的な性格をもっていました。この新自由主義を旗印に、イギリスにサッチャー政権（一九七九～九〇年）が、アメリカにレーガン政権（一九八一～八八年）が、日本に中曽根内閣（一九八二～八七年）が登場したのです。

3　〝戦後政治の総決算〟と中曽根内閣

一九八二年一一月、中曽根内閣が成立します。中曽根内閣は、政治、社会、経済などあらゆる領域で、これまでの枠組みを変更する動きを本格化します。キーワードは「国際国家」や「戦後政治の総決算」でした。

中曽根政治の特徴は、第一に、「西側の一員」の立場から、国際社会において、アメリカの「旗振り役」を演ずるようになり、それを「国際国家日本」として正当化するようになったことです。一九八三年一月、韓国訪問につづき、アメリカを訪れ、レーガン大統領と首脳会談をおこない、日米両国が「運命共同体」であることを確認し、同時に「ロン・ヤス」というファーストネームでよび合う個人的信頼関係をつくりあげました。

第二に、中曽根内閣のもとで、臨調「行革」路線が本格的に開始されたことです。新自由主義的要素をもった「改革」の出発ともいえます。たとえば、老人医療の有料化（一九八二年）、本人一割負担導入の健康保険法の改悪（一九八四年）、劣悪な国民年金にすべての年金をそろえる「低位平準化」による年金の「一元化」をねらった年金制度の改悪（一九八五年）などがその典型でした。また、電電・専売公社の民営化と国鉄の分割・民営化が強行されます。このことによって、戦後の総評の中心的戦闘部隊であった国鉄労働組合（国労）の弱体化がもたらされることになります。

第三に、〝戦後政治の総決算〟を推進するイデオロギーとして「新国家主義」が提起され、学校教育のなかで「日の丸」「君が代」の強制がすすんだことです。中曽根首相は、戦後日本社会について「軍国主義排除と民主国家建設で成果があったが、物欲主義と無責任の風潮を生み、国家の概念が放棄されてしまった」と嘆き、「健全なナショナリズム」「新国家主義」を提唱しました。

中曽根首相はこうした政治を〝戦後政治の総決算〟と主張し、自分たちの「改革」を「静かなる国家改革」と位置づけました。中曽根首相が主張した〝戦後政治の総決算〟には二つの側面があります。一つは、六〇年安保以来タブーとされてきた憲法体制への挑戦です。こうした「改革」を「静かな革命」「静かなる国家改革」と位置づけ、「じわじわと、うまずたゆまず、知らない間にものごとを推し進めていく」と語っていたのです。もう一つは、保守政治の転換をめざすという意味がふくまれていました。それは経済成長を優先させた「吉田政治からの脱却」です。これまでのべた「国家改革」を実行するには「政治原理のコペルニクス的転換が要請」されており、それは「統治の復活・再構築」を意味していたのです。こうした経済優先の自民党から、国家優先の権威的な自民党への転換の宣言であり、こうした新しい自民党づくりは、二一世紀になって小泉政権や安倍政権に継承されていきます。

4　アジアの構造的変貌

①ASEANの創設と平和の共同体の追求

東南アジア友好協力条約（TAC）の締結

ベトナム戦争の終結は、アメリカに深く従属していたアジア社会の構造的な変化を生みだします。一九六七年、東南アジア諸国連合（ＡＳＥＡＮ）が創設されます。加盟国は、インドネシア、シンガポール、タイ、フィリピン、マレーシアの五ヵ国でした。タイ、フィリピンは反共親米路線をかかげ、ベトナム戦争に協力していました。しかし、ＡＳＥＡＮは、分断と対立からの脱却をもとめ、一九七一年に「東南アジア平和・自由・中立地帯（ＺＯＰＦＡＮ）」構想を発表し、アメリカいいなりから離脱をはじめたのです。これを決定的にしたのが、ベトナム戦争でのアメリカの敗北でした（一九七五年）。

アメリカ敗北を契機に、ＡＳＥＡＮは独自の道を本格的に追求しはじめます。それを象徴しているのが、一九七六年に締結された東南アジア友好協力条約（ＴＡＣ）でした。ＴＡＣは、国連憲章の諸原則と、一九五五年の「バンドン一〇原則」の精神に沿って、恒久平和と紛争の平和的解決を原則としています。ベトナム戦争のなかで、アメリカに従い、武力対立による悲劇を体験しますが、この従属的事態の克服にふみだしたのです。一九七七年、アメリカ主導の軍事同盟である東南アジア条約機構（ＳＥＡＴＯ）は解体します。

またカンボジア問題でベトナムとＡＳＥＡＮは対立しますが、紛争解決のねばり強い努力がおこなわれ、一九九五年にベトナムがＡＳＥＡＮに加盟します。これを契機にカンボジア、ラオス、ミャンマーも加盟します。ベトナムやインドシナ諸国が加盟することによって、ＡＳＥＡＮはベトナム戦争時代の対立を克服し、東南アジアの地域協力機構としての実態をもつようになります。

東南アジアの共同体創設の運動　ベトナム戦争終了後、ＡＳＥＡＮは、「平和と協力」を追求する重層的なシステムの構築を時間をかけながら、一歩一歩着実に実現していくことをめざしてきました。

第一に、それを象徴しているのが、一九七六年に締結された東南アジア友好協力条約（ＴＡＣ）です。ＴＡＣは、すべての国の主権の尊重、外国からの干渉拒否、相互不干渉を基本原則としています。ＡＳＥＡＮは、域外の国にもＴＡＣに加盟することを働きかけ、域内の平和と域外の平和の結合という画期的な平和戦略を採用しています。二〇〇三年に中国、インドが参加し、アメリカの顔色をみて躊躇していた日本も二〇〇四年にＴＡＣに参加。そのアメリカも二〇〇九年に参加し、二〇一二年にはＥＵ（欧州連合）とイギリスが参加しました。

第二に、地域の安全保障を議論するためのＡＳＥＡＮ地域フォーラムをつくりました（一九九四年）。このフォーラムには、ＡＳＥＡＮ諸国だけでなく、アメリカ、日本、韓国とともに北朝鮮も参加（二〇〇〇年）しており、安全保障を話し合う東アジアでの唯一の「場」になっています。

第三に、一九九五年一二月、当時のＡＳＥＡＮ加盟七ヵ国とカンボジア、ラオス、ミャンマーのあわせて一〇ヵ国が東南アジア非核地帯化条約に調印しました（一九九七年に発効）。

第四に、こうした努力の積み重ねのなかで、二〇〇五年にＡＳＥＡＮ主導で東アジアサミットの第一回会議が開催されます。ＡＳＥＡＮはこの東アジアサミットを東アジア全体の平和的共同体「ＡＳＥＡＮインド太平洋構想」（ＡＯＩＰ）に発展させる運動の具体化をはじめています。

このように重層的な枠組みが構築され、東アジアでは東南アジア条約機構（ＳＥＡＴＯ）の解散（一九七七年）にみられるように、軍事同盟でなくＡＳＥＡＮ主導の集団安全保障システム構築が優先しています。

②アジアの経済的発展と民主化の進展

ＡＳＥＡＮと中国の経済発展　一九八〇～九〇年代にかけてアジアの経済的発展が飛躍的にすすみます。一九七九年に、ＯＥＣＤ（経済協力開発機構）が、途上国のなかにＮＩＥｓ（新興工業諸国）が誕生したと指摘しました。韓国、台湾、香港、シンガポール、メキシコ、ブラジル、ポルトガル、スペイン、ギリシャ、ユーゴスラビアの一〇の国と地域で、いわゆる途上国に経済的な中進国が生まれたという報告でした。

一九八〇年代後半になると、ＡＳＥＡＮ諸国が経済的に急成長します。とくに一九八五年の先進五カ国蔵相会議の合意（プラザ合意）以降、日本の多国籍企業化の進展のなかで、日本資本のアジア投資が急速にすすみ、日本からの資本や資材の輸入、それを加工して組み立ててアメリカに輸出し、ＡＳＥＡＮ諸国が急成長します。ＡＳＥＡＮ諸国は、外資導入と輸出の拡大によって、一九八〇年代末にはＮＩＥｓを上回る経済発展を達成します。その結果、一九九七年の通貨危機も何とか乗り切っていきます。アジア域内の投資や貿易も拡大し、一九七〇年に韓国、一九八七年に台湾が「資本の受け手」から「資本の出し手」に転換します。

一九九〇年代に中国経済も飛躍的に発展します。一九九二年の鄧小平の「南巡講話*」以降、本格的な市場経済が発展します。二〇〇一年にＷＴＯ（世界貿易機構）に加盟し、中国が「世界の工場」になります。かつてはイギリスが「世界の工場」であり、一九八〇年代は日本が「世界の工場」といわれましたが、二一世紀は中国が「世界の工場」といわれるようになっていきました。このように、日本→アジアＮＩＥｓ→ＡＳＥＡＮ諸国→中国というように波及的に経済発展が実現しました。

政治の民主化の進展　こうした経済の発展とともに、一九八〇年代後半〜一九九〇年代前半にかけて「冷戦」体制の崩壊のなかで政治の民主化がすすみます。台湾は、一九八七年七月に戒厳令が解除され、一九八九年には政党結成が合法化されます。そして一九九一年一月には、「反乱鎮定期間」の終結が宣言され、国民党として国共内戦の終結を宣言することになります。タイでは、一九七三年に軍政が倒され、一九七六年に米軍が撤退していましたが、政権の腐敗がすすみ、一九九一年に軍部のクーデターがおこなわれます。ところが、都市市民層の激しい抗議運動のなかで、軍部が孤立し、一九九二年の総選挙で軍部の政治介入を批判してきた旧野党勢力が勝利します。

●**南巡講話**　中国の最高指導者だった鄧小平が一九九二年初頭に同国南部地域を視察したさい、各地で改革開放の加速をよびかけたことをさす。天安門事件以降低迷していた同国の経済はこれをきっかけに市場経済化・グローバル化がすすんだ。

韓国でも民主化がすすみます。軍事政権への市民の激しい抵抗運動に対応するかたちで、元軍人で与党の後継大統領候補であった盧泰愚《ノテウ》は、憲法改正による大統領直接選挙の実施、公正な選挙による政権委譲、政治犯の釈放、言論の自由の拡大、などの包括的な民主化宣言をおこないました（一九八七年六月）。一九八七年一二月、この民主化宣言にもとづき大統領選挙がおこなわれ、盧泰愚が当選します。盧泰愚は「冷戦」体制の崩壊という事態に対応して、ソ連との国交樹立（一九九〇年九月）、北朝鮮との不可侵宣言（一九九一年一二月）、中国との国交樹立（一九九二年八月）などの「北方外交」を実施しました。さらに一九九二年の大統領選挙では、三〇年ぶりに軍人でない大統領が誕生しました。こうしたアジア諸国の民主化の特徴は、その原動力が、経済成長のなかから形成された都市の市民層の運動と労働運動や学生運動などとの結合した下からの力にあることです。また「冷戦」体制の崩壊という国際政治の激動のなかで、こうした下からの民衆の運動に対応するために体制のなかから「上からの民主化」を推し進める勢力が登場したことにありました。

ここで重要なことは、戦前は欧米や日本の植民地・従属国であり、戦後はアメリカの従属国であったアジアの政治的経済的自立がすすみ、アジアの構造的な変化がすすんだことです。もはやかつてのアジアとは違う歴史的変化・発展がおこなわれました。

5　非同盟運動と植民地体制の崩壊

①非同盟運動の発展

インドのネール、エジプトのナーセル、ユーゴスラビアのチトーらの提唱で、一九六一年、ユーゴスラビアのベオグラードにおいて第一回非同盟諸国首脳会議がひらかれました。参加は二五ヵ国でした。非同盟運動は、大国主導の軍事同盟に加わらず、世界平和と民族自決権の確立、公正な国際秩序の樹立をめざす運動です。その後さまざまな困難を乗り越えて発展し、二〇〇六年の第一四回首脳会議には史上最大の一一八ヵ国が参加し、国連加盟国の三分の二近くに達しています。アジア二三ヵ国のうち、日本と韓国以外は非同盟運動に参加しています。国連憲章にもとづく平和の国際秩序をつくり、核兵器の廃絶をすすめる、公正で民主的な国際経済秩序をつくるうえで、非同盟諸国の役割はきわめて大きなものになっています。

②植民地体制の終焉――「ダーバン宣言」

一九六〇年の国連総会で、「植民地独立付与宣言」が決議され、植民地支配の不当性が国際的に合意されていましたが、新植民地主義を推進していた世界最大の軍事大国であるアメリカのベトナム侵略戦争（一九六五～七五年）での敗北が植民支配の終焉を決定的にしました。その国際的宣言が二〇〇一年八～九月に南アフリカのダーバンで開催された国連中心の「ダーバン会議」での「宣言」でした。この「ダーバン宣言」では植民地支配は過去に遡って非難されなければならないとされます。一六世紀以来、資本主義は植民地支配をともなって発展してきましたが、その植民地支配が不当とされたのです。

こうして、二〇世紀後半、植民地体制が崩壊し、「脱植民地化」が国際秩序の基本原則になったといえます。植民地体制の崩壊が、二〇世紀における最大の歴史的到達点といえます。

6　ジェンダー*平等をめざす歴史的うねり

一九七〇～八〇年代には、世界史的ともいえる大きな変化が進展しました。それは、ジェンダー平等をもとめる大きなうねりが起こり、女性差別の一掃と女性の自立をもとめる国際的な動きがつくりだされ、性の多様性を認め合う社会への本格的な転換が開始されたことです

●ジェンダー
一般的には、社会的文化的につくられる「女らしさ」「男らしさ」といった性別の差異を意味する言葉とされる。この性別の差異にもとづく行動規範や性別役割分担はそのときどきの支配階級によって、支配・抑圧のために政治的に利用され、歴史的に社会に押しつけられてきたところに、その本質が認められる。

第２次世界大戦後に独立した旧植民地国

1945	ベトナム
46	フィリピン、シリア、レバノン、ヨルダン
47	インド、パキスタン
48	ビルマ、スリランカ
49	インドネシア
50	
51	リビア
52	
53	カンボジア
54	ラオス
55	
56	スーダン、モロッコ、チュニジア
57	ガーナ、マレーシア
58	ギニア
59	
60	カメルーン、トーゴ、マダガスカル、ザイール、ソマリア、ベニン、ニジェール、ブルキナファソ、コートジボアール、チャド、中央アフリカ、コンゴ、ガボン、セネガル、マリ、ナイジェリア、モーリタニア、キプロス
61	シェラレオネ、タンザュア、クウェート
62	ルワンダ、ブルンジ、アルジェリア、ウガンダ、ジャマイカ、トリニダードトバゴ、西サモア
63	ケニア、モルディブ
64	マラウィ、ザンビア、マルタ、ベリーズ
65	ガンビア、シンガポール
66	ボツワナ、レソト、バルバドス、ガイアナ
1967	
68	モーリシャス、スワジランド、赤道ギニア、ナウル
69	
70	フィジー、トンガ
71	アラブ首長国連邦、カタール、バーレーン
72	バングラデシュ
73	ギニアビザウ、バハマ
74	グレナダ
75	モザンビーク、カボベルデ。コモロ、サントメ・プリンシペ、アンゴラ、スリナム。パプアニューギュア
76	セーシェル
77	シブチ
78	ソロモン諸島、ツバル、ミクロネシア連邦
79	キリバス
80	ジンバブエ、バヌアツ
81	アンティグア・バーブーダ
82	
83	セントクリストファー・ネピス
84	ブルネイ・ダルサラーム
85	
86	マーシャル群島
87	
88	
89	
90	ナミビア
91	
92	

第二次世界大戦後の女性差別撤廃の運動は飛躍的に前進します。一九四五年一〇月に発効した国連憲章は男女平等と女性の権利保障を宣言していました。一九六七年に国連総会で「女性に対する差別撤廃宣言」が採択されます。一九七五年から国際女性年がはじまり、定期的に世界女性会議が開催されていきます。一九七五年にメキシコで最初の世界会議がひらかれ、採択された「メキシコ宣言」では、「子どもを育てるということは女性と男性とが社会全体で責任を分け合うことを要求している」とのべられています。そのうえで、一九七九年に「女性に対するあらゆる形態に関する差別の撤廃にかんする条約（女性差別撤廃条約）」が国連総会で採択されます。日本は一九八五年に批准しました。

このなかで、第一に、社会への女性の進出と家庭の問題を両立させることの決意と方針が明確にされます。家庭の問題にかんしても、「男性の伝統的役割」の変更という重要な指摘がなされています。男女の完全な平等の実現のために、法律や制度とともに社会の意識、慣習、慣行、気風などのつくりなおしがもとめられています。第二に、この条約の実効性を担保するために、締結国（条約を批准している国）から、国連への報告を義務づけ、それにたいして国連内に各国に勧告する女子差別撤廃委員会（ＣＥＤＡＷ）設置がきめられています。国際社会における両性の平等を実現する努力は、まさに「女性の世界史的復権」をめざす画期的なものになっています。

7　冷戦の崩壊と国際社会の激動

①ソ連・東欧の体制崩壊

一九八九～九一年にかけてソ連・東欧が体制崩壊しました。東西冷戦のなかでつづいてきた「米ソ対決構造」の崩壊という激動でした。一九八九年六月、中国において平和的に民主化を要求していた学生や勤労市民を武力弾圧した「天安門事件」が起きると、それに連動して、東ヨーロッパで民主化をもとめる人民の運動が爆発します。そのなかで、ハンガリー、ブルガリア、チェコスロヴァキア、ポーランドなどで一党制が廃止され、党と国家の関係の根本的みなおしと民主化が進行します。東ドイツでも、一九八九年一一月、東西冷戦を象徴していた「ベルリンの壁」が崩壊しました。ルーマニアでは、民主化運動の爆発によって、チャウシェスク大統領夫妻が逮捕され、銃殺されたのです。

ソ連では、ゴルバチョフが登場し、情報公開や言論の自由を認めると同時に、市場経済の導入と西側からの経済援助によって経済的危機を乗り切ろうとしました。しかし、経済改革は成功せず、経済的混乱が深刻になっていきます。さらに、五〇年前に締結された独ソ不可侵条約の秘密議定書によって、強制的にソ連に併合されたバルト三国の独立運動が高揚しますが、ゴルバチョフは武力で弾圧しました。ロシアでは、急進的「改革」をかかげるエリツィンが大統領に当選しました。こうしたなかで、一九九一年夏、保守派によるクーデター事件が起きますが、クーデターは失敗し、その関与を根拠に、ゴルバチョフは共産党の解散を声明したのです。さらに、同年一二月、ソ連は創立以来六九年で解体することになります。すでに、同年六月に、経済相互援助会議（コメコン）が、七月にワルシャワ条約機構が解体しており、ソ連・東欧ブロックが名実ともに消滅したのです。

一九一七年のロシア革命によって、社会主義をめざしていたはずのソ連が、一九三〇年代のスターリンによる反動的構造改革によって社会主義と無縁な覇権国家、人間抑圧型社会に変質していましたが、スターリン亡き後も継続され、それが人民の民主化運動によって崩壊しました。

②湾岸危機、湾岸戦争

一九九〇年八月、イラク軍がクウェートを侵攻し、全土を制圧します。国連は、八月二日の安全保障理事会でイラクを非難し、無条件撤退を決議しました。しかしイラクのフセイン大統領は、クウェートは本来イラクの一部であるといって併合を宣言したのです。国連加盟の主権国家への侵略行為でした。アメリカはサウジアラビア防衛支援を名目に、アメリカ軍の派遣を決定し、同盟国、友好国に軍事的・財政的協力をもとめたのでした。国連はイラクへの経済制裁を決議し、実施し、国際世論は問題の平和的解決ももとめますが、一一月二九日、安保理事会は、アメリカなど多国籍軍に対イラク武力制裁の権限を委任する決議（六七八号）を採択します。これを受けて翌一九九一年一月一七日、多国籍軍が攻撃を開始し、二月には大規模な地上戦に入ったのです。圧倒的な軍事力の差によって、軍事的な決着はすぐにつき、フセイン大統領はクウェート撤退を命令し、停戦します。そして四月三日、安保理事会は正式停戦の確認を決議し、イラクはこれを受諾します。

日本はアメリカから「国際貢献」を大義名分に、自衛隊の派遣をもとめられますが、戦争が終わって、一九九一年四月、閣議決定で自衛隊の掃海艇部隊をペルシア湾に派遣しました。自衛隊の海外出動は戦後はじめてのことです。

③EUの誕生

ヨーロッパは日米両国とちがう方向にむかいます。ヨーロッパでは、冷戦のもとでアメリカに従属しながらも、独自にヨーロッパの地域的統合を強めていました。第二次世界大戦のような痛苦の体験をくり返させない不戦の体制と経済復興がめざされ、先ほどものべたように（一九〇～九一頁）、一九五二年に戦争物資である石炭、鉄鋼を管理する「ヨーロッパ石炭鉄鋼共同体」が創設され、一九五八年に「ヨーロッパ経済共同体」（ＥＥＣ）が、一九六七年には「ヨーロッパ共同体」（ＥＣ）が結成され、地域的統合が強化されていました。そしてソ連崩壊後、マーストリヒト条約（一九九二年調印、一九九三年発効）にもとづき、一九九三年にＥＵ（欧州連合）が誕生します。二〇〇二年には、統一通貨（ユーロ）をつくりだし、単一市場を実現します。ＥＵ

は、さまざまな社会的規制を加えた市場経済を理念とし、労働条件や社会保障などでも、労働者や市民の要求が反映された指令や規則を定め、「ルールある経済社会」をめざすことになります。

8 「アメリカン・グローバリズム」と新自由主義の拡大

①アメリカの「拡張戦略」

湾岸戦争の勝利とソ連の崩壊を契機に、アメリカは新たな世界戦略の追求に乗りだします。クリントン政権になると（一九九三年一月）、戦略構想が具体的になります。一九九三年九月、クリントン大統領は、国連演説で「新しい時代におけるわれわれの最優先の目標は、市場を基礎とした民主主義諸国の世界共同体を拡大、強化すること」とのべたのです。また国家安全保障担当のレイク大統領補佐官は、その演説のなかで、「冷戦のあいだ、われわれは市場民主主義諸国にたいする地球的脅威を封じ込めた。いまや、われわれは、市場民主主義のひろがりをさらに拡張すべきである。封じ込め戦略の後を継ぐのは、拡張戦略である」とのべています。ソ連崩壊を受けて「拡張戦略」への転換を強調しました。

②「アメリカン・グローバリズム」

一九八〇年代後半～一九九〇年代初頭にかけて、経済の「グローバル化」が指摘されるようになります。その実態は、アメリカ主導の「グローバル化」であり、「アメリカン・グローバリズム」といえるものでした。とくに一九九一年にソ連が崩壊すると、アメリカは軍事の面だけでなく、経済の面でもヨーロッパや日本を抑えて世界的な覇権をもとめてきます。

「アメリカン・グローバリズム」の主な推進力は、第一に、情報技術革命の急速な進展でした。とくに一九九〇年代のインターネットの普及は、世界中の情報の瞬時の流通を可能にしました。第二の推進力は、経済の金融肥大化にもとづく、金融自由化によるものでした。アメリカは、情報技術革命と金融自由化を結びつけ、世界中に金融自由化と規制緩和をおしひろげていきます。金融の規制緩和が極端にすすめられた結果、金融市場が実体経済から分離し、投機化の傾向を強めていきます。肥大化した投機マネーが跋扈する金融市場がアメリカ主導でつくられていきました。

③アメリカ中心の多国籍企業化

「アメリカン・グローバリズム」とは、アメリカを中心とする多国籍企業の世界支配のことにほかなりません。アメリカ政府は、「アメリカン・グローバリズム」をおしひろげるために、ＩＭＦや世界銀行などとともに、各国に新自由主義的な「構造改革」を押しつけていきます。

二〇世紀後半、アメリカを中心に経済のグローバル化が急速にすすんでいます。その特徴は、資本蓄積が国境を超えて発展している多国籍企業化にあります。多国籍企業とは、国内事業の支配を海外にまでおしひろげ、世界戦略に沿って世界各地域に設立された海外子会社によって最大限の利潤の獲得を推進する資本のことです。この地球的規模の資本輸出の展開は、途上国への収奪を強めながら、欧米日の製造業の低迷、中小企業の企業危機などによる産業の「空洞化」を深刻にしています。

9　バージョン・アップする日米同盟と本格化する新自由主義的「構造改革」

①自衛隊の海外派兵の既成事実化

湾岸戦争において、日本は一三五億ドルの戦費を負担しました。日本政府はアメリカからの「人的貢献」＝自衛隊派遣の要請に動揺します。戦争のなかで、「国際貢献」がキャンペーンされ、お金だけでいいのかという世論が組織されていきます。一九九〇年一〇月の臨時国会に、自衛隊員を国連平和協力隊員として「併任」で派遣する国連平和協力法案が提出されましたが、国民世論の反発が強く廃案になります。ところが、戦争が終わると、閣議決定で、自衛隊の掃海艇部隊がペルシア湾に派遣されました（一九九一年四月）自衛艦六隻、五一〇人の掃海艇部隊が派遣されたのです。「国際貢献」を口実に、戦後はじめて自衛隊が海外に派遣されました。さらに、翌一九九二年にＰＫＯ等協力法が成立して、国連の平和維持活動に自衛隊が参加することができるようになります。ただＰＫＯ本隊の平和維持軍に参加することは凍結されます。これによって自衛隊がカンボジアやザイール・ゴマなどにでかけていくことになります。

一九九〇年代になり、こうした自衛隊の海外派遣という既成事実と連動して、日米同盟が大きく転換し、バージョン・アップされます。すでにアメリカとの間で、一九七八年に同盟関係を強化するために共同作戦のガイドライン（日米防衛協力の指針）が締結されていましたが、冷戦後の日米同盟のあり方が検討され、一九九六年四月に「日米安保共同宣言」が発表されます。「宣言」で強調されたのは、〝ソ連の脅威〟にかわってアジア太平洋地域の安全の重要性でした。そしてそのために一九九七年九月に新しいガイドラインが決定されます。アジア太平洋地域で、アメリカが紛争に介入するときに、日本の自衛隊が「後方支援」で参加する体制づくりでした。「日本有事」に変わり、キーワードがアジア太平洋地域の有事＝「周辺有事」にそなえる日米同盟に大きく変化したのです。

②本格化する新自由主義的「構造改革」――「日本的経営」からの転換

多国籍企業化の本格的開始とアメリカからの規制緩和要求

一九九〇年代の日本経済の特徴は、多国籍企業化が本格的に開始されたことにあります。これまでの輸出依存の限界があきらかになると、一九九〇年代なかごろから、日本の企業の海外生産が本格化していきます。アメリカやヨーロッパの先進資本主義国だけでなく、低賃金の利用、市場開発、国際的最適地生産体制の構築、企業内国際分業の推進などによって、アジア展開が本格化しました。日本の海外生産比率は、一九八六年以降上昇をつづけ、製造業の場合、一九九六年に一一・六%となり、一九九七年には一三%となっています。また製造業の海外現地法人の売上高は、一九九六年に日本の輸出総額を上回るまでになっています。こうした海外生産の増加は、日本国内での設備投資の抑制、雇用の削減など産業の空洞化をもたらし、不況をより深刻にさせたのです。

こうした本格的な多国籍企業化にともなう経済構造の改革の動きがはじまります。これまでの輸出依存型経済構造からの転換を余儀なくされたのです。その出発点は、日米構造協議（一九八九～九〇年）と日米包括経済協議（一九九三年～）でした。この協議は、日米貿易摩擦などを解決しながら、日米関係の調整をめざすものでしたが、このなかでアメリカから日本の市場開放と「規制緩和」が強く要求されます。日本はアメリカに屈服して市場開放を受け入れ、日本の財界も「規制緩和」を世界の流れとして受け入れてこれを積極的に推進することになります。

一九九四年三月にデトロイトでひらかれた「G7雇用サミット」、同年七月のナポリ・サミット、一九九五年六月のハリファックス（カナダ）サミットなどで「硬直した労働市場」の「構造改革」によって「労働市場の弾力化」を実現するアメリカ主導の国際的「雇用戦略」の推進が合意されます。

新自由主義路線と非正規雇用の急増

日本の財界は、一九九六年に発表された経済団体連合会（経団連。現在の日本経団連）の「『魅力ある日本』——創造への責任」（豊田ビジョン）にみられるように、新自由主義的構造改革路線を採用することになります。このことをふまえて、橋本「六大改革」が政府の方針になります。この構造改革が、小泉内閣や安倍内閣の時代に全面的に実行されていきました。

こうした「構造改革」によって、日本の職場社会の根本的改革がめざされます。日本経営者団体連盟（日経連。二〇〇二年に経団連と統合して日本経済団体医連合会〔日本経団連〕に）の総会で「新時代の『日本的経営』」（一九九五年）が決定されました。この方針がその後の日本社会の雇用構造激変の画期になります。その特徴は、第一に、「雇用・就業形態の多様化」をめざすとし、専門職から一般職まで、労働力の圧倒的多数を非正規雇用に転換させようとするものでした。経済的に非効率になったとされる終身雇用、年功制などの縮小・解体が追求されます。

第二に、成果主義による新たな労働者管理の体制の構築をめざしていました。労働者の賃金を決定するさいに、年齢や勤続の要素を排除し、業績（成果）、職務、役割など使用者の主観的要素できめるというものです。個々人の賃金決定が集団的労使交渉の対象から外され、労働者間の競争が激化することになります。

これは、これまでつづいてきた終身雇用や年功制を特徴とする「日本的経営」＝「日本的労使関係」からの根本的転換をめざすものでした。これを契機に、短期間のうちに、正規雇用労働者が減少し、非正規雇用労働者が増大します。非正規雇用労働者は、一九九五年に一〇〇一万人（二一％）でしたが、二〇一六年には二〇〇〇万人（三七・六％）を超えました。また青年労働者、女性労働者では二人に一人が非正規雇用になっています。

職場社会の激変

この「改革」が日本社会に与えた影響は絶大なものになります。この雇用戦略を転機に日本の職場社会が激変していきます。

一つは職場における労働者の集団的関係の破壊がすすみ、その過程で、差別、不正、いじめなどの理不尽なことを認めない「まともな人間関係」が喪失していきます。職場の集団的関係が空洞化され、労働者の団結の基盤が崩されていったのです。無権利の非正規雇用労働者が増大し、正規雇用労働者が減少するなかで、労働組合の組織率が二〇〇三年に二〇％を割り一九・六％に低下します。戦後のピークは、一九四九年の五五・八％でしたが、一九五三～八一年までは三〇％台でした。減量経営が推進されていた一九八三年に三〇％を割り、二〇年経って二〇〇三年に一〇％台に減少したのです。

学習と討論のテーマ

1　ベトナム戦争でアメリカが敗北した意味はどこにあったでしょうか。
2　高度成長が終了し、新自由主義が登場してきた意味を考えてみましょう。
3　アジアの構造的変化の意味を考えてみましょう。
4　ジェンダー平等の歴史的うねりの意味を考えてみましょう。
5　本格化する日米同盟と新自由主義的「構造改革」の意味はどこにあるのでしょうか。

第一三章　二一世紀の世界と日本

1　激動する世界とアフガニスタン・イラク戦争

①九・一一テロ事件とアフガニスタン・イラク戦争

二一世紀を迎えて、アメリカではブッシュ政権が発足しました（二〇〇一年一月）。同年四月、日本では小泉内閣が発足します。そして同年九月一一日、ウサマ・ビンラディンに率いられるテロリスト集団「アルカイダ」による「同時多発テロ」が起きたのです。このテロ事件を契機に、ブッシュ政権は、反テロ戦争を推進するために、「ブッシュ・ドクトリン」を発表しました。その軍事戦略上の特徴は、二〇〇二年の「国家安全保障戦略（NSS）」に示されているように、「先制攻撃戦略」と「単独行動主義」でした。この国家戦略・軍事戦略にもとづいて、アフガニスタン（二〇〇一年）やイラク（二〇〇三年）への軍事侵攻が強行されたのです。

しかし、アフガニスタンにつづいて、イラクにたいするアメリカの軍事侵攻の危険性が強まるなかで、ブッシュ戦略にたいする反発が世界中にひろがりました。同盟国のフランスやドイツが反対にまわり、安保理常任理事国のロシアや中国も反対します。その背景には、二〇〇三年二月の空前の反戦・非戦運動（六〇〇都市・一〇〇〇万人超）にみられる世界の民衆のパワーがあったのです。

このブッシュ政権をささえたのが、イギリスのブレア政権と日本の小泉内閣でした。小泉内閣は、二〇〇一年のテロ特措法によって、インド洋にイージス艦を派遣しましたが、二〇〇三年五月の日米首脳会談で、「世界の中の日米同盟」が合意されると、イラク特措法を成立させ、戦後はじめて武装した自衛隊をイラクに派遣します。日米安保条約の発動の地域的範囲である「極東」を超えてイラクやインド洋で軍事協力することをアメリカに誓ったのです。

②テロや地域紛争の激化と解決の展望

アメリカのアフガニスタン戦争、イラク戦争は数十万人の命を奪い、泥沼の内戦をもたらし、テロを世界中に拡大させました。アメリカは、イラクへの侵攻・占領のなかで、「スンニ派」と「シーア派」の宗派対立を最大限に利用します。旧フセイン政権は「シーア派」だけを弾圧したのではなく、「スンニ派」「シーア派」を問わず、体制に批判的なイラク国民全体を抑圧しました。したがって、フセイン政権に反対する抵抗運動は宗派のちがいを超えて国民的ひろがりをもっていたのです。アメリカはこの国民的共同を分断し、イラク社会を混乱に導いたのです。この混乱のなかで、国際テロ組織アルカイダの影響もあり、「イラクのアルカイダ」が生まれ、さらに、他組織と合併して、「イラクのイスラム国」になります（二〇〇六年）。

二〇一一年の「アラブの春」を契機にシリアで内戦が激しくなります。この内戦にアメリカ・NATO諸国の「有志連合」やロシアが介入し、混乱が激しくなると、そのなかで「イスラム国」が勢力を拡大し、「イラク・シリアのイスラム国」（二〇一三年）と改称し、「国家」樹立を宣言するまでになったのです。やがて、大国の軍事介入で、「イラク・シリアのイスラム国」は壊滅状態になりますが、戦争や軍事力でテロや地域紛争を解決することはできません。

テロや地域紛争の解決の展望を考えるうえでいくつかの問題が提起されています。一つは、大国の介入の問題です。国連を中心とする国際社会の援助のもとで、それぞれの地域の諸勢力の自主的な話し合いで解決の道を探ることが重要になっています。

もう一つは、過激組織に傾倒する社会的土壌の改革の課題です。そのためには、格差と貧困の根絶、教育の充実など民衆を主体とする地域社会の民主的で根本的な改革がもとめられています。この民主的改革を支援する国際社会の連帯が重要になっています。

③トランプ政権の成立と中国政策の転換

冷戦崩壊以降、アメリカは中国をアメリカ主導のグローバル経済にとり込むという「関与政策」をとってきました。ところが、二〇一〇年代ごろから、とりわけトランプ政権（二〇一七～二一年）以降、中国への対決姿勢を鮮明にします。中国の急速な経済的成長（とくに最先端技術など）と軍事力の膨張、国際社会での影響力の拡大に危機感を強くもつようになったからです。

中国は、アメリカ、日本などの先進資本主義国からの資本を誘致し、豊富な低賃金労働力と結合することによって経済発展を急速にすすめてきました。重化学工業だけでなく、ハイテク産業での成長が著しく、最先端技術でのアメリカとの競争が激しくなっています。中国は二〇一〇年に日本を抜き、世界第二位の経済大国になっています。二〇一四年には日本の二倍、二〇二一年には三倍前後に達し、二〇二一年の世界GNP比は一八％になり、アメリカの二四％に次ぐ経済大国になっています。こうした経済大国化を背景に、二〇一三年に広域経済圏プロジェクト「一帯一路」構想が開始され、すでに一四〇ヵ国、三〇余国際機関と協力関係を結んでいるといわれています。

安全保障の面でも、「世界一流の軍隊を急いで築く」として軍事力強化がすすめられています。そして、この間の南シナ海、東シナ海での「力」による現状の変更を追求する態度、核兵器問題でも、核兵器禁止条約に反対し、アメリカに対抗して核大国を追求する政策などに中国の覇権主義・大国主義の傾向が顕著になっています。

台湾問題でも、「平和的統一を勝ちとる」としながら、「武力行使の放棄はけっして約束しない。いっさいの必要な措置をとる」と高圧的な態度をとっています。

こうした中国の経済成長や軍事大国化に脅威を抱いたアメリカは、中国包囲網を強めています。インド太平洋地域では日本や韓国、豪州、フィリピンなどの同盟国との二国間関係を強化しながら、日米豪印の四ヵ国枠組みＱＵＡＤ、米英豪の安全保障協力枠組みＡＵＫＵＳを追求してきました。そして、日本にも中国包囲に従うことを強く要請します。一連の日米首脳会談をつうじて、日本はこれに積極的に呼応し、台湾有事のさいに、集団的自衛権を行使して、自衛隊が参戦すること、さらにそのために、「日本の防衛力を抜本的に強化」することを約束します。二〇一四年七月の集団的自衛権行使容認の閣議決定、二〇一五年九月の安保関連法の法制化、二〇二二年一二月の「安保三文書」の決定などの一連のできごとは、そのことを示しています。

トランプ大統領の登場は、「アメリカ・ファースト」にみられるように、戦後国際秩序に挑戦する大国主義、覇権主義の動きであり、国際社会に混乱と混迷をもたらしました。アメリカの負担を軽減するために、同盟国に一方的に軍事力の増大をもとめています。国連総会で採択された核兵器禁止条約に反対し、「使いやすい核兵器」の開発・配備に力を入れています。さらに、パリ協定から離脱し、地球温暖化抑制に背をむけています。トランプ政権の「アメリカ・ファースト」は、核の脅威や地球温暖化から「人類の生存」をまもろうとする二一世紀の人類的課題への挑戦にほかなりません。

こうしたトランプ政権などの戦後国際秩序に挑戦する動きに連動して、欧米を中心に右翼排外主義が活発化しています。

④新自由主義的「構造改革」と軍事大国化の全面的実行

二一世紀になり、日本経済を立て直すための新自由主義的「構造改革」の全面的実施が急がれました。また、アメリカとの従属的連関をいっそうに深め、日本の軍事大国化を実現するために改憲を急ごうとする自民党の野望が強まっています。これは「世界で一番、企業が活躍しやすい国」と「海外で戦争する国」という二つの国づくりでした。その主な担い手が小泉内閣と安倍内閣でした。

小泉内閣　二〇〇一年四月、自民党の最大派閥であった橋本派の橋本龍太郎を破って小泉純一郎が総裁に選ばれます。小泉内閣の誕生です。小泉首相は、「自民党をぶっ壊す」と古い自民党政治の「改革」を主張し、国民的人気を獲得します。彼は政府・与党内に「敵」＝「抵抗勢力」を設定し、これを攻撃しながら「改革」を推進する政治手法をとったのです。小泉内閣は、「改革なくして景気回復はない」と「構造改革」を強力に実行しました。橋本「六大改革」で挫折した新自由主義的な「構造改革」を全面的に、一挙に実現しようとするものでした。

小泉内閣は、官から民へと、国営・公営事業の民営化を促進し、郵政の民営化を実現します。また、労働法制の規制緩和を促進するため、二〇〇三年には、労働者派遣法が「改正」され、製造業への派遣を解禁し、全面的な自由化を実現します。さらに、日本の財界の要望に忠実に、年金や社会保障、税制度における大企業の負担を軽くし、逆に国民負担が強められるように、二〇〇四年の通常国会で、給付水準の切り下げと保険料の国民負担を強める社会保障制度の改悪が法制化されました。

こうした「構造改革」を推進するために、国家・政治体制の再編が進行しました。これまでの「政・官・財」の三者の癒着構造が、「財主導」の癒着構造に変化したことです。とくに二〇〇一年に発足した「経済財政諮問会議」は、「構造改革」の「司令塔」としての役割をはたしますが、民間議員に経済同友会の牛尾治朗、日本経団連の奥田碩《ひろし》が入り、きわめて大きな役割をはたしたのです。「経済財政諮問会議」の決定がトップダウン方式で政策化していきました。

安全保障の面でも、小泉内閣はアメリカに徹底的に追随しました。二〇〇一年一〇月のテロ特措法（テロ対策特別措置法）、二〇〇三年七月のイラク特措法（イラク復興支援特別措置法）にもとづいて自衛隊を派遣します。テロ特措法でインド洋にイージス艦が派遣されました。

二〇〇四年二月、戦後はじめて武装した自衛隊がイラクに出動することになります。ところがこの派遣は、「日本有事」や「極東有事」を定める安保条約では説明できませんでした。それを正当化する根拠は「日米同盟」＝「世界の中の日米同盟」だったのです。

安倍内閣　二〇〇六年、安倍晋三内閣が発足しました。安倍首相は「戦後レジームからの脱却」を主張し、教育基本法の改悪（二〇〇六年）、国民投票法の制定（二〇〇七年）など改憲路線を推進します。ところが、二〇〇七年の参議院選挙で過半数に到達しないという大敗北を遂げ、退陣します。二〇一二年一二月の総選挙で、再び自公連立の安倍内閣（第二次）が発足しました。安倍内閣は、発足以来、「海外で戦争する国」と「世界で一番、企業が活躍しやすい国」という二つの「国」づくりをめざしてきました。

安全保障の面では、安倍首相は、日米同盟をすべてに優先しており、アメリカとの「血の同盟」が日本の安全に絶対必要と信じ込んでいました。いわゆる軍事同盟信仰です。そのためにも憲法第九条を変えることが絶対に必要でした。二〇一五年四月に締結された第三次ガイドライン（日米防衛協力の指針）で、日米両国が世界の安定のために「主導的役割を果たす」と宣言されたのです。安倍内閣は、すでに、二〇一四年七月に、集団的自衛権行使容認の閣議決定をおこなっていましたが、このガイドラインにもとづき、二〇一五年九月に安保関連法を強行します。日本を「海外で戦争する国」に変質させようとしており、二〇一七年五月には、二〇二〇年までに九条改憲を実現すると宣言しますが、「市民と野党の共闘」という国民的共同闘争によって実現できませんでした。

経済面をみると、安倍内閣は、二〇一二年一二月の総選挙以来、「アベノミクス」（経済再生）によって二年程度でデフレを脱却して日本経済を再生すると強調してきました。ところが、デフレ脱却どころか、格差と貧困が深刻な事態になっています。「アベノミクス」の中心は「成長戦略」であり、雇用改革など新自由主義的「構造改革」路線の復活強化をめざすものでした。しかし、経済再生どころでなく、格差・貧困の拡大と富の一極集中で「アベノミクス」は行き詰まり、国民の不満が深刻になっていきます。

2　リーマン・ショックと社会運動の新しい動き

①世界的な社会運動の新しい動き

二〇〇八年、アメリカの投資銀行リーマン・ブラザーズ・ホールディングスの経営破綻をきっかけに、世界的な金融危機が発生し、多くの国ぐにが深刻な経済危機に陥り、世界同時不況が深刻になりました（リーマン・ショック）。このグローバル資本主義の暴走によって、格差と貧困が拡大し、それに反対する新しい市民運動が発展しました。ＥＵ（欧州連合）では、二〇〇八年のリーマン・ショック以降、民営化、公務員削減、医療・教育予算の削減、年金改悪など新自由主義的緊縮政策がとられ、格差と貧困、不況と失業が深刻化します。こうしたなかで、ギリシャ、ポルトガル、スペインで緊縮政策に反対する市民運動が前進し、この市民運動と連携した政党が総選挙などで大きく躍進し、ギリシャとポルトガルでは新政権が樹立されます（二〇一五年）。イギリスでは、二〇一五年九月、労働党の党首に、緊縮政策、失業、格差と貧困に抗議する青年層に支持されたジェレミー・コービンが選出されました。

アメリカでは、二〇一一年にニューヨークで「オキュパイ（占拠）」運動が起きます。「私たちは九九％」をかかげ、経済危機のもとでひろがる失業と貧困、所得格差の著しい拡大に抗議する運動で、政治の変革をもとめ全国にひろがりました。

この時期、反新自由主義、反独裁の社会運動が世界的に発展しました。中東でも、二〇一〇〜一一年に大衆的な非暴力の運動で軍事独裁政権を倒す民主化運動が高揚し、「アラブの春」とよばれました。また韓国でも、キャンドルをかかげた一〇〇万を超える韓国市民がソウルに集まり、朴槿恵《パククネ》政権の不正を追及し、ついに退陣に追い込む「市民革命」＝「キャンドル革命」（二〇一六〜一七年）がおこなわれます。

②日本における社会運動の再生

日本でもこの世界的な新しい市民運動、社会運動と連動する市民の反撃が開始されます。一つは、自民党が選挙公約で改憲を提起し、憲法問題が政局の中心問題になったことに対応し、二〇〇四年に作家の大江健三郎、井上ひさし、哲学の鶴見俊輔、評論家の加藤周一氏ら九人のよびかけで九条改憲反対を一致点とする「九条の会」が発足しました。もう一つは、二〇〇八年のリーマン・ショックを契機に、〝派遣村の運動〟が起きたことです。二〇〇八年の派遣切りの嵐は、職を奪われ、雇用保険や生活保護が適用されない労働者に路上生活を強いることになります。この事態に市民運動と労働組合の連携で「年越し派遣村」の活動がおこなわれました。活動は連日報道され、社会的関心が高まり、非正規雇用労働者の雇い止めやワーキングプア（貧困）という問題が可視化されます。労働組合運動や社会運動が活性化しはじめました。

こうして、社会運動の再生が開始されましたが、それがさらに大きく発展する契機が、二〇一一年「三・一一」の東日本大震災と福島原発事故でした。とくに、二〇一二年三月二九日、三〇〇人ではじまった脱原発の首相官邸前抗議行動が与えた影響はきわめて大きなものがありました。全国各地で「普通の市民」たちによる反原発の行動が活発になっていったのです。

また沖縄では、新基地建設による沖縄の海兵隊基地の再編強化が、「オール沖縄」とよばれる島ぐるみのたたかいに発展しました。二〇一四年には、一月名護市長選、九月名護市議選、一一月県知事選、一二月衆議院総選挙で自民党を打ち破って、「オール沖縄」の基地建設反対派が圧勝します。この脱原発の共同行動の前進と「オール沖縄」の新基地建設反対のたたかいが、二〇一五年の戦争法反対の歴史的な国民運動の発展に継続しました。

③二〇一五年の安保関連法反対の国民的共同闘争

安倍内閣は、二〇一四年七月に集団的自衛権を容認する「閣議決定」をおこない、二〇一五年九月に安保関連法を強行しました。これにたいして、市民のたたかいが大きくもりあがり、このなかで「市民と野党の共闘」が実現します。二〇一五年のたたかいは既成の社会運動と新しい市民運動との共同による統一戦線運動でした。

その特徴は、第一に、既存のほとんどの護憲勢力を結集した「総がかり行動実行委員会」が結成され（二〇一四年一二月）、国民的共同の受け皿として大きな役割をはたしたことです。市民運動団体の「解釈で憲法9条を壊すな！実行委員会」が仲立ちとなって、右派の連合（日本労働組合総連合会）系組合が参加する「戦争をさせない１０００人委員会」、たたかうナショナルセンターである全労連（全国労働組合総連合）が参加する「憲法共同センター」との共闘が実現したのです。

第二に、この「総がかり行動実行委員会」とＳＥＡＬＤｓ（自由と民主主義のための学生緊急行動）、若者憲法集会実行委員会、「安保関連法案に反対するママの会」「安保関連法案に反対する学者の会」などの広範な市民運動が合流し、空前の国民的共同が実現しました。この市民運動は、合法主義、非暴力主義に徹し、誰もが気軽に参加できる運動をつくりだし、さらに、既存の平和民主勢力との連携をもとめていることに大きな特徴がありました。また、ＳＮＳのネットワークによる情報の交換、共有が運動に大きな影響を与えています。そして、二〇一五年一二月、市民連合（安保法制の廃止と立憲主義の回復を求める市民連合）が発足しました。

2015年8月30日、安保関連法に反対して国会前を埋め尽くす人びと（12万人参加）／全労連提供

第三に、この国民的共同が新しい社会運動の質をつくりだしていることです。運動参加者が、

自分の意思で参加し、自分の言葉で怒りを表現し、自分の足で行動にたちあがっています。主権者としての自覚の成熟であり、「個人の尊厳」の自覚でもありました。この意味で、今回の市民運動は、主権者が主権者としての自分をとりもどす運動であったといえます。

3　コロナ危機と新自由主義

新自由主義の問い直し　二〇二〇年、新型コロナウイルスの感染が世界中に拡大しました。ウイルスとのたたかいは、ワクチン・特効薬の開発とともに、人間の免疫力を高め、感染爆発を抑止するには、医療・公衆衛生体制、社会保障体制の充実がもとめられます。ところが、今回の新型コロナウイルスのパンデミックで問い直されたのは、二〇世紀末から世界的に本格化した新自由主義的「改革」です。

二〇〇八年のリーマン・ショック以降、ヨーロッパ各国では新自由主義的財政緊縮政策が採用され、医療と保健衛生の施設や人員が削減されます。コロナ危機以前から、新自由主義的「改革」によって、医療・保健制度がきわめて脆弱化されていました。その結果、コロナ危機の拡大のなかで、医療崩壊が起こり、「命の選択」（助かる可能性のある患者を優先的に治療する）が現場で余儀なくされ、多くの犠牲者が生まれました。

コロナ体験がもたらしたもの　長期にわたるコロナ危機は、日本でも民衆の政治にたいする考え方を問い直す歴史的体験になりました。第一に、〝いのちと暮らし〟の危機が、政府の失政によって日常の生活に迫るなかで、これまで遠い世界にあり、自分たちに直接関係がないと思っていた政治のあり方をみなおす気運を高めていることです。

第二に、無策といえるほどに、検査や保健・医療体制の強化の手を抜き、業者への補償や医療機関への減収補填に消極的で、感染爆発のなかで国民に自宅療養という〝自己責任〟を強制する感染対策への不信と不安が強くなっています。決定的な時期に、国民をまもるのではなく、国民救済を放棄する自公政権の冷酷さを国民は体験しました。

第三に、コロナ危機の三年間は人間関係のあり方に深刻な影響を与えています。人が集まること、対面で議論する機会がうばわれ、社会生活の活性化が抑制されました。この社会的なコロナ後遺症の克服がこれからの大きな国民的課題になっています。

4　ロシアによるウクライナ侵略とパレスチナ紛争

①ウクライナ問題の背景にあるもの

二〇二二年二月二四日、ロシアが隣国のウクライナへの侵略を開始しました。この暴挙は、国連憲章第二条第三項の「国際紛争の平和的解決の義務」、第二条第四項の「武力による威嚇と武力行使の禁止」を真っ向から蹂躙するものです。また、この暴挙は人類が積み上げてきた「戦争違法化の原則」や「脱植民地化原則」への挑戦でもあります（一三五、一六九、二〇九頁参照）。この意味で、ロシアのウクライナ侵略は、二〇世紀に人類が到達した国際秩序を根本からふみにじり、かつての〝帝国主義の時代〟に歴史をひきもどそうとする暴挙でした。

ＯＳＣＥを軸とするヨーロッパの安全保障　ここでみておくべきことは、冷戦崩壊後、ヨーロッパの平和と安全をめぐってどのような模索と努力がおこなわれ、それがなぜ今度のロシアの侵略戦争になったのか、その歴史的教訓は何かという問題です。

冷戦崩壊後、一九九五年にそれまでの全欧安全保障協力会議（ＣＳＣＥ）が改組され、欧州安全保障協力機構（ＯＳＣＥ）が発足します。ＯＳＣＥは冷戦後の紛争防止とその解決をめざして活動することになり、一九九九年には「ヨーロッパ安全保障憲章」を採択しました。「憲章」では、「ＯＳＣＥを域内の紛争の平和的解決のための主要な機関」とし、「域内の紛争の平和的解決」の合意が形成されます。ＯＳＣＥは「仮想敵」をもつ軍事同盟ではなく、ＮＡＴＯ加盟諸国やロシア、ウクライナも参加する包括的な機構です。このＯＳＣＥを軸にヨーロッパの安全保障と紛争防止の努力がはじまります。きわめて画期的なことでした。

ＮＡＴＯの東方拡大政策　ＮＡＴＯは、ワルシャワ条約機構が解体し（一九九一年三月）、ＯＳＣＥによるヨーロッパ安全保障の枠組みができたにもかかわらず、解散せず、拡大強化＝東方拡大の道を追求します。具体的に、ＮＡＴＯはロシアとの関係を改善しながら、旧ソ連邦構成諸国をＮＡＴＯに引き入れる東方拡大政策の展開です。こうした東方拡大政策と一体的におこなわれたのが、ユーゴ内戦への介入です。ユーゴ内戦は一九九一年にはじまり、二〇〇一年に収束しましたが、ＮＡＴＯは、アメリカの主導のもとに、人道介入の名目で武力介入し、セルビアを空爆し、武力で収束をはかったのです。その後、アフガニスタン、イラクへのアメリカ主導の有志連合による武力介入がおこなわれます。ＮＡＴＯは域内平和維持から域外平和維持へと基本原則を変質させます。この変質が東方拡大政策と結びついており、ＯＳＣＥを軸にヨーロッパの安全保障と紛争防止の枠組みが無視され、ＮＡＴＯという軍事同盟による「力」の政策によって、安全を追求することになります。

「力」と「力」の対決　こうしたＮＡＴＯの変質と東方政策の拡大にロシアは危機感を強め、これに対抗して、ロシアを盟主とする軍事ブロック（集団安全保障条約機構＝ＣＳＴＯ）を発足させます（二〇〇七年）。「力」にたいする「力」が欧米とロシアの間で復活したのです。冷戦崩壊後、ＯＳＣＥが発足し、包括的な枠組みで、ヨーロッパの平和と安全が追求されはじめましたが、軍事同盟による「力」のぶつかり合いが復活し、真の平和的秩序をつくりだすことが困難になりました。

ロシアによるウクライナ侵略の背後には、ＯＳＣＥを軸とする「域内の紛争の平和的解決」をめざすヨーロッパ外交の失敗がありました。「力」と「力」の対決では戦争を防ぐことはできないのです。

ウクライナ戦争とその終結にむけて

ウクライナ戦争が「国境は武力では変更されない」という国連憲章に違反するロシアの侵略であり、ロシアの無条件撤退が問題解決の原則であることはいうまでもありません。このことを前提にして、戦争の終結にむけてどのような努力がもとめられているのでしょうか。

第一に、あらためて、ロシアが国連憲章に従い、ウクライナから撤退することが国際社会において圧倒的多数派となるよう世論を組織することです。国連ではロシアを非難し、ウクライナからの撤退をもとめる決議が一四〇ヵ国以上の賛成で採択されていますが、グローバルサウスとよばれる新興・途上国の三〇数ヵ国が棄権にまわっています。こうした諸国との合意形成がきわめて重要になっています。その場合、アメリカがいう「民主主義対専制主義」では分断が深刻になるだけです。アメリカの、たとえば、イスラエル紛争にみられるダブルスタンダードに強い反発があるからです。一致点は「国境は武力では変更されない」という国連憲章になります。

第二に、いま重要なことは軍事支援一辺倒にならず、公正かつ永続的な平和にむけての外交的努力の開始です。かつてのベトナム戦争の場合でも、戦争のなかで戦争終結にむけての外交的な交渉がおこなわれ、それが停戦協定につながりました。二〇二二年一〇月、一四三ヵ国の賛成で採択され国連決議のなかで、ロシアの完全撤退、ウクライナ主権擁護と領土保全とともに、「政治的対話、交渉、調停およびその他の平和的手段による平和的解決」が要求されています。また、二〇二三年二月に採択された決議では「国際連合憲章の原則に従ったウクライナの包括的、公正かつ永続的な平和をできるだけはやく達成する必要性」が強調されるとともに、「加盟国および国際機関にたいし、外交努力への支援を倍加するよう要請」しています。まさに外交交渉による公正で平和的解決がいまこそ重要な課題になっています。

この点で大切なことは、ウクライナの自決権の尊重です。できるだけすみやかに戦争の公正な解決にむけての外交的努力を強め、早期の停戦を実現する必要がありますが、侵略にたいする抵抗闘争をどうするか、どういうかたちで停戦にふみ切るかは、最終的にはウクライナ人がきめることであり、ウクライナの自決権であることの確認です。このことをふまえた公正な平和をもとめる外交的努力の強化がいまほど大事なときはありません。

②パレスチナの存亡にかかわる新しい段階

二〇二三年一〇月、パレスチナ自治区を実効支配していたハマスによるイスラエルへの無差別攻撃がおこなわれました。このハマスの攻撃は国際法に違反しており、許されることではありません。

これにたいして、イスラエルは「自衛権の行使」を口実に、ガザ地区に軍事侵攻し、無差別攻撃を強化し、ガザ地区の制圧を企んでいます。この間のイスラエルの無差別攻撃で、三・五万人を超える市民が犠牲になっていますが、その多くが女性と子どもたちでした。まさに市民を無差別に殺害するジェノサイドであり、「自衛権」の枠を超えた国際法違反の侵略行為にほかなりません。

一〇月二九日、国連総会は一二一ヵ国の賛成でガザ「人道的休戦」を決議し、さらに、一二月一二日の国連総会では国連加盟国の八割にあたる一五三ヵ国の賛成で即時の人道的停戦決議が採択されています。「国連憲章と国際法をまもれ」が国際社会の圧倒的多数の声になり、イスラエルへの批判とイスラエルを支持するアメリカの国際的孤立が浮き彫りになっています。一〇月の決議にアメリカに気兼ねして棄権した日本政府も、一二月の決議には国際的動向に押されて賛成へと態度を変えざるを得ませんでした。

いまイスラエルの侵攻で、ガザの民衆がガザ最南部ラファに集中的に避難していますが、イスラエルはそのラファへの総攻撃をおこなおうとしています。これが強行されれば、はかりしれない悲劇が生まれかねません。ラファへの総攻撃を止めて、人道的停戦をもとめる運動と世論が世界中で起きています。「ストップ・ジェノサイド」「即時停戦」をもとめる国際的世論と運動をいっそうひろげ、この蛮行を止めさせなければなりません。

パレスチナ自治区・ガザにおけるイスラエルのジェノサイドはハマスへの自衛権行使などというレベルを超えています。今回の事態は、パレスチナの存亡にかかわる新しい段階を迎えています。パレスチナ問題は第一次世界大戦で、イギリスの中東における植民地支配の都合で、「ユダヤ人国家」建設のレールが敷かれ、第二次世界大戦後のパレスチナ分割の国連決議（一九四七年）を根拠に、アメリカの支援のもとにイスラエル国家が一方的に建国（一九四八年）されたことが出発です。その後、イスラエルは戦争で領土を拡大していきますが、一九六七年の第三次中東戦争で、イスラエルはヨルダン川西岸とガザを不当に占領し、国際社会の批判のなかで、今日まで占領を継続し、占領地を拡大しつづけています。一九九三年のオスロ合意で、イスラエルとパレスチナ解放機構（ＰＬＯ）がお互いを認め、平和的解決の合意がなされますが、パレスチナ国家建設の課題は棚ざらしにされ、イスラエルの入植活動が強化されています。ヨルダン川西岸はほとんどイスラエルの入植者に押さえられ、ガザ地区は二〇〇七年以降、厳しい封鎖下に置かれてきました。そのなかで今度の事態が起きたのです。イスラエルは今度の侵攻をつうじてガザの併合をねらう可能性があります。なぜイスラエルがここまで強硬にでられるかといえば、アメリカの全面的支持があるからです。アメリカは、中東の複雑な事態のなかで、中東の革命運動・民主運動を抑え、自らの覇権主義的帝国主義的な中東支配のためにイスラエルを利用してきました。イスラエルはアメリカの中東戦略の要としての役割をはたしています。こうした歴史的理解を深めながら、「ストップ・ジェノサイド」「即時停戦」をもとめる国際的世論と運動を強めていかなければなりません。問題の根本的解決はイスラエルの不当な占領をやめさせ、パレスチナ国家の建設による平和的な二国家の共存を実現させることにあります。

5　これからの世界と日本

①人類の生存の危機とのたたかい

核兵器の廃絶をめぐって――核兵器違法化時代のはじまり

ついに歴史が動きました。二〇二〇年一〇月二五日、中米ホンジュラスが批准し、人類史上はじめて核兵器を違法化する核兵器禁止条約の発効がきまりました。この日、長崎原爆被災者協議会の田中重光会長は、「私たち被爆者は、生きてきてよかったと心から喜びを分かち合う日を迎えました」と語っています。核兵器の廃絶は、地獄のような苦しみを味わった被爆者の願いであるとともに、国連総会第一号決議（一九四六年一月二四日）に「原子兵器および他のすべての大量破壊兵器を各国の軍備から除去する」とうたわれていたように、広島・長崎を体験した人類の悲願でした。

この条約は、二〇一七年七月、国連の会議で一二二ヵ国の賛成で採択され、各国に署名が公開されました。条約の発効には五〇ヵ国の批准が必要でしたが、ホンジュラスの批准で五〇ヵ国に到達し、二〇二一年一月二二日に発効することになったのです。

同条約は、核兵器の使用、使用の威嚇、生産、保有、実験、配備などを禁止しており、核兵器禁止条約の発効で、核兵器は違法なものになります。条約に参加しない核保有国に直接の法的規制は生じませんが、国際規範のうえで核兵器の開発は違法行為になります。また日本のように、アメリカの「核の傘」にしがみつくことも、核による〝威嚇〟とみなされ、違法行為とみなされます。だからこそ、アメリカなどの核保有国は、核兵器禁止条約を敵視し、批准国がひろがることを妨害してきました。唯一の被爆国である日本の自公政権は欺瞞に満ちた「橋渡し」論によって、核兵器禁止条約に背をむけつづけており、国内外からの失望と批判が相次いでいます。

一九二八年の不戦条約によって、「戦争の違法化」の時代に入りましたが、今度の核兵器禁止条約の発効によって、「核兵器違法化」の時代がはじまります。被爆国日本が一刻もはやく核兵器禁止条約を批准し、「核兵器の完全廃絶」にむけて被爆国にふさわしい役割をはたすことがもとめられています。核兵器廃絶をもとめる運動は新たなステージに入りました。

気候危機の深刻化

いま、気候危機が深刻になり、人類の生存を脅かしています。産業革命以来の温室効果ガスの大量排出の結果、産業革命時と比較して、地球の平均温度は一・一℃あがっています。これを二〇一五年の「パリ協定」では産業革命前に比べて「一・五℃以内」に抑えるとしていますが、現在、各国が提出している目標の合計をみると、二一世紀末に三℃あがってしまうことになり、それを許せば、地球の人びとの生活は破壊的なダメージ受けることになります。温室効果ガス（二酸化炭素など）の排出による地球の温暖化は、極地での氷の融解、海水面の上昇、熱波の多発、干ばつと豪雨、多くの生物の絶滅など深刻な影響を世界各地にもたらしています。

国連を中心に国際社会は温室効果ガス削減の計画的なとりくみをおこなっています。二〇三〇年までに温室効果ガスの排出を半減し、二〇五〇年までに実質ゼロにする必要があり、今後の一〇年のとりくみが決定的に重要となっています。こうした人類の生存を維持する独自の努力を成功させなければ、未来社会の展望が生まれてきません。ところが、規制緩和と市場万能主義をかかげる新自由主義的資本主義は、このようなとりくみに敵対し、人類の生存を脅かしつづけています。

核兵器禁止条約の採択が決まった歓喜のなかで握手を交わす被爆者のサーロー節子さん（中央）と藤森俊希さん（その左）＝2017年7月7日、ニューヨークの国連本部／『しんぶん赤旗』提供

②階級闘争の今日的特質

こうした事態のなかで、生産力の発展に懐疑的な見解が強くなっています。科学的社会主義は歴史の発展の原動力は生産力の発展とその矛盾にあると考えていますが、それが生産力主義であり、人類の危機に無力であるというものです。たしかに、今日の生産力の高度な発展が、気候危機、核軍拡競争、公害問題にみられるように、文明の土台を掘り崩しているのは事実ですが、それを生産力一般に還元できません。あくまで資本主義的生産力のゆがめられた発展の問題なのです。恐慌や核兵器の開発と戦争の連続などにみられるように、資本主義的生産力は、浪費や破壊をともないながら発展せざるを得ませんでした。

科学的社会主義は、生産力の発展が歴史の発展の物質的条件であり、この生産力の発展をめぐる矛盾、とりわけ生産力と生産関係の矛盾を土台とし、階級社会ではそれにもとづく階級闘争を歴史発展の原動力と考えています。今日の深刻な人類の生存の危機のなかで、今日的視点がもとめられます。これまでの階級闘争は人類の生存を前提にしていましたが、今日においては、その前提が崩れつつあるのです。したがって現代の階級闘争は、労働者と民衆が資本主義にかわる未来社会を実現するには、人類の生存の維持をはかる独自の努力をしなければならなくなっています。

核兵器の廃絶や気候危機の克服など人類の生存を維持する独自の努力を成功させなければ、未来社会の展望が生まれてきません。ところが、規制緩和と市場万能主義をかかげる新自由主義的資本主義は、このようなとりくみに敵対し、人類の生存を脅かしつづけています。現代の労働者階級と民衆の階級闘争は、人類の生存の維持という人類史的運動を発展させ、成功させながら、「体制の変革」をめざすという特質をもっています。

③インターネットとSNSの時代――階級闘争の新しい領域

今日の情報通信技術の進展はすさまじく、教育・メディア・文化の激的変化を生みだし、国民生活に大きな影響を与えています。とくにインターネットは、一九九五年にウインドウズ95という基本ソフトの開発によって、誰もが使えるようになるまでに普及しました。しかし、この段階はホームページをみることが主で、一方通行のメディアでした。ところが、二一世紀の今日になると、ブログが登場し、誰もが気軽に情発発信できるようになり、さらに、その後のツイッター（現X）やフェイスブックなどのSNS（ソーシャル・ネットワーキング・サービス）の普及によって、事態が大きく変わります。瞬時のうちに情報を交換できる双方向のメディアになり、それが携帯電話、スマートフォンの爆発的な普及と結びつき、二四時間、どこでもインターネットにつながることが可能になりました。このように大規模に国民がつながり、瞬時のうちに情報を交換し、自分の考えや気持ちを社会に発信可能になったのは、歴史上はじめてのことです。

このことが社会変革をめぐる新しい可能性をもたらしながら、同時にこれまでにない危険性も生みだしています。インターネットとSNSは情報共有と合意形成においてこれまでにない可能性をもっています。どんなに遠く離れていても、またどんなに忙しくて対面で集まり議論できなくとも、情報を交換できます。それが社会的運動にも活用され、合意の形成、署名運動、ツイッター・デモ、フェイスブック・デモのように市民の意思表示に利用され、大きな成果をあげています。この運動のなかで、これまでつながりのなかった人たちとの関係をつくり、連帯の幅を飛躍的にひろげることが可能になっています。

同時に、インターネットとSNSを活用して、市民を一定の方向に誘導して社会的世論を組織し、それがポピュリズムなどと結びつくことによって、市民参加による反民主主義的でファッショ的な運動と体制がつくられる危険性も生まれています。限られた一面的な情報と印象操作、イメージ操作による世論の形成とファッショ的な運動の組織がおこなわれる危険性です。

インターネットとＳＮＳは、このような新しい可能性と危険性のせめぎ合う領域であり、社会変革の階級闘争にとっても、これまでにない新しいせめぎ合いの領域になっているといえます。この問題での研究と対応がもとめられています。

④アジアにおける「平和のルール」と民主的国際秩序の構築

日本社会の変革にとって、いま重要なことはグローバルな視点に立つことです。世界のあらゆる国や地域が相互の連関のなかで、相互に依存し、相互に影響を与えながら存在しています。一国だけで生きていくことはできなくなっています。その意味で、日本社会の変革を考えるときに、アジアとの関係がきわめて重要になっています。もちろん、その他の地域との関係も重要であることにちがいはないのですが、歴史的にみても、いまの政治や経済の問題からみても、日本社会の変革にとって、アジアにおける「平和のルール」と民主的国際秩序の構築がきわめて大切になります。

日本の近代化は、アジアにたいする侵略戦争と植民地支配を条件にして推進され、一五年戦争で破綻しました。戦後の日本は、アメリカに従属し、アメリカのアジア戦略に従って、アジアとの関係をつくってきました。対米関係を重視し、それを基軸にアジアとの関係が模索されてきたのです。

しかし、そのアジアが、とりわけ東アジアがアジア・アフリカ会議（一九五五年）やベトナム戦争の悲劇的な体験をへて大きくかわっています。かつての欧米や日本の植民地・半植民地、従属国であったアジアが政治的にも自立の方向を強めて独自に平和のルールを構築し、経済的にも世界経済のなかで重要な位置を占めるようになっています。ベトナム戦争のなかで発足したＡＳＥＡＮが東アジアの平和の共同体として大きく前進しています。

二〇〇五年、中国やロシアをふくめたＡＳＥＡＮを中心とする外交の場である東アジアサミット（ＥＡＳ）が創設されています。ＡＳＥＡＮ一〇ヵ国に、アメリカ、中国、日本、韓国、ロシア、ニュージーランド、オーストラリア、インドの八ヵ国、合わせて一八ヵ国による包摂的な外交の枠組みです。さらに、ＡＳＥＡＮ首脳会議で二〇一九年に「ＡＳＥＡＮインド太平洋構想」（ＡＯＩＰ）が採択されています。東アジアサミットを発展させ、この地域を戦争の心配のない平和の共同体にするという大きな構想です。

　またこれからの日本経済を考えても、中国、韓国、インド、ＡＳＥＡＮ諸国との協力関係が不可欠です。一定のルールにもとづく対等平等な民主的な国際秩序の構築が、アジア諸国にとっても、日本経済のこれからにとっても重要な意味をもちます。

　植民地体制の崩壊という世界史的な新たな時代のなかで、日本社会の変革は、こうしたアジアの平和と民主的国際秩序構築の運動と連帯しておこなわれることになります。日本の平和と民主的変革はこうしたアジアとの連帯なしにはあり得ないといえます。

⑤日本の変革とその担い手

日本の変革は、日本国憲法にもとづく民主主義社

ＡＳＥＡＮ・平和構築の主な重層的枠組み

（枠組み）	（加盟国）
○ＡＳＥＡＮ（東南アジア諸国連合）	10ヵ国
○ＴＡＣ（東南アジア友好協力条約）	50ヵ国
○ＡＲＦ（ＡＳＥＡＮ地域フォーラム）	27ヵ国
○東南アジア非核兵器地帯条約	ＡＳＥＡＮ10ヵ国
○ＥＡＳ（東アジアサミット）	18ヵ国

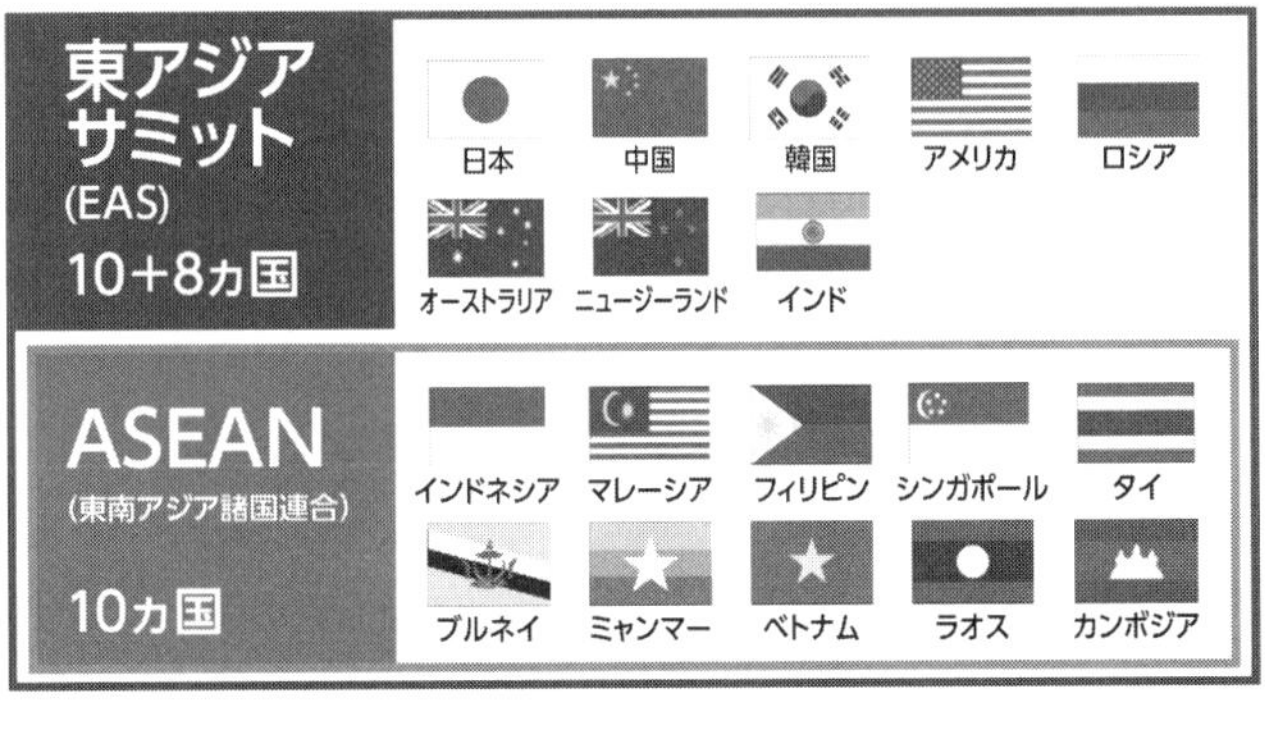

会（市民社会）を実現し、その延長・発展から未来社会に接近する歴史的展望をもっています。具体的には日米安保体制をうち破り、非核・非同盟の民主主義日本を実現し、同時に「ルールある経済社会」をめざしながら、そのうえで、搾取のない未来社会＝社会主義をめざすことです。私たちがめざす未来社会は、「各人の自由な発展が万人の自由な発展の条件であるような協同社会」（『共産党宣言』）です。

発達した資本主義国の変革は、圧倒的多数の労働者と市民を結集する多数者による革命にならざるを得ません。そのためには、労働者や市民による合意が必要です。労働者や市民が運動の「お客さん」ではなく、主役にならなければなりません。そのためには長期の準備がもとめられますが、主役が主役として活躍できる舞台をつくる魅力的な活動家の存在が決定的に重要です。

こうした魅力的な活動家にとって何が大切でしょうか。何よりも、資本主義社会を変革し社会主義社会を実現することによって、これまでの階級社会に終止符をうち、人類の真の解放を実現するという歴史的課題の理解だと思います。それは一言でいえば、階級的自覚の理解といえます。大事なことは、この歴史的な理解＝階級的自覚を憲法と民主主義の理解と結びつけることです。なぜなら、日本の変革が、日本国憲法にもとづく民主主義社会を実現し、その延長・発展から未来社会に接近する歴史的特質をもっているからです。だからこそ、日本の変革を担うには、憲法と民主主義の理解がきわめて重要な意味をもっています。「個人の尊重」を基礎に、憲法と民主主義の理解を深め、その延長・発展のなかから未来社会へという展望を自分のものにしていくことがもとめられています。こうした歴史的みとおし＝階級的自覚をもった魅力的な階級闘争の担い手の存在がいまほどもとめられているときはありません。

6　歴史の発展に確信をもとう

①人類史における二つの大きな転換

原始共同体社会から文明社会への転換　これまで人類史は二つの大きな転換をつうじて発展してきました。最初の大きな転換は原始共同体社会から文明社会への移行です。人類は、七〇〇万年前に猿から進化し、旧石器時代末期に本来の人間社会（氏族共同体社会）が成立しました。そして、五〇〇〇～六〇〇〇年前ごろからエジプト、メソポタミア、インド、中国などの古代文明へ転換します。野蛮と未開の原始社会から文明社会への進歩・発展です。注目すべきは、人類の最初の社会である原始共同体社会が階級の存在しない社会であり、その後の文明社会は階級に分かれた社会であったことです。人間社会の歴史の大部分は階級のない原始共同体の社会だったことになります。

この平等な社会が文明社会＝階級社会に転換しました。この転換をもたらした大きな要因は生産力の発展です。農耕や牧畜が登場し、青銅器や鉄器などの金属器が使用されるようになり、生産力が発展し、必要生産物だけでなく、蓄えておくことのできる剰余生産物の確保が可能になります。そのなかで、共同体のリーダーや族長などによる共同体財産の横領がおこなわれ、土地や奴隷などの生産手段の私的所有が発生します。借財や戦争の捕虜をルーツとする多くの奴隷を働かせることによって生産力が大きく発展しました。この生産力の発展を基礎に、古代文明が花ひらいたのです。

階級のない社会から階級社会への転換ですから、一見すると歴史の発展とは思えないのですが、階級社会という「回り道」をへながら、生産力と文明の形成という進歩の道を歩みはじめ、人間の歴史を原始的な野蛮と未開の状態から解放することになります。

前近代から資本主義社会への転換　次の大きな転換が前近代社会から資本主義社会への移行です。資本主義社会は一六世紀のヨーロッパからはじまり、一七〜一八世紀の市民革命によってイギリス、フランス、アメリカなどに資本主義国家が成立しました。一八世紀後半から一九世紀にかけての産業革命によって資本主義経済が確立し、一九世紀末ごろには世界の全域が資本主義に支配されるようになります。

同じ階級社会でも、資本主義社会の成立は、古代社会や封建制社会とはちがう特別の意味をもっていました。第一の意味は、それまでの道具による手工業生産から機械による大規模生産に転換することによって、生産力が飛躍的に発展したことです。この生産力の成果が公平に勤労人民に還元されるなら、物質的に豊かな生活を送る可能性が、歴史上はじめて生まれたのです。第二の意味は、近代民主主義の成立によって、前近代社会の人格的隷属や身分的隷属が基本的に打ち破られ、人間が自由で平等であり、個人の尊厳がまもられなければならないという社会的制度や考え方が成立したことです。歴史上、はじめて人間の「個性」を解放し、人格的に独立した諸個人を大量に生みだす条件をきりひらいたともいえます。

このような大きな可能性を生みだしたにもかかわらず、いや、そうであるだけに資本主義社会には深刻な矛盾が存在しています。資本主義社会における生産力の飛躍的発展は、人びとの幸せのためではなく、もっぱら資本の利潤追求のためにおこなわれています。したがって、生産力が発展しても、格差と貧困、経済的恐慌などが避けられず、働く人びとの生活が常に脅かされています。人間社会の歴史は確実に進歩・発展しているのですが、資本主義社会がきりひらいた人間の個性や独立した個人の発展の可能性をさらに豊かな現実のものにするには、資本主義社会の根本的な矛盾を解決する次の大きな転換がもとめられています。それは、階級と搾取がなくなり、生産力がよりいっそう発展して勤労人民の自由で豊かな生活が可能になる未来社会への転換です。

②二〇世紀最大の歴史的到達点は植民地体制の崩壊

一九世紀末～二〇世紀はじめにかけて、アジア諸国やアフリカなどの分割が完了し、地球上のすべての領土が先進諸国の植民地になりました。一六世紀に世界の「小さな隅」のヨーロッパからはじまった資本主義が、ついに世界全体を支配することになります。

第二次世界大戦前には、世界のいわゆる独立国は約六〇ヵ国で、あとはすべて植民地ないしは半植民地、または従属国でした。それが第二次世界大戦を契機に、植民地や半植民地諸国の独立運動が本格化します。東南アジアのベトナム、インドネシアなどで民族独立の革命が起き、一九四九年には中華人民共和国が成立します。そして、一九五〇～六〇年代はじめには中東、キューバ、アフリカ諸国が独立し、ほとんどの植民地・半植民地諸国が独立を達成しました。

こうした民族解放運動の発展をふまえて開催されたのが、一九五五年の第一回アジア・アフリカ会議でした。欧米列強や日本帝国の植民地支配の対象にされていた諸民族が、これまでの国際政治のあり方を批判し、自分たちの自主的な連帯を主張する歴史的な会議になったのです。

さらに、一九六〇年の国連総会で、「植民地独立付与宣言」が決議され、植民地支配の不当性が国際的に合意されていましたが、新植民地主義を推進していた世界最大の軍事大国であるアメリカのベトナム侵略戦争（一九六五～七五年）での敗北が植民地支配の終焉を決定的にしました。その国際的宣言が二〇〇一年八～九月に南アフリカのダーバンで開催された国連中心の「ダーバン会議」での「宣言」でした。この「ダーバン宣言」では植民地支配は過去に遡って非難されなければならないとされます。こうして、二〇世紀後半、植民地体制が崩壊し、「脱植民地化」が国際秩序の基本原則になります。一六世紀に資本主義によって開始された植民地支配の終焉という人類史的な変化が生じたのです。この植民地体制の崩壊が、二〇世紀における最大の歴史的到達点でした。

③近代的人権から現代的人権へ

民主主義の原点である人権の面でも、大きな発展がありました。一九世紀までは、人権は主に政治的市民的自由などの自由権が中心であり、貧困、失業、疾病などの生存にかかわることは個人的問題として扱われていたのです。それが二〇世紀になると、労働運動や民主主義的な運動の発展のなかで、生存の問題が人権のなかに位置づけられるようになります。それは社会権とよばれています。その点では第二次世界大戦において、民主主義がファシズムに勝利したことが大きな意味をもっていました。多くの国ぐにで民主主義があたりまえのものとなり、現代の人権は、自由権と社会権の結合を特徴とするようになります。

一九八〇年代から本格化した新自由主義的「改革」は、この二〇世紀の人類社会の到達点である社会権を根底からおびやかす、歴史の逆流ともいえるでしょう。

④戦争観の根本的転換――「戦争の違法化」の時代へ

二〇世紀の二つの世界大戦という痛苦の体験を経て、「戦争の違法化」原則による国際秩序の構築という新しい時代を迎えることになりました。「戦争の違法化」原則は第一次世界大戦（一九一四～一八年）後の国際連盟の創設（一九二〇年）によって具体化され、一九二八年のパリ不戦条約によって合意されます。それまでは、国際秩序をまもるには、どの国も戦争をする権利があるという無差別戦争観が国際的な考え方でしたが、この合意によって戦争は違法であると戦争観の根本的な転換がおこなわれたのです。

第一次世界大戦で九〇〇万人の犠牲者が生じ、「ヨーロッパの没落」がいわれるなかで、この悲劇をくいとめる国際的努力が開始されました。しかし、この不戦条約には、〝自衛戦争は例外〟という抜け道があり、不戦条約後の戦争は、専ら「自衛」という大義名分で開始されるようになります。この結果、戦争の開始に歯止めがかからず、ドイツ・ナチズムや日本の軍国主義の登場によって、第二次世界大戦（一九三九〜四五年）が開始され、五千数百万人の犠牲者が生じたのです。ナチズムによるホロコースト、日本軍国主義の南京大虐殺、アメリカの広島・長崎への原爆投下など人類の生存を脅かす悲劇が生まれました。

このなかで、一九四五年に国際連合が創設され、国連憲章では「戦争の違法化」原則が大きく発展しました。国際紛争を平和的に解決することが加盟国の義務になり、戦争だけでなく「武力による威嚇と武力行使の禁止」が原則とされ、「戦争の違法化」原則が発展します。こうして、二つの世界大戦をつうじて「戦争の違法化」原則による国際秩序の構築という新しい時代を迎えることになったのです。二一世紀のロシアのウクライナ侵略は、この「戦争の違法化」原則への挑戦にほかなりませんでした。

⑤人類史における三つめの転換＝「人間の自由」をキーワードとする未来社会をめざして

二一世紀のいま、「資本主義の限界」が問題になり、資本主義にかわる未来社会＝社会主義社会への関心が若い世代のなかから生まれています。それは、新自由主義的「改革」のなかで、格差と貧困が深刻になっており、無制限の規制緩和と市場万能主義によって、気候危機が人類の生存を脅かしているからです。この格差と貧困、気候危機などを資本主義の枠のなかで解決することの限界が、議論になっています。

未来社会への移行は、先ほどのべた人類史における二つの転換につづく三つめの大転換ともいえます。それは階級社会から無階級社会への転換です。未来社会への転換を展望するには、あらためて未来社会がどのような社会かを検討することが重要です。

未来社会の最大の特質は「人間の自由な協同体」にあります。マルクスとエンゲルスは、『共産党宣言』のなかで、未来社会を「各人の自由な発展が万人の自由な発展の条件であるような協同社会」と簡潔にその特質を説明しています。未来社会をみるうえでのキーワードは「人間の自由」です。

マルクスは、未来社会では、充分な物質的生産が可能になれば、労働時間が大幅に短縮され、人びとが自由にできる時間（「自由に処分できる時間」）が飛躍的に増大し、誰もが自分のなかに潜んでいる能力をひきだし、自分の人間的発達の可能性に挑戦することが保障されると論じています。

マルクスは、未来社会の人間生活の時間を「必然性の国」と「自由の国」と二つの領域に分けて論じています。「国」とは国家のことでなく、生活時間の区分のこととして表現しています。「必然性の国」とは、「本来の物質的生産」にかかわる時間の領域で、自分や家族、社会の生活の維持、再生産のためにどうしても必要な労働の時間のことです。「自由の国」とは、この「本来の物質的生産」をはたした後に残る自由に使うことのできる時間のことです。生産力の発展と労働時間の短縮によって、人びとは自由な時間を使って自分の発達のために知的活動や社会運動などに力を入れることが可能になります。

このように、マルクスは「自由時間」「自由に処分できる時間」を使って「人間の自由で全面的な発達」の可能性に挑戦できることに社会主義社会の課題と目標を置いています。人間生活の主要部分が「自由な国」になることによって、「人間の力の発達」そのものが「自己目的」となる社会が可能になるとマルクスは考えました。未来社会では、経済的土台をなす「必然性の国」ではなく、「人間の力の発達」が社会発展の推進力であり、「自由な時間」「自由に処分できる時間」の拡大と活用が最大の原動力になるとのべています。ここにこそ私たちがめざす未来社会のすばらしさ、夢とロマンがあるといえます。

こうした未来社会は遠い先のことで、現実とのつながりがみえないとよくいわれることがありますが、実際はそうではなく、現実と密接に関連しています。マルクスは、資本主義社会におけるたたかいの成果は、新しい社会をかたちづくる要素、「新しい社会の形成要素」として継承されるとのべています（『資本論』第一巻）。現在の私たちの努力が未来社会のあり方に大きな影響を与えるのです。いまの努力なしに未来を語ることはできません。その点で重要なことは、未来社会が、たたかいによって人類が生みだした価値ある成果をすべて受け継ぎ、発展させて可能になる社会だということです。たとえば、自由と民主主義の問題でも、近代民主主義を発展的に継承させなければなりません。

⑥新しい平和と民主主義のたたかいの発展がカナメ

自由と民主主義の問題でも、近代民主主義を発展的に継承させなければなりません。日本の場合は、国民主権、平和主義、基本的人権など日本国憲法の基本原則の継承・発展が未来社会の実現にも大きな意味をもちます。

そのためにも、日本国憲法と矛盾する日米安保体制をうち破り、国の主権をとりもどし、そのたたかいと連動して日本国憲法をまもり、それを活かした社会づくりのたたかいが、日本における未来社会の実現にとってきわめて重要な意味をもつことになります。労働者や国民の暮らしや権利をまもるには憲法にもとづく「ルールある経済社会」を築くためにさまざまなたたかいが必要になります。それは大幅賃上げと全国一律最低賃金制の実現、労働時間の短縮、暮らしを支える社会保障制度の改革、ジェンダー平等、などに示されていますが、こうしたたたかいによる改革によって「ルールある経済社会」が実現されれば、その成果の多くが未来社会に引き継がれていきます。

世界的にみても、深刻になっている新自由主義による格差と貧困の問題、ウクライナやガザに象徴される侵略戦争と地域紛争、難民問題、それを利用する極右勢力の台頭、ジェンダー平等をめぐる課題、地球環境問題と核の脅威にみられる「人類生存」の危機の問題など多くの問題が山積しています。こうした問題を解決する新しい平和や民主主義のたたかいがもとめられています。「資本主義の限界」が指摘され、未来社会の議論がはじまっていますが、その議論を豊かに発展させるには、こうした新しい平和と民主主義のたたかいの国際的な連帯をどうつくるかが問われています。なぜ新しいかといえば、たんなる資本主義の枠のなかのたたかいでなく、このたたかいの発展が資本主義の限界を現実の変革の課題にするからです。このような新しい平和と民主主義のたたかいの発展が、やがて未来社会の実現を人類の共通の課題にしていくにちがいありません。

学習と討論のテーマ

1　コロナ・パンデミックから何を学ぶのか、考えてみましょう。
2　「核の脅威」「気候危機」をどう考え、どうしたらよいでしょうか。
3　ウクライナ危機とパレスチナ紛争から何を学びますか。
4　インターネットとＳＮＳが階級闘争の領域になるということを議論してみましょう。
5　今日における階級闘争の特質と階級的自覚の今日的特徴について議論してみましょう。

あとがき

本書は、これまで学習の友社で刊行してきた『社会発展史』『新社会発展史』の継続版であり、同時に、全面的に手を入れた『新版　社会発展史』です。これまでの『社会発展史』『新社会発展史』は筆者の先輩である犬丸義一氏との共著でしたが、犬丸氏が他界されたため、筆者単独の『社会発展史』になりました。

社会発展史の学習の目的は、序でのべたように、人類の歴史の歩みの大筋をたどりながら、そこにつらぬく社会の発展法則＝歴史法則を学び、歴史の発展にたいする確信を深めることにあります。本書は、唯物史観（史的唯物論）の立場に立って、歴史の具体的な歩みをたどりながら、そこに流れる歴史の大きな発展を探ってきました。世界の歴史の歩みは、多様性と特殊性に満ちあふれています。大事なことは、その多様性と特殊性のなかに貫かれている発展の法則を大筋として理解することです。そのうえで、現代の課題がどのような歴史的経過のなかで形成され、どのような歴史的みとおしが生まれているかを考えることが大切です。現代の課題の歴史的位置づけとこれからの歴史的みとおしをより深く理解することに、社会発展史の学習の最大の意味があるのではないでしょうか。

本書は、世界史の書籍ではありません。世界と日本の歴史の歩みの大筋をみながら、歴史の発展を探る社会発展史です。本書を学習され、歴史の発展方向をつかめたら、参考文献を手がかりに本格的に世界史の学習と唯物史観（史的唯物論）の学習にとりくまれることをおすすめします。

本書執筆にあたり、多くの方から励ましと貴重なご助言をいただき、感謝しております。本書の執筆のために、多くの文献を利用させていただきましたが、本書が社会発展史の教科書的性格をもっていると判断し、文献注は基本的に省略し、最後に利用させていただいた主な参考文献をあげさせていただきました。なお、全体の構成を考えるうえで、とくに浜林正夫著『世界史再入門』と不破哲三著『スターリン秘史』（全六巻）には、大いに学ばせていただきました。

現在、世界史のなかでも、たいへんな歴史の岐路に立たされています。当面の複雑なできごとにふりまわされるのではなく、時代の根本的性格を理解し、歴史の発展に主体的に対応することがもとめられています。本書を学習され、歴史の発展に確信をもって、日々の課題に積極的にたちむかわれることを大いに期待しております。

二〇二四年一一月　　　　山田敬男

《参考文献》

Ⅰ　科学的社会主義の古典類

エンゲルス著『イギリスにおける労働者階級の状態』古典選書　新日本出版社
同著「サルがヒトになることに労働はどう関与したか」『自然の弁証法〈抄〉』所収　新日本出版社・古典選書
マルクス／エンゲルス著『〔新訳〕ドイツ・イデオロギー』新日本出版社・古典選書
同著『共産党宣言／共産主義の諸原理』新日本出版社・古典選書
マルクス「『経済学批判』への序言」マルクス著『『経済学批判』への序言・序説』所収　新日本出版社・古典選書
エンゲルス著『空想から科学へ』新日本出版社・古典選書
同著『家族・私有財産・国家の起源』新日本出版社・古典選書
同「マルクス『フランスにおける階級闘争』一八九五年版への序文」エンゲルス著／不破哲三解説『インタナショナル』所収　新日本出版社・古典選書
レーニン『帝国主義論』新日本出版社・古典選書

Ⅱ　歴史書

全体

浜林正夫著『世界史再入門』地歴社
同著『現代と史的唯物論』大月書店
同著『社会を科学する』学習の友社
同著『人権の思想史』吉川弘文館

永原慶二著『日本経済史』岩波全書
宮地正人著『通史の方法』名著刊行会
林直道著『史的唯物論と経済学』（上・下）大月書店
澤田季江著『ジェンダー視点で学ぶ女性史』日本機関紙出版センター
国立歴史民俗博物館監修『新書版　性差の日本史』集英社インターナショナル
伊藤康子著『新　日本の女性史』学習の友社

各項目

イリン著『人間の歴史』角川書店
太田秀通著『ミケーネ社会崩壊期の研究』岩波書店
同著『東地中海世界』世界史叢書　岩波書店
土井正興著『スパルタクスの蜂起』青木書店
同著『古代奴隷制社会論』青木書店
ホブスボウム著『市民革命と産業革命』岩波書店
中村政則編『日本の近代と資本主義』東京大学出版会
同著『経済発展と民主主義』岩波書店
同著『明治維新と戦後改革』校倉書房
藤原彰著『餓死《うえじに》した英霊たち』青木書店
宮地正人監修『増補改訂版　日本近現代史を読む』新日本出版社
木畑洋一著『二〇世紀の歴史』岩波新書
土井正興・浜林正夫ほか著『戦後世界史』（上・下）大月書店
不破哲三著『レーニンと資本論』（全七巻）新日本出版社

同著『スターリン秘史』（全六巻）新日本出版社
渡辺治・不破哲三著『現代史とスターリン』新日本出版社

【著者略歴】
山田敬男（やまだ・たかお）
1945年生まれ
現代史家・労働者教育協会会長

【主な著作】
『新版 戦後日本史―時代をラディカルにとらえる』
『社会運動再生への挑戦―歴史的せめぎあいの時代を生きる』
『戦後日本　労働組合運動のあゆみ』
『21世紀のいま、マルクスをどう学ぶか』（共編著）
『エンゲルスから学ぶ科学的社会主義』（共編著。以上、学習の友社）
『日本近現代史を読む』（共著、新日本出版社）
『戦後社会運動史論―1950年代を中心』（共編著）
『戦後社会運動史論２―高度成長期を中心に』（共編著）
『戦後社会運動史論３―軍事大国化と新自由主義時代の社会運動』
（共編著。以上、大月書店）

新版　社会発展史　――現在と未来をみとおす確信を――

2024年11月20日　初　版　　定価はカバーに表示

著者　山田 敬男

発行所　学習の友社
〒113-0034 東京都文京区湯島2-4-4
TEL 03-5842-5641　FAX 03-5842-5645　tomo@gakusyu.gr.jp
郵便振替 00100-6-179157

印刷所　モリモト印刷

落丁・乱丁がありましたらお取りかえいたします。

ＩＳＢＮ　978－4－7617－0754－5　C0020